Marius Romme und Sandra Escher

Stimmenhören verstehen
Der Leitfaden für die Arbeit
mit Stimmenhörern

Marius Romme und Sandra Escher

Stimmenhören verstehen
Der Leitfaden für die Arbeit
mit Stimmenhörern

Psychiatrie-Verlag

Marius Romme, Sandra Escher:
Stimmenhören verstehen. Der Leitfaden für die Arbeit mit Stimmenhörern
2. Auflage 2013
ISBN 978-3-88414-442-8

Bibliografische Informationen der Deutschen Nationalbibliothek
Die Deutsche Nationalbibliothek verzeichnet diese Publikation
in der Deutschen Nationalbibliografie; detaillierte bibliografische Daten
sind im Internet über http://dnb.ddb.de abrufbar.

Weitere Informationen zu psychischen Störungen und
ihrer Behandlung im Internet unter: www.psychiatrie-verlag.de

© für die deutsche Ausgabe: Psychiatrie Verlag GmbH, Köln 2008.
Alle Rechte vorbehalten. Kein Teil des Werkes darf
ohne Zustimmung des Verlags vervielfältigt oder verbreitet werden.
Originalausgabe: »Omgaan met stemmen horen« © M. Romme und S. Escher, 1999
Übersetzung: Joachim Schnackenberg
Umschlaggestaltung: Petra Nyenhuis, Bonn
Typografie und Satz: Iga Bielejec, Nierstein
Druck und Bindung: SDL – Schaltungsdienst Lange oHG, Berlin

Vorwort des Übersetzers 8

Vorwort der Autoren zur deutschen Ausgabe 9

Einleitung 11

TEIL I Warum wir einen neuen Ansatz zum Stimmenhören brauchen

1 Gründe 16
Dem Stimmenhörer zuhören 16   Die richtige Hilfe 19
Ein sozialpsychiatrischer Ansatz 21

2 Forschung 24
Forschungsvergleich zwischen Patienten und Nichtpatienten 27

3 Diagnostisches Verfahren 36
Prozessdiagnose 36   Notwendigkeit einer Differenzialdiagnose 38
Bedeutung von Frühwarnzeichen 40

4 Stimmen und ihre Beziehung zur Lebensgeschichte 42
Befördernde Umstände 43

TEIL II Die Stimmen analysieren

5 Das Interview 54
Interviewfertigkeiten 55   Nutzung des Fragebogens 56

6 Der Bericht 66
Kommentiertes Beispiel: Ellen 67   Musterbericht: Ellen 82

7 Das Konstrukt 86
Musterkonstrukt: Ellen 87   Bericht: Rita 89   Musterkonstrukt: Rita 92

TEIL III Interventionen

**8 Mit den Stimmen umgehen:
Phasen und entsprechende Interventionen** 96
Phase des Erschreckens 97   Organisationsphase 98   Stabilisierungsphase 100

9 Gesundheitsaufklärung, Medikamente und Unterstützung 101
Gesundheitsaufklärung 101   Medikamente 102   Unterstützung 104

**10 Interventionen in der Phase des Erschreckens
(kurzfristige Interventionen)** 106
Klinische Praxis 113

**11 Interventionen in der Organisationsphase
(mittelfristige Interventionen)** 115
Normalisierung 115   Fokussieren 117   Überzeugungen beeinflussen 133
Verbesserung der Bewältigungsstrategien (CSE: Coping-strategy enhancement) 137   Das Leben neu schreiben 144   Ein sozialpsychiatrisches Interventionsschema 148   Stimmendialog – oder: direkt mit den Stimmen sprechen 151

**12 Recovery oder Interventionen in der Stabilisierungsphase
(langfristige Interventionen)** 157
Rehabilitation 158   Bedeutung enger Beziehungen 164   Schlussfolgerung 166

13 Die Theorie des Stimmenhörers nutzen 167
Mystische Erfahrung und Religion 168   Transpersonale Psychologie 170
Metaphysische Perspektiven 175   Reinkarnation 179   Parapsychologie 180
Schlussfolgerung 183

14 Alternative Therapien 186
Überblick über alternative Ansätze 187   Reinkarnationstherapie 190

15 Selbsthilfe 197

Selbsthilfe und Kontakt mit Gleichbetroffenen 197   Power to our Journeys (Macht unseren Reisen) 200   Arbeitsbuch »Stimmenhören verstehen und bewältigen« 208

Epilog 212

Danksagung 218

ANHANG 1 **Auswahl der Stichproben für die Forschung** 219

ANHANG 2 **Forschungsergebnisse** 220

ANHANG 3 **Fragebogen zu Überzeugungen hinsichtlich der Stimmen** 223

ANHANG 4 **Selbsthilfegruppen und Initiativen** 225

Literatur 230

Autoren 240
Der Übersetzer 240   Fortbildungen 240

Beachten Sie auch die Beilage dieses Buches:
Maastrichter Fragebogen. Interview mit einer Person, die Stimmen hört.

Vorwort des Übersetzers

Als ich gegen Ende meines Sozialarbeitsstudiums in Hannover im Jahr 2006 zunehmend Zeit gewann, mich meiner Leidenschaft, der Arbeit mit Stimmenhörern, zu widmen, stellte ich zu meiner Überraschung fest, dass das Standardwerk zu diesem Thema noch nicht in deutscher Übersetzung erschienen war. Also übersetzte ich das Buch ins Deutsche.

Zu meiner weiteren Überraschung musste ich feststellen, dass der so hilfreiche Ansatz der »erfahrungsfokussierten Beratung« (engl. Experience Focussed Counselling) in der Arbeit mit Stimmenhörern in Deutschland nach wie vor weitgehend unbekannt war. In Gesprächen mit Caroline von Taysen und Antje Müller vom deutschen Netzwerk Stimmenhören sowie mit Marius Romme und Sandra Escher wurde dann der Bedarf eines formellen Ausbildungsangebotes in Deutschland festgestellt. Das Ergebnis dieser Gespräche ist nun seit 2007 in der Fortbildungsorganisation »efc Institut« sowie den Fortbildungskursen des Netzwerkes Stimmenhören zu sehen. Durch eine mehrstufige Fortbildung soll der neue Ansatz in der Arbeit mit Stimmenhörern auch in Deutschland verbreitet werden.

Ich wünsche den Leserinnen und Lesern dieses Buches, dass sie mithilfe des vorgestellten Ansatzes Menschen mit oft noch als unheilbar diagnostizierten Erkrankungen wie Schizophrenie, dissoziativen Störungen u.a. weiterhelfen und das in ihnen schlummernde Potenzial wecken können. Eine Anmerkung zur Sprachwahl: Aus Gründen der Lesbarkeit habe ich im Regelfall die männliche Form gewählt, auch wenn beide Geschlechter gemeint sind.

Joachim Schnackenberg

Vorwort der Autoren zur deutschen Ausgabe

Stimmenhören oder »akustische Halluzinationen«, wie es in der Psychiatrie genannt wird, ist eine Erfahrung, die in unserer westlichen Gesellschaft nicht positiv gesehen wird. Stimmen werden als ein Zeichen einer psychiatrischen Erkrankung wahrgenommen und sollten mit Medikamenten behandelt werden. Mit dem Stimmenhörer über den Inhalt dessen, was die Stimmen sagen, zu reden, würde es nur schlimmer machen und sollte deshalb vermieden werden.

Dieser Ansatz hat jedoch über die Jahre hinweg nicht die erhoffte Wirkung erzielt. In ungefähr zwei Dritteln der Fälle verschwinden die Stimmen nicht. Stimmenhören wird in der Psychiatrie daher als eine lebenslange Erkrankung angesehen, mit einem Bedarf an lebenslang zu nehmenden Medikamenten. Das Ziel dieses medizinischen Modells ist das Verschwinden der Stimmen.

Dagegen sprechen wir hier von Stimmen, die unserer Meinung nach eine Bedeutung für das Leben der Stimmenhörer haben. Die Anwendung quasi-wissenschaftlicher Interpretationen wie Schizophrenie in Bezug auf das Stimmenhören ist eine Sackgasse, die grundsätzlich Machtlosigkeit erzeugt und kaum Perspektiven hinsichtlich einer persönlichen Entwicklung anbietet (BOYLE 2002).

Da Fachleute der Psychiatrie im Regelfall Stimmenhörern begegnen, die nicht mit ihren Stimmen zurechtkommen, hat sich die negative Sicht der Erfahrung dieser Stimmenhörer in der Psychiatrie etabliert. Epidemiologische Forschungsergebnisse haben aufgezeigt, dass Stimmenhören eine verbreitete menschliche Erfahrung darstellt (2–6 Prozent der Bevölkerung; TIEN 1991; EATON u. a. 1991). Nur eine kleine Minderheit von Stimmenhörern erfüllt die Kriterien für eine psychiatrische Diagnose, und von diesen sucht wiederum nur ein kleiner Teil psychiatrische Hilfe auf (JOHNS / VAN OS 2001). Daher ist Stimmenhören an sich auch kein Ausdruck einer Pathologie.

Während der letzten 20 Jahre haben wir einen anderen Ansatz in Bezug auf Stimmen entwickelt, der auf den Erfahrungen der Stimmenhörer basiert. Stimmen müssen demnach als eine individuelle Reaktion auf Belastungen des Lebens und somit als eine Reaktion auf überwältigende Emotionen, und nicht als ein psychotisches Symptom wahrgenommen werden. Von Stimmenhörern haben wir gelernt, dass es notwendig ist, die Stimmen zu akzeptieren und nicht zu ignorieren, um einen Gesundungsprozess einzuschlagen. Für Patienten scheint der wichtigste Punkt in diesem Gesundungsprozess die Veränderung der Beziehung zu den Stimmen zu sein. Es ist auch wichtig, eine Beziehung zur eigenen Lebensgeschichte herzustellen. Außerdem ist es wesentlich, die Macht über die Stimmen sowie über das eigene Leben zurückzugewinnen, indem Entscheidungen für die Zukunft getroffen werden und indem die durch erlebtes Trauma beeinflussten Emotionen erkannt werden.

Unsere in Kapitel 2 beschriebene Forschung und die Forschung anderer (READ u.a. 2005) zeigen, dass Stimmen mit machtlos machenden Umständen bei einem Trauma verbunden sind.

Es ist oft so, dass Stimmen durch ihre Eigenschaften, ihr Alter, ihren Inhalt oder ihre Auslöser Informationen über das Trauma vermitteln. Stimmen sind eine sehr persönliche Erfahrung, im Regelfall eine Reaktion auf unerträgliche Umstände. Wir haben einen Fragebogen für ein Interview zusammengestellt, in dem die Erfahrung strukturiert wird. Mithilfe der Informationen des Interviews kann die Beziehung zwischen den Stimmen und der Lebensgeschichte erforscht werden. Bei diesem Ansatz werden Stimmen also entmystifiziert und verständlich gemacht.

Stimmenhören bedeutet, einem Prozess zu begegnen, in dem wir drei Phasen unterscheiden. In jeder Phase werden andere Interventionen benötigt. Wir hoffen, dass dieses Buch Sie dazu anregen wird, die Erfahrungen von Stimmenhörern zu erforschen und für die Probleme, denen diese in ihrem persönlichen Leben begegnen, offen zu sein. Das schließt natürlich die Stimmen selbst und die traumatischen Ereignisse mit ein. Diese Offenheit ist außerdem notwendig für das gesellschaftliche Erleben der Stimmenhörer, denen sonst oft mit Ablehnung, Schweigen, Angst und Isolierung begegnet wird.

Unser Buch ist bereits ins Englische, Spanische, Dänische und Schwedische übersetzt worden. Wir freuen uns sehr darüber, dass der Psychiatrie-Verlag diese sehr gute deutsche Übersetzung veröffentlicht hat. Wir bedanken uns bei Joachim Schnackenberg für die Übersetzung sowie für die Anregungen des Netzwerkes Stimmenhören in Berlin. Joachim Schnackenberg und das Netzwerk Stimmenhören organisieren Fortbildungen in Deutschland, um Fachleute zu unterstützen, die diesen Ansatz anwenden.

Marius Romme, Sandra Escher

Einleitung

»Das Problem ist nicht so sehr, wie Störungen beendet werden können, sondern ob der Geist sie frei von jeglicher Tradition betrachten kann.«
KRISHNAMURTI 1991

Das Ziel dieses Buches ist, Fachleuten des Gesundheitswesens sowie Stimmenhörern zu einem besseren Umgang mit dem Thema Stimmenhören zu verhelfen. Das Buch beschreibt in theoretischer und praktischer Weise neue Ansätze, um Menschen zu helfen, die sich in Bezug auf ihre Stimmen machtlos fühlen oder die Schwierigkeiten haben, ihr eigenes Verhalten zu kontrollieren. In unseren Fallstudien wurde deutlich, dass Menschen, die Stimmen hören, lernen können, über ihre Erfahrungen zu sprechen und so mit den Stimmen umzugehen, dass es ihnen wieder möglich ist, ihr eigenes Leben zu führen.

Der Ursprung dieses Buches liegt in unserer Forschung zum Thema Stimmenhören sowie in den Fortbildungskursen, die wir daraufhin entwickelten*.

Das primäre Ziel unseres Ansatzes besteht darin, die Beziehung zwischen der individuellen Geschichte und den Stimmen herauszuarbeiten. Es geht also darum, das Stimmenhören aus der Welt der Psychopathologie herauszunehmen und es stattdessen in den Kontext von Lebensproblemen und der jeweiligen persönlichen Philosophie des Menschen zu stellen. Dies wirkt sehr befreiend (ROMME / ESCHER 1989, 1993, 1996; ROMME 1996; PENNINGS u. a. 1996; HONIG u. a. 1998).

Unser zweites Ziel ist, Stimmenhören zu entmystifizieren. Stimmenhören ist eine ungewöhnliche Erfahrung, aber keine, die außergewöhnlicher Erklärungen bedarf. Der Mensch muss eine Beziehung zu seinen Stimmen aufbauen und sie als einen Teil seines täglichen Lebens anerkennen.

---

* Das Projekt »Fortbildung für Therapeuten, die mit Menschen arbeiten, die Stimmen hören« wurde durch den NFGV (Nationaler Fonds für öffentliche psychische Gesundheit) finanziert. Im Rahmen dieses Projektes wurde ein Fortbildungskurs für Therapeuten und Berater im Feld der Psychiatrieversorgung eingerichtet, die Stimmenhörer beraten. Das Projekt war Bestandteil einer größeren Studie über das Stimmenhören, die durch den Präventionsfonds finanziert wurde. Folgende Personen nahmen an dieser von Marius Romme geleiteten Studie teil: A. Buiks, D. Corstens, B. Ensink, S. Escher, A. Honig und M. Pennings.

In den letzten Jahren hat es uns große Freude bereitet, ein Interview und einen Fragebogen für Stimmenhörer zu entwickeln, die Ergebnisse zusammenzustellen, einen Fortbildungskurs zu gestalten und dieses Buch zu schreiben. Es hat uns geholfen, die Stimmen zu entmystifizieren, es hat uns aber nicht dazu gebracht, sie weniger ernst zu nehmen.

Teil I des Buches erklärt, warum wir einen neuen Ansatz propagieren. Wir stellen den relevanten Forschungsstand dar, die Auswirkungen, die diese Forschung auf Diagnosen hat, und die verschiedenen Weisen, wie die Stimmen mit der Lebensgeschichte zusammenhängen.

Teil II zeigt, wie diese Beziehung mithilfe eines auf einem Fragebogen basierenden Interviews analysiert werden kann. Dies ist nicht nur hilfreich für die Kommunikation, sondern auch für die Therapie bzw. Beratung (der hier vorgestellte Ansatz versteht sich als eine Form der psychosozialen Beratung und seine Anwendung ist daher nicht nur für ausgebildete Therapeuten zulässig)**. Das Material wird sorgfältig in einen Bericht eingearbeitet und dann zu einem Konstrukt weiterentwickelt, das die Probleme definiert, die dem Stimmenhören zugrunde liegen.

In Teil III geht es um angemessene Interventionen für drei verschiedene Phasen, in denen der Umgang mit den Stimmen erlernt werden kann. Zusätzliche Kapitel beschäftigen sich mit den Erklärungen, die Stimmenhörer für ihre Erfahrungen haben. Dies schließt die Selbsthilfe und alternativen Therapien mit ein, die Stimmenhörer hilfreich gefunden haben.

Die Arbeit mit Stimmenhörern bedarf einer ganz anderen Einstellung zur Therapie als derjenigen, die gewöhnlich in der psychiatrischen Ausbildung und in den psychiatrischen Professionen propagiert wird. Es geht um eine Suche, die zusammen mit dem Stimmenhörer unternommen wird. Der Stimmenhörer braucht dabei sehr viel Unterstützung und Stärkung, um diese Aufgabe zu bewältigen.

** Empfohlene Voraussetzung zur Anwendung dieses Ansatzes ist vielmehr die Teilnahme an der Fortbildungsmaßnahme des efc Instituts oder des Netzwerks Stimmenhören und die Arbeit mit dem entsprechenden Ethik- und Verhaltenskodex.

Dieses Buch erklärt die verschieden Schritte, die der Berater in der Arbeit unternehmen muss, sowie das dahinterliegende Denken. Wir möchten darauf hinweisen, dass die in diesem Buch erläuterte Methode (Stimmeninterview, Bericht, Konstrukt) nur in Verbindung mit der Teilnahme am Fortbildungskurs »Erfahrungsfokussierte Beratung« angewandt werden sollte. Dieser Fortbildungskurs hilft dabei, den neuen Denk- und Arbeitsansatz zu festigen. Außerdem bietet er die Möglichkeit, Fragen zu klären und sich mit anderen über die Methoden und Konzepte auszutauschen. Wir glauben zudem, dass ein besonderer Nutzen aus einer Partnerschaft zwischen professionell Tätigen und Stimmenhörern gezogen werden kann, nämlich wenn ein Professioneller gemeinsam mit einem Stimmenhörer, mit dem er arbeitet, an einer solchen Fortbildungsmaßnahme teilnimmt (insbesondere im dritten Teil der Grundausbildung).

Dieser nach wie vor einzigartige Ansatz wird in Deutschland in Fortbildungskursen durch den Fortbildungsträger »efc Institut« sowie über das »Netzwerk Stimmenhören« angeboten. Die Fortbilder dieser Organisationen sind von Intervoice (der internationalen Expertengruppe zum Thema Stimmenhören) und von Professor Marius Romme und Dr. Sandra Escher anerkannt.

TEIL I
Warum wir einen neuen Ansatz zum Stimmenhören brauchen

1 Gründe

Stimmenhören ist eine intensive, aufdringliche Erfahrung. Die Stimmen haben keine offensichtliche äußere Quelle, aber sie werden so erfahren, dass sie von jemand oder etwas anderem kommen. Psychiater beschreiben diese Erfahrungen als »akustische Halluzinationen« und schenken dem, was die Stimmen zu sagen haben, oft wenig Aufmerksamkeit. Es wird sogar angenommen, dass die unerwünschte Fixierung des Hörers auf seine »unwirkliche« Welt verstärkt wird, wenn man dem Inhalt Gehör schenkt.

Dem Stimmenhörer zuhören

Warum schlagen wir eine Veränderung des Ansatzes vor? Es gibt verschiedene Gründe. Der Hauptgrund ist der, dass Stimmenhörer es für ihre Entwicklung brauchen, dass ihre Erfahrung durch Fachleute akzeptiert wird. Es gibt Beispiele von Menschen, die erfolgreich mit ihren Stimmen leben. Unsere eigene Forschung und die Forschung anderer, insbesondere im Feld epidemiologischer Untersuchungen, drängen zudem auf einen neuen Ansatz. Verstärkt wird dieser Bedarf nach einem neuen Ansatz durch Untersuchungen über die Beziehungen der Stimmen untereinander, zur Lebensgeschichte und zum Inhalt der Stimmen. Weitere Gründe sind die unterschiedlichen Fähigkeiten, die Menschen im Umgang mit Stimmen aufweisen, sowie Zweifel daran, ob es tatsächlich wissenschaftlich haltbar ist, Stimmenhören als eine Krankheit zu bezeichnen. Schließlich stellen die Probleme hinsichtlich Effektivität und Nebenwirkungen gegenwärtiger Behandlungsmethoden mit Neuroleptika ein weiteres Argument dar.
Fangen wir mit dem ersten Grund an: Wir konnten feststellen, wie befreiend Stimmenhörer es empfanden, wenn sie sich offen über ihre intensiven Erfahrungen ausdrücken konnten. Sie finden es wohltuend, wenn jemand ihnen mit Interesse und Respekt zuhört, und nicht versucht, ihnen auszureden, was sie zu sagen haben, es nicht glaubt oder ihnen widerspricht. Anders ausgedrückt, geht es für sie darum, in der Gegenwart von Menschen zu sein, die akzeptieren, dass es verschiedene Wirklichkeiten

für verschiedene Menschen geben kann. Wir wissen mittlerweile, dass Menschen wählen können, wie sie auf die Stimmen reagieren, wenn sie offen dazu stehen, dass sie Stimmen hören. Sie brauchen nicht mehr das Gefühl zu haben, machtlos und abhängig zu sein, nur weil sie glauben, dass sie krank sind.

Indem sie ihre Stimmen anerkennen, ist es ihnen möglich, Kontrolle über sie zu erlangen. Wie auch schon Ron COLEMAN (1996) sagt: »Indem die Erfahrung anerkannt und eine Beziehung mit den Stimmen eingegangen wird, anstatt sie abzulehnen, ... wird es möglich, Sieger anstelle eines Opfers zu werden und sein eigenes Leben wieder neu zu gestalten.«

Im Laufe unserer Forschung haben wir Menschen getroffen, die Stimmen hörten, aber noch nie Patienten der Psychiatrie gewesen waren; Menschen, die noch nie Hilfe gebraucht hatten, die ganz im Gegenteil fanden, dass ihre Stimmen ihr Leben bereicherten. Am Anfang war das für uns eine große Überraschung. Als wir uns auf die Suche nach Literatur zu diesem Thema machten, stellten wir fest, dass unsere Überraschung vor allen Dingen an unserer eigenen Ignoranz lag. Epidemiologische Untersuchungen unter Studenten wie in der allgemeinen Bevölkerung belegen, dass es auch in der westlichen Gesellschaft überhaupt nicht so außergewöhnlich ist, dass normale, psychisch gesunde Individuen Stimmen hören. Es ist seit langer Zeit bekannt, dass herausragende Persönlichkeiten Stimmen hörten – unter ihnen der griechische Philosoph Sokrates, die deutsche Äbtissin Hildegard von Bingen, der Schriftsteller Lessing, der Dichter Rilke, der Philosoph und Politiker van Swedenborgh, der indische Politiker und geistliche Führer Mahatma Gandhi sowie Johanna von Orleans.

Die Tatsache, dass normale, gesunde Individuen Stimmen hören, ließ darauf schließen, dass man Stimmenhören allein genommen nicht als Indikator einer Psychopathologie verstehen kann. Das heißt nicht, dass es nicht zur Entwicklung einer Krankheit führen oder Symptome einer Anzahl psychiatrischer Krankheiten erzeugen kann. Wie auch bereits Douwe BOSGA (1997, S. 108) sagt: »Allmählich erkennt man jedoch, dass das wahre Problem nicht so sehr das Hören der Stimmen selbst ist als vielmehr die Unfähigkeit, mit ihnen umzugehen.«

Diese Aussage sehen wir durch unsere Forschung bestätigt. Diejenigen Stimmenhörer, die gut mit ihren Stimmen zurechtkamen und keine psychiatrische Unterstützung brauchten, zeichneten sich durch ihre Fähigkeit aus, ihre eigene Identität im Umgang mit den Stimmen zu behalten. Das stimmt auch mit dem überein, was wir über die oben genannten historischen Personen wissen. Sie benutzten ihre Stimmen als eine Ratgeberquelle für Probleme des täglichen Lebens, aber insbesondere für schwerwiegende Probleme des Lebens. Diese Tatsache war es auch, die uns dazu brachte, die Stimmen genauer im Kontext der persönlichen Lebensgeschichte zu betrachten.

Die Stimmenhörer, die Patienten wurden, waren sowohl ähnlich als auch verschieden im Vergleich zu den Stimmenhörern, die keine Patienten wurden. Ihre Stimmen wurden ebenfalls durch die Konfrontation mit fundamentalen Fragen und Problemen hervorgerufen – Fragen über die sexuelle Identität, traumatische Ereignisse oder Konflikte hinsichtlich Lebensentscheidungen u. a. –, aber die Patienten besaßen nicht die Fähigkeit, die Probleme zu lösen. Manchmal waren die Ereignisse emotional einfach zu überwältigend. Dazu gehörten zum Beispiel Inzest, körperlicher Missbrauch, schmerzlicher Verlust, der Verlust von Kindern oder auch eine starke Ablehnung durch jemanden, der wichtig für die Person war. Es konnte sich aber auch um etwas an ihnen selbst oder in ihren Lebensumständen handeln, mit dem sie nicht zurechtkamen, etwa Homosexualität, die eigene intellektuelle Begrenztheit oder persönliche Umstände, über die sie keine Kontrolle hatten (insbesondere, wenn sie Gewalt beinhalteten).

Die Menschen, die in psychiatrische Betreuung kamen, empfanden Stimmenhören als negative Erfahrung, möglicherweise aufgrund der Hartnäckigkeit ihrer tieferliegenden Probleme. Solche Patienten brauchen Hilfe im Umgang mit ihren emotionalen und Verhaltensreaktionen auf ihre Probleme sowie mit den Problemen selbst. Die Betonung sollte nicht darauf liegen, die Reaktion medizinisch zu unterdrücken.

Die richtige Hilfe

Berichte, die von Patienten und ehemaligen Patienten geschrieben wurden, zeigen, dass Menschen, die durch psychotische Episoden gehen, schwerwiegende, oft lebensbedrohliche Zwischenfälle oder Beziehungen erlebt haben (Jong 1997b; Coleman 1996; O'Hagan 1993; Read / Reynolds 1996). Dies wird auch durch unsere Forschung bestätigt. Angst zu haben, depressiv oder wütend zu sein sind alles normale Reaktionen. Es scheint aber, dass bei diesen Patienten die Stimmen eine Art der Selbstverteidigung sind, die auftauchen, um unliebsame Erinnerungen fernzuhalten. Die Stimmen erscheinen also anstelle der Erinnerungen.

Wie bereits angedeutet, ist es nicht überraschend, dass die normale therapeutische Reaktion in der Psychiatrie auf Menschen, die Stimmen hören, die ist, nach dem Rezeptblock zu greifen. Der natürliche Instinkt ist, Leiden zu lindern. Die Wahl der Hilfe ist aber entscheidend für den Verlauf. Obwohl die Psychiatrie anerkennt, dass psychiatrische Störungen das Resultat von Vulnerabilität (Empfänglichkeit / Verletzlichkeit) und Stress sein können, so entsprechen die verwendeten Etiketten doch dem medizinischen Krankheitsmodell. Innerhalb dieses Systems ist Stimmenhören das Produkt einer Krankheit, Ursache unbekannt. Das ist eine gefährliche Diagnose. Es unterdrückt die Verbindung zwischen persönlicher Geschichte und dem Auftauchen der Stimmen. Es behindert außerdem die Suche nach einer Lösung und steigert die Wahrscheinlichkeit des Wiederauftretens.

Die Validität dieser Diagnose ist auch wissenschaftlich fragwürdig, wie die jüngste Literatur bestätigt (Praag 1993; Bentall 1990; Boyle 2002; Hoofdakker 1995; Jenner u. a. 1993; Ross / Pam 1995; Thomas 1997; Blom 2003). Die wissenschaftliche Forschung hat sicherlich sehr zu unserem Wissen über Gehirnprozesse beigetragen. Allerdings hat sie bis heute keine Beweise für die Beziehung zur Psychopathologie erbracht (Andreasen 1997). Bis heute gibt es keine Hinweise auf die biologische Grundlage für das Stimmenhören und die Wahrscheinlichkeit ist gering, dass sich das in naher Zukunft ändern wird. Stimmenhören manifestiert sich als elektrische Aktivität in verschiedenen Gehirnzentren. Manchmal sind auch die Stimmbänder zur gleichen Zeit aktiv. Dies sind allerdings nicht automatisch die Ursachen. Vielmehr können diese Manifestationen einfach gleichzeitig geschehen (es gibt immer Gehirnaktivität). Wissenschaftlich gesehen gibt es keine Beweise, dass irgendeine Gehirnabnormität die Ursache für das Phänomen darstellen könnte. All diese Gründe sind Argumente, die dagegen sprechen, Stimmenhören einzig aus psychopathologischer Sicht zu betrachten.

Wenden wir uns nun der medikamentösen Therapie zu. Neuroleptika, die am meisten verschriebenen Medikamente in diesen Fällen, mögen Menschen sehr wohl helfen, mit der Angst und der Verwirrung, die die Stimmen verursachen, umzugehen. Bei etwa 50 Prozent der Fälle verschwinden die Stimmen sogar, solange die Medikamente genommen werden. In 40 Prozent der Fälle bleiben die Stimmen davon aber unberührt. Dies trifft auch auf Menschen zu, die unter Schizophrenie leiden (Falloon/Talbot 1981; Fowler u. a. 1995). Falloon und Talbot bestätigen: »Wenn diese Patienten sich an das Leben in der Gemeinde anpassen wollen, dann müssen sie lernen, ihre Symptome effektiv zu bewältigen.« Zweifellos können Neuroleptika etwas Erleichterung erzeugen, da sie die Reaktionen auf emotionale Impulse unterdrücken. Es entspricht guter, normaler medizinischer Praxis, Unbehagen zu reduzieren. Es ist aber ein Fehler, dies mit einer Heilung zu verwechseln und sonst nichts weiter zu unternehmen. Wenn Patienten ihre Medikamente nicht mehr nehmen, kommen die Angst, die Verwirrung und die Stimmen zurück, sodass ein Teufelskreis entstehen kann, der in ein chronisches Leiden und der Langzeiteinnahme von Medikamenten mündet. Das resultiert wiederum in schwerwiegenden (manchmal unumkehrbaren) Nebenwirkungen sowie in einer Abhängigkeit. Es steigert außerdem das Risiko psychotischer Episoden, da ein Rückfall wahrscheinlich ist, sobald die Neuroleptika abgesetzt werden werden, also nicht einfach nur als Resultat der gewöhnlichen Auslöser des Patienten (Thomas 1997).

Trotz dieser Gründe kann es gut sein, über einen Versuchszeitraum hinweg Medikamente für Menschen zu verschreiben, die sehr leiden. Auf diese Weise können Berater und Klient die guten und auch die negativen Auswirkungen einschätzen. Es ist wichtig, die medikamentöse Therapie zu beobachten und auf etwaige Veränderungen oder Nebenwirkungen zu achten sowie sich daran zu erinnern, dass die Medikamente keine Heilung bewirken.

Ein sozialpsychiatrischer Ansatz

Alles dies sind gute Gründe, einen weiteren Blick in Bezug auf das Stimmenhören einzunehmen, als dies gegenwärtig der Fall ist. Es hat schon immer verschiedene Ansätze in der Psychiatrie gegeben, um psychische Probleme zu lösen. Der Ansatz, der in diesem Buch beschrieben wird, ist als sozialpsychiatrisches Modell bekannt.

Nach sozialpsychiatrischem Verständnis drückt eine Erkrankung die Unfähigkeit einer Person aus, in einer Gesellschaft zu funktionieren. Schwerwiegende Belastungen im Leben, die aus schwierigen Interaktionen, traumatischen Erfahrungen oder sozialen Strukturen hervorgehen und das Leben einer Person schwer machen, werden als Bedrohungen für das eigene psychische Wohlergehen erlebt. Diese Bedrohungen können in verschiedener Art und Weise erlebt werden, beispielsweise in Schlafproblemen, Müdigkeit, Ängsten, Depression, Zwangsverhalten, Dissoziation, Alkohol- oder Drogenkonsum, Aggression, paranoiden Vorstellungen, Halluzinationen, Wahnvorstellungen, Gedankenflucht, manischen Vorstellungen und manischem Verhalten. Sollte die Person nicht in der Lage sein, ihr sozial-emotionales Problem zu akzeptieren oder eine Lösung dafür zu finden, kann das psychische Problem, etwa die Halluzination, als Hauptproblem verstanden werden. Als Teil einer Umschichtung ersetzt das psychische Problem, z. B. das Stimmenhören, das ursprüngliche sozial-emotionale Problem und mystifiziert damit gleichzeitig dieses Problem. Wenn dann auch die psychiatrischen Berufsstände das psychische Problem, wie das Stimmenhören, als das Hauptproblem behandeln, dann wird das sozial-emotionale Problem zu einem medizinischen Problem. Durch eine solche Reaktion wird die ganze Aufmerksamkeit den Stimmen gewidmet, anstatt dem ihnen zugrunde liegenden Problem. Deshalb kann auch keine Lösung dafür gefunden werden. Wichtige Personen wie Partner, Eltern, Kinder, Nachbarn, Arbeitskollegen, Menschen in sozialen Berufen können alle einen großen Einfluss ausüben, um eine solche Umschichtung des Problems zu verhindern oder zu befördern. In unserer Studie verglichen wir Patienten, die Stimmen hörten, mit Menschen, die Stimmen hörten, aber nicht erkrankten. Wir stellten fest, dass Menschen, die nicht erkrankten, nicht nur gut mit ihren Stimmen umgehen konnten, sondern ihre Stimmen auch als ein Zeichen für die Existenz eines Problems erkannten und sie als Ratgeber nutzten, um ihre Probleme zu lösen. Sie stellten somit eine Verbindung zwischen den Stimmen und ihren Problemen her.

Menschen werden krank, weil ihre Symptome, in Verbindung mit ihren ungelösten Problemen, sie daran hindern, ein normales Leben zu führen. Diese Sicht ist bei Neurosen gut etabliert, allerdings weniger bei Psychosen.

Durch unsere Forschung haben wir gezeigt, dass Stimmenhören (in der Psychiatrie als psychotisches Phänomen definiert) als ein Reaktionsmuster funktioniert, wenn jemand seine sozialen Probleme, die ihm das Gefühl geben, extrem machtlos zu sein, nicht bewältigen kann. Das wiederum kann zu allen möglichen sekundären Reaktionen führen, die in manchen Fällen den ganzen klinischen Komplex der Schizophrenie nachahmen können. Wir haben außerdem festgestellt, dass Patienten, die mit Schizophrenie diagnostiziert worden waren, in der Lage waren, ihre Erfahrungen mit dem Stimmenhören auf belastende und traumatische Erlebnisse in ihrer Lebensgeschichte zurückzuführen. Die Patienten konnten dann anfangen, sich damit auseinanderzusetzen, und ihr Leben wieder leben. Anders ausgedrückt, sie wurden »völlig gesund«.

Die Grundlage der Sozialpsychiatrie unterscheidet sich von der der klinischen Psychiatrie. Die Sozialpsychiatrie dekonstruiert die Erkrankung in verschiedene Symptome und analysiert die Wechselwirkung zwischen den Symptomen sowie die Beziehung der Symptome zu belastenden Erfahrungen in der individuellen Lebensgeschichte. Die Interventionen zielen auf eine Symptombewältigung und das Angehen der dahinterliegenden Probleme.

Die klinische Psychiatrie dagegen konstruiert eine Krankheit aus den Symptomen, und ihre ersten Interventionen zielen auf die Krankheit.

Sozialpsychiatrie unterscheidet sich auch von der kognitiv-behavioralen Psychologie, obwohl beide mit den Symptomen beginnen. Die kognitiv-behaviorale Psychologie arbeitet mit den Gefühlen und dem Verhalten der Patienten im Kontext ihrer persönlichen Überzeugungen. Sie bringt den Patienten andere Formen der Bewältigung bei. Die Sozialpsychiatrie geht von der gleichen Annahme aus – dass Gefühle, Verhalten und Symptome von Patienten durch ihre Überzeugungen vermittelt sind –, sie sieht sie aber zugleich auch als Folge von vergangenen Ereignissen. Die Sozialpsychiatrie verläuft deshalb entlang zweier paralleler Wege: Einerseits geht es darum, das Krankheitsverhalten zu bewältigen, andererseits gilt es, die Probleme des Patienten zu analysieren und anzugehen, soziale wie auch psychologische, vergangene und gegenwärtige. Die Konsequenzen des sozialpsychiatrischen Ansatzes sind:

- Anstelle einer Isolierung der Symptome von ihrem Alltagskontext wird nach Lösungen in eben diesem Kontext gesucht.
- Der Behandlungsfokus orientiert sich an der Entwicklung der Person, um sie zu befähigen, ihre Probleme zu lösen.
- Wichtige Personen aus dem sozialen Umfeld werden einbezogen, um die Entwicklung zu unterstützen.

2 Forschung

Es war die Tatsache, dass Medikamente einer bestimmten Patientin nicht helfen konnten, die mich (Marius Romme) dazu veranlassten, einmal etwas anderes auszuprobieren. Die Patientin litt schwer und war mittlerweile gesellschaftlich isoliert. Sie hatte eine so große Angst vor ihren sehr aufdringlichen Stimmen, dass sie sich nicht mehr frei bewegen konnte. Von außen gesehen kann das sehr schwer zu verstehen sein, selbst für einen Psychiater. Sie brauchte wirklich jemanden, der sich mit ihrer Erfahrung identifizieren konnte. Deshalb half ich ihr, Kontakt mit einem anderen Patienten aufzunehmen, der auch Stimmen hörte, in der Hoffnung, dass sie einander verstehen konnten. Das gegenseitige Wiedererkennen, das aus diesem Treffen resultierte, überzeugte mich von der Authentizität der Stimmenhörerfahrung.

Mit anderen zu reden gab meiner Patientin Unterstützung, allerdings konnte es ihr nicht beibringen, den Einfluss der Stimmen zu reduzieren. Keiner von den Patienten, mit denen ich arbeitete, wusste, wie man das machen konnte. Also machte ich mich auf die Suche nach Leuten, die es wussten, über einen Aufruf im niederländischen Fernsehen. Das war 1987. Auf diese Weise kamen wir (Romme/Escher) in Kontakt mit Menschen, die Stimmen hörten, aber keine medizinische Unterstützung bekommen hatten. Sie lebten ein normales Leben und hatten nicht das Gefühl, dass sie ihre Stimmen loswerden mussten. Sie akzeptierten die Stimmen und konnten mit ihnen umgehen.

Am Anfang war es ein ganz schöner Schock, gewöhnliche, gesunde Menschen zu treffen, die uns erzählten, dass sie Stimmen hören konnten (Romme/Escher 1989, 1990, 1993, 1996). Es stellte unsere Annahme in Frage, dass akustische Halluzinationen ein Symptom einer psychiatrischen Störung darstellen und normalerweise pathognomonisch für die Schizophrenie sind. Dadurch kamen insbesondere drei Fragen für uns auf:

- Konstituiert das Stimmenhören an sich eine psychiatrische Störung?
- Ist Stimmenhören ein Hinweis auf das Vorhandensein einer spezifischen Störung?

- Weisen bestimmte Charakteristiken des Stimmenhörens auf bestimmte Störungen hin?

Konstituiert das Stimmenhören an sich eine psychiatrische Störung? Im Laufe der Jahre hat es einige relevante Untersuchungen in der allgemeinen Bevölkerung gegeben. JOHNS / VAN OS (2001) belegen durch verschiedene Studien, dass Halluzinationen als Kontinuum innerhalb der allgemeinen Bevölkerung aufzufassen sind. TIEN (1991) enthüllte in einer groß angelegten Bevölkerungsumfrage über Halluzinationen (Stichprobe von 15.000), dass 10–15 Prozent der Teilnehmer die Erfahrung echter Halluzinationen bekunden, davon etwa 4 Prozent akustische Halluzinationen. Nur ein Drittel der Menschen, die Stimmen hörten, fühlten sich so sehr davon geplagt, dass sie Hilfe suchten. Diese Erkenntnis wurde mit einer Studie des letzten Jahrhunderts verglichen (SIDGEWICK 1894), in der 2 Prozent der allgemeinen, nicht erkrankten Bevölkerung (von einer Stichprobe von 17.000) angaben, akustische Halluzinationen zu haben, die nicht mit Schlafen verbunden waren.

Eine weitere Untersuchung (POSEY / LOSCH 1983) unter 375 Psychologiestudenten zeigte auf, dass die häufigste Erfahrung war, eine Stimme zu hören, die den eigenen Namen rief (36 Prozent), sowie eigene Gedanken laut ausgesprochen zu hören (39 Prozent). Andere Forscher (BARRET / ETHERIDGE 1992), die die Studie wiederholten, fanden, dass eine große Anzahl ihrer Psychologiestudenten (30–40 Prozent) von der gleichen Art von Erfahrungen berichtete; fast die Hälfte hörte Stimmen täglich bis monatlich. Das gleiche Team versuchte auch, Verbindungen zwischen Stimmenhören und Psychopathologie herzustellen (es benutzte das Minnesota Multiphasic Personality Inventory, MMPI). Die Forscher konnten in dieser Beziehung keinen Unterschied zwischen halluzinierenden und nicht halluzinierenden Studenten feststellen.

All diese Studien kamen zu derselben Schlussfolgerung: Es gibt Menschen, die Stimmen mit den Charakteristiken einer akustischen Halluzination hören, die aber sonst keine weitere Psychopathologie aufweisen. Das schien Grund genug, vorsichtig mit der Diagnose einer psychiatrischen Störung zu sein, die auf der alleinigen Grundlage des Stimmenhörens basiert. Trotzdem passiert dies aber. Eine Untersuchung durch

LEWINSOHN (1968) stellte fest, dass 50 Prozent der Schizophreniepatienten im Krankenhaus Halluzinationen erlebten; es gab aber eine 84-prozentige Wahrscheinlichkeit, dass Menschen mit Schizophrenie diagnostiziert wurden, wenn sie Halluzinationen hatten.

Ist Stimmenhören ein Hinweis auf das Vorhandensein einer spezifischen Störung? Die sozialpsychiatrische Abteilung des gemeindepsychiatrischen Betreuungszentrums in Maastricht führte 1992 eine Umfrage unter Patienten durch, um herauszufinden, wer von ihnen schon einmal Halluzinationen gehabt hatte (die Studie wurde von A. Honig und M. Pennings durchgeführt und durch ROMME/ESCHER 1996 veröffentlicht). Von den 288 Patienten hatten 28 Prozent schon einmal Stimmen gehört (siehe Anhang 2, Tabelle 1). Dies zeigte, dass in dieser Population von Langzeitpatienten mehr als ein Viertel Stimmen hörte. Die Ergebnisse zeigten außerdem, dass Stimmenhören bei mehreren verschiedenen Störungen vorkam, nicht nur bei der Schizophrenie. Es gibt eine Reihe von Studien in der Psychiatrieforschung, die ganz klar belegen, dass akustische Halluzinationen auch bei vielen anderen psychiatrischen Störungsbildern, wie manisch-depressive Störungen, dissoziative Störungen u. a., auftreten (GOODWIN/JAMISON 1990). Das stellt einen weiteren Grund dar, warum es wichtig ist, vorsichtig mit einer Diagnose zu sein.

Weisen bestimmte Charakteristiken des Stimmenhörens auf bestimmte Krankheiten hin? Die psychiatrische Literatur unterscheidet nach bestimmten Kriterien, wie sich Stimmenhören manifestiert, und benutzt diese, um verschiedene Syndrome zu definieren. Wir verglichen zwei der größten Gruppen in der oben genannten Umfrage – Menschen, die mit Schizophrenie, und Menschen, die mit affektiven Störungen diagnostiziert worden waren. Wir fragten sie, ob sie die Stimmen durch ihre Ohren hörten, inner- oder außerhalb ihres Kopfes oder in ihrem Körper und ob die Stimmen von ihnen selbst kamen oder von außen. Wir fragten auch, ob es möglich war, sich mit den Stimmen zu unterhalten. Das Ergebnis (siehe Anhang 2, Tabelle 2) zeigt klar, dass die Art, wie Stimmen gehört werden, keine definierende Eigenschaft der einen oder anderen Störung darstellt. Sie kann deshalb auch nicht als Grundlage einer Diagnose ge-

nutzt werden. Insbesondere die Schizophrenie kann nicht in Bezug auf die Art und Weise, wie die Stimmen gehört werden, diagnostiziert werden.
Eine Zusammenfassung der Ergebnisse:
- Es gibt Stimmen hörende Menschen, die nicht mit einer psychiatrischen Störung diagnostiziert werden können.
- Stimmenhören kommt bei verschieden psychiatrischen Störungsbildern vor.
- Die Art und Weise, wie die Stimmen sich manifestieren, weist nicht auf eine bestimmte Störung hin.

Unsere Schlussfolgerung war, dass Stimmenhören nicht genutzt werden kann, um eine spezifische psychiatrische Störung zu diagnostizieren; andere Symptome mussten die entscheidenden Faktoren sein.

Forschungsvergleich zwischen Patienten und Nichtpatienten

Diese Schlussfolgerung inspirierte uns, Stimmenhörer, die Patienten wurden, mit Stimmenhörern, die nie Patienten gewesen waren, in einer Studie zu vergleichen (ROMME 1996; HONIG u. a. 1998). Unsere Forschungssubjekte ließen sich in drei Gruppen unterscheiden:
- 18 Patienten, die mit Schizophrenie diagnostiziert worden waren;
- 15 Patienten, die mit dissoziativen Störungen diagnostiziert worden waren;
- 15 Nichtpatienten, die Stimmen hörten, aber keine professionelle Hilfe aufgesucht hatten oder in psychiatrische Betreuung überwiesen worden waren und die außerdem auch kein Resultat auf dem diagnostischen Instrument erzielten, das wir benutzten (siehe auch Anhang 1).

Wie zuvor kamen die Patienten vom gemeindepsychiatrischen Betreuungszentrum in Maastricht. Die Nichtpatienten wurden durch Tages- und Wochenzeitungen rekrutiert. Wir wählten nur Menschen aus, die auch akustische Halluzinationen erlebt hatten (für weitere Informationen über die Auswahlkriterien siehe auch Anhang 1).
Wir benutzten wieder den Fragebogen, der 1987 auf der Grundlage der Reaktionen, die wir von Stimmenhörern zu unserem ursprünglichen Fernsehaufruf erhalten hatten, entwickelt worden war. Unser Ziel war es,

einen Einblick in die akustischen Erfahrungen zu erlangen, in den Einfluss, den die Stimmen ausübten, sowie in deren Beziehung zur Vergangenheit des Individuums. Der Fragebogen setzte sich mit verschiedenen Aspekten der Erfahrung auseinander:
- der Art der Erfahrung,
- den Eigenschaften der Stimmen,
- der Lebensgeschichte bis zum ersten Auftreten der Stimmen,
- den Lebensumständen beim ersten Auftreten,
- den Auslösern,
- dem Inhalt dessen, was die Stimmen sagen,
- der individuellen Theorie über die Stimmen,
- den Auswirkungen der Stimmen auf den Hörer,
- dem Einfluss des Hörers auf die Stimmen,
- Bewältigungsstrategien,
- Kindheitserfahrungen,
- dem sozialen Netzwerk des Stimmenhörers,
- der Behandlungsgeschichte.

Eigenschaften der Stimmen und Diagnose

Einige der Fragen zielten darauf, herauszufinden, ob bestimmte Eigenschaften der Stimmen bei bestimmten Störungen vorkommen. Nach der psychiatrischen Definition (WING u. a. 1974) hört ein Mensch mit Schizophrenie die Stimmen durch die Ohren, kann aber nicht mit ihnen sprechen. Im Gegensatz dazu stehen die dissoziativen Störungen, die Pseudohalluzinationen hervorbringen, das heißt, die Stimmen werden im Kopf gehört und der Hörer kann sich mit ihnen unterhalten. Bei dissoziativen Störungen ist der Hörer nicht davon überzeugt, dass die Stimmen tatsächlich nicht zu ihm gehören, er fühlt nur, dass sie nicht zu ihm gehören. Die Ergebnisse unserer Forschung stimmten allerdings nicht mit diesen Definitionen überein. Tabelle 3 (siehe Anhang 2) stellt die verschiedenen Formen der Stimmen dar, die in allen drei Gruppen genannt wurden. In allen drei Gruppen hörten die Teilnehmer Stimmen durch ihre Ohren sowie in ihrem Kopf. In allen drei Gruppen nahmen die meisten Leute die Stimmen als »nicht zu ihnen«, sondern zu anderen gehörend wahr. Der größte Unterschied bestand darin, ob die Teilnehmer mit ihren Stimmen sprechen konnten oder nicht. Unter den dissoziativen Patienten waren zwei Drittel nicht dazu in der Lage, während in den anderen zwei Gruppen zwei Drittel dazu in der Lage waren, mit den Stimmen zu kommunizieren. Diese Resultate stellen das Gegenteil von dem dar, was die Psychiatrie erwarten würde.

Wir berücksichtigten außerdem, ob die Stimmen auf Schneiders (SCHNEIDER 1959; BOSCH 1990) »Symptome erster Ordnung« zutrafen. Nach dieser Definition sind Stimmen, die das Verhalten des Hörers kommentieren, sowie Stimmen, die untereinander in der dritten Person über den Hörer sprechen, ausreichender, aber nicht notwendiger Beweis für die Schizophrenie. Es gab keine klare Unterscheidung zwischen den Gruppen in Bezug darauf, ob die Stimmen in der zweiten oder dritten Person sprachen, allerdings kam das Reden in der dritten Person in der Schizophreniegruppe häufiger vor. Stimmen, die den Hörer kommentierten, kamen in beiden Patientengruppen im ungefähr gleichen Ausmaß vor und weniger in der Nichtpatientengruppe.

Die Forschung offenbarte, dass diese Eigenschaften nicht den Unterschied zwischen Patient und Nichtpatient erhellen.

Auswirkungen der Stimmen auf den Stimmenhörer

Es gibt große Unterschiede in den Auswirkungen, die die Stimmen auf das Verhalten und die Gefühle von Menschen haben können. Es ist oft so, dass Menschen, die mehrere Stimmen hören, feststellen, dass einige einen größeren Einfluss als andere haben. Die meisten Menschen hören sowohl positive als auch negative Stimmen, aber die Wirkungen und die Folgen sind verschieden. Um festzustellen, wie dieser Unterschied zustande kommt, fragten wir die Teilnehmer, ob sie positive Stimmen hörten und was diese im Vergleich zu den negativen Stimmen sagten. Wir konzentrierten uns dann auf die Wirkung und befragten die Teilnehmer, ob ihre Erfahrung mit den Stimmen hauptsächlich positiv, negativ oder neutral war. Schließlich fragten wir, wie sie sich in Bezug auf die Stimmen fühlten – waren sie glücklich, verängstigt, verärgert o. a.? (Siehe Anhang 2, Tabelle 4.)

Die ersten beiden Fragen ergaben eine Ähnlichkeit zwischen den Gruppen. Alle drei Gruppen hörten sowohl negative als auch positive Stimmen. Der große Unterschied zwischen Patienten und Nichtpatienten war allerdings der, dass für die Nichtpatienten die positiven Stimmen überwogen.

Patienten empfanden die Stimmen als größtenteils negativ (67 Prozent). Im Gegensatz dazu empfanden die meisten der Nichtpatienten die Erfahrung als größtenteils positiv. Das steht wiederum in Beziehung mit den Wirkungen, die die Stimmen hatten: Die meisten Patienten hatten vor ihren Stimmen Angst, während keiner von den Nichtpatienten Angst hatte. Die Stimmen wurden von fast allen Patienten als schlimm wahrgenommen und tendierten dazu, sie in ihrem täglichen Leben zu stören. Auf der anderen Seite berichtete nur ein Viertel der Nichtpatienten von ähnlichen Gefühlen.

Zusammenfassend kann man sagen, dass der Hauptunterschied zwischen den Gruppen darin bestand, dass die Patienten ihre Stimmen als negativ wahrnahmen. Das heißt, die negativen Stimmen machten ihnen Angst, verärgerten sie und störten sie in ihrer täglichen Funktionsfähigkeit (siehe auch Chadwick / Birchwood 1996 und den Abschnitt »Überzeugungen beeinflussen« in Kapitel 11).

Einfluss des Hörers auf die Stimmen

Das war die andere Seite der Medaille. Wir befragten die Teilnehmer, ob sie ihre Stimmen kontrollieren konnten, ob sie es ablehnen konnten, Befehle oder Anordnungen zu befolgen, und ob die Stimmen ihnen das Gefühl gaben, machtlos zu sein (siehe Anhang 2, Tabelle 5).

Der Einfluss der Hörer auf die Stimmen schien in umgekehrter Proportion dazu aufzutreten, wie negativ sie das Erleben empfanden. Deshalb war er auch sehr unterschiedlich. Fast alle Nichtpatienten hatten das Gefühl, dass sie die Kontrolle haben (87 Prozent). Von den Patienten empfanden nur 17 Prozent der schizophrenen und 7 Prozent der dissoziativen Patienten in der gleichen Weise.

In beiden Patientengruppen fühlten sich 70 Prozent machtlos in Bezug auf ihre Stimmen, während 87 Prozent der Nichtpatienten sich durchaus in der Lage fühlten, mit den Stimmen zurechtzukommen. Das Gefühl der Hilflosigkeit steht auch nicht in Wechselbeziehung mit der Fähigkeit, Befehle oder Anordnungen nicht zu befolgen; alle drei Gruppen zeigten eine hohe Rate des Nichtbefolgens von Befehlen.

Stimmenhören, Lebensgeschichte und Trauma

In unserer Umfrage von 1987 bemerkten wir, dass ca. 70 Prozent der Teilnehmer eine traumatische Erfahrung hatten, die sie mit dem Stimmenhören verbanden (ROMME / ESCHER 1989, 1993). ENSINK (1992, 1994) stellte in seiner Forschung mit einer Gruppe von 100 Frauen mit Missbrauchserfahrungen (alle Patientinnen) ganz klar die gleiche Verbindung her.

In unserer Studie machten wir uns nun daran, die individuelle Geschichte der Teilnehmer detaillierter zu begutachten. Dabei legten wir ein besonderes Augenmerk auf die Ereignisse, die sich zum Zeitpunkt des Ausbruchs der Stimmen abspielten. Dadurch stellten wir fest, dass Stimmen zu hören und zum Patienten zu werden nicht synonym waren – etwas, was wir nur feststellen konnten, indem wir Patienten mit Nichtpatienten verglichen.

Tabelle 6 (siehe Anhang 2) zeigt, zu welchem Grad Teilnehmer in der Lage waren, ein externes Ereignis oder Umstände mit dem ersten Auftreten des Stimmenhörens zu verbinden. Für die große Mehrheit der Patienten und für die Hälfte der Nichtpatienten stellte ein traumatisches Erlebnis einen klaren Auslöser dar.

Diese Fakten sind nur im Kontext der individuellen Lebensgeschichte zu verstehen. Ein traumatisches Erlebnis kann große Auswirkungen auf das spätere Leben haben. Dies ist allerdings nicht unvermeidbar. Der Einfluss der Stimmen hat sehr viel damit zu tun, wie machtlos sich eine Person fühlt. Je mehr sie das Gefühl hat, Macht zu haben, desto besser kann sie mit ihren Stimmen umgehen. Je weniger sie die Wirkung des Traumas geschwächt hat, desto besser wird deshalb die Abwehr der Person gegen die Stimmen sein.

Eine vor kurzem veröffentlichte Literaturstudie von READ u. a. (2005), die relevante Studien über die Beziehung zwischen traumatischen Erfahrungen und psychotischen Erkrankungen berücksichtigt, zeigt Kindesmissbrauch als kausalen Faktor für Psychosen und Schizophrenie auf, insbesondere bei kommentierenden und befehlenden Stimmen.

Die Lebensgeschichten

Es war wichtig, zwischen den Ursachen für den Beginn des Stimmenhörens zu unterscheiden, und zu klären, warum die Teilnehmer in der Vergangenheit Patienten oder auch nicht Patienten wurden.

Die erste Manifestation der Stimmen schien durch Situationen hervorgerufen zu werden, die wohl am besten als besonders bedrohlich beschrieben werden können. Diese Situationen waren gewöhnlich kurz vorher aufgetreten, wie die folgenden Lebensgeschichten aufzeigen:

Fall 1: Ein neunjähriges Mädchen war so schwer durch ihren Vater verprügelt worden, dass sie mit einem ausgerenkten Wirbel ins Krankenhaus eingeliefert werden musste. Ungefähr zwei Stunden nach der Einlieferung hörte sie zum ersten Mal Stimmen.

Fall 2: Eine 28-jährige Frau begann in einer Zeit Stimmen zu hören, in der es in ihrer Familie große Spannungen gab. Sie wurde von ihrem Ehemann geschlagen, der auch ihr ganzes Tun überwachte. In seinen Augen konnte sie nichts richtig machen – es war eine ausweglose Situation für sie.

Fall 3: Ein 41-jähriger Mann hörte das erste Mal Stimmen, als er kurz davor war, eine Prüfung zu machen, von der er befürchtete, sie nicht zu bestehen. Er erwartete dann Probleme, seinen Beruf weiterzuverfolgen.

Fall 4: Eine 40-jährige Frau hatte ihre erste Stimmenhörerfahrung, nachdem sie drei geliebte Personen verloren hatte.

Das war in dreifacher Weise bedrohlich:
- körperlich bedrohlich (z. B. Krankheit oder Missbrauch),
- Zukunftserwartungen waren aufs Spiel gesetzt (z. B. Scheidung oder Kündigung),
- überwältigende Gefühle aus der Vergangenheit wurden hervorgerufen (z. B. der Tod eines misshandelnden Vaters).

Ob jemand anschließend psychiatrische Betreuung brauchte oder nicht, schien, wie wir sehen werden, von anderen Faktoren abhängig zu sein:

Fall 1: Die schwer verprügelte Neunjährige hörte zwei Stunden, nachdem sie ins Krankenhaus gekommen war, Stimmen. Sie erholte sich körperlich vollkommen und lebte von diesem Zeitpunkt an bei ihrer Großmutter, bei der sie sich sicher und wohl fühlte. Ihre Großmutter starb allerdings drei Jahre später und sie wurde in ein Internat geschickt, woraufhin sie sich wieder so unsicher und verängstigt fühlte wie damals mit ihrem Vater. Diese Art von Erfahrungen in der Kindheit bewirkt Unsicherheit und ist eher bedrohlich als förderlich. Solche Umstände steigern die Wahrscheinlichkeit, dass der Hörer nicht in der Lage sein wird, mit den Stimmen umzugehen, welche diese traumatischen Episoden wieder hervorrufen.

Fall 2: Die 28-jährige Frau ließ sich scheiden und begann alleine mit ihren Kindern zu leben. Allerdings verlor sie bald das Sorgerecht für ihre Kinder, da Sozialarbeiter befanden, dass sie unfähig sei, sich richtig um ihre Kinder zu kümmern. Einige Zeit später wurde sie in psychiatrische Betreuung gebracht. Als Kind war diese Frau so sehr von ihren Eltern behütet worden, dass sie sich später nicht selbst verteidigen konnte.

Fall 3: Der 41-Jährige, der mit der Prüfung konfrontiert wurde, die er anschließend nicht bestand, wiederholte eine traumatische Erfahrung aus seiner Kindheit, als sein Vater, dem ein Bauernhof gehörte, sich über ihn lustig machte und ihn herabsetzte. Sein Vater betrachtete ihn als zu dumm, um den Bauernhof zu übernehmen, und übergab den Hof seinem jüngeren Bruder. Er wurde ein Psychiatriepatient, hatte aber Glück, dass er einen Partner hatte, der ihm sehr viel Unterstützung gab.

Fall 4: Obwohl die 40-jährige Frau innerhalb von drei Monaten drei enge Familienangehörige verlor, wurde sie keine Psychiatriepatientin. Der Unterschied zwischen ihr und den anderen vorgestellten Fällen war der, dass die Geschehnisse nicht ihr ganzes Leben umkrempelten: Es gab keine finanziellen Folgen und die Beziehung zu ihren Kindern blieb unberührt. Außerdem war sie eine Person, die es besser verstand, mit Dingen zurechtzukommen, und deren Hintergrund sicher und liebevoll gewesen war. Sie enthüllte eine Episode sexuellen Missbrauchs, als sie 11 Jahre alt gewesen war, aber es war ein relativ kleiner Zwischenfall (es war jemand gewesen, der sich einer Anzahl von Kindern genähert hatte) und hatte keine negativen Folgen.

Die Hauptunterschiede zwischen Patienten und Nichtpatienten waren also:
- die Art und Weise, in der das auslösende traumatische Ereignis sich auf die Person und ihre Zukunft auswirkte;
- die Gewichtsverteilung an guten und schlechten Erfahrungen, die die Person in ihrer Jugend gehabt hatte, und wie sich das auf ihre Identität, ihr Selbstvertrauen und ihre Abwehrmechanismen auswirkte und damit auch in der auslösenden Episode relevant war.

Schlussfolgerung

Wenn man die obigen Resultate überprüft, wird es klar, dass das Problem nicht so sehr ist, ob wir Stimmenhören psychotisch nennen oder nicht, sondern die Tatsache, dass die Psychiatrie die Psychose anders versteht als die Neurose. Die Verbindung zwischen Neurose und der Vorgeschichte ist gewöhnlich der Ausgangspunkt für die Diagnose und Behandlung. Es gibt viele Gründe, auf die wir hier aber nicht näher eingehen wollen, warum die Psychose anders behandelt wird. Wichtig ist aber, dass psychotische Phänomene auch im Kontext der individuellen Lebensgeschichte begriffen werden können.

In den letzten 20 Jahren haben wir festgestellt, dass wir einer Reihe von Menschen helfen konnten, sich vom Patienten zu einer Person zu entwickeln, die keine Behandlung mehr braucht, wenn wir psychotische Phänomene angingen, als wären sie neurotische Beschwerden. Obwohl wir die Vergangenheit nicht ändern können, so können wir doch ihre Auswirkungen modifizieren, und Menschen können lernen, auf andere Weise mit ihrem täglichen Leben und mit ihren Emotionen und Stimmen umzugehen. Es kann auch hilfreich sein, die Verbindung zwischen dem Trauma und den Stimmen herzustellen, insbesondere, wenn der emotionale Schmerz des Traumas anerkannt wird. Auf diese Weise können Menschen wieder anfangen zu wachsen. Leider kann dies nicht jeder schaffen. Für manche Menschen ist Veränderung zu bedrohlich und die Stimmen sind ein Abwehrmechanismus gegen Dinge, die sie bedrohen (siehe Kapitel 4 »Stimmen und ihre Beziehung zur Lebensgeschichte«).

Eine demnächst erscheinende Veröffentlichung, »Recovery With Voices«, von ROMME u. a. (2008) über 50 Stimmenhörer, die wieder ihr eigenes Leben leben und nicht mehr überwältigt werden durch ihre Stimmen, zeigt sehr schön auf, wie eine solche Veränderung geschehen kann.

Diese Forschung hat uns einmal mehr gezeigt, dass eine psychiatrische Diagnose Patienten benachteiligt. Wenn alle Probleme als Resultat einer Krankheit angesehen werden, dann schließt das die Möglichkeit aus, dass eine Erkrankung Ergebnis eines spezifischen Problems ist, mit dem der Betroffene nicht umgehen kann. Viel zu leicht verschwindet die Person hinter dem Krankheitslabel. Weder wird die Verbindung zwischen den Symptomen und der Lebensgeschichte untersucht noch wird die Beziehung der Symptome untereinander hergestellt.

Seit Kraepelin (siehe Epilog) basiert die Psychiatrie auf der Vorstellung (obwohl niemals wissenschaftlich bewiesen), dass Symptome die Folge von Erkrankungen sind, die durch eine biologische Fehlfunktion verursacht werden. Die Resultate, die wir erarbeitet haben, lassen darauf schließen, dass es eine andere Reihenfolge bei Ursache und Wirkung geben könnte. Die Stimmen scheinen ein sozial-emotionales Problem zu repräsentieren, das diese Menschen nicht geschafft hatten zu lösen. Dies trägt zu ihrem Gefühl der Machtlosigkeit bei, das sie in Bezug auf ihre Stimmen haben, was dann wiederum sehr dominierend wird. Eine Reihe von Problemen folgt, eingeschlossen Konzentrationsverlust, ein Mangel an Gefühlen oder unangebrachte Gefühle, soziale Isolierung und Problemverhalten. Dies ist ein ganzes Spektrum an Reaktionen, die in einer Diagnose der Schizophrenie münden können. Unsere Schlussfolgerung ist, dass Stimmen nicht die Folge einer Krankheit sind; die Krankheit ist eine Folge der individuellen Umgehensweise mit den Stimmen und den dahinterliegenden Problemen.

3 Diagnostisches Verfahren

Die Psychiatrie verlässt sich gewöhnlich auf eine Querschnittsdiagnose, um eine Gleichung zwischen einer Anzahl an Symptomen und Krankheit herzustellen. Wir ziehen dagegen eindeutig eine Prozessdiagnose vor, da diese es uns erlaubt, ein viel reichhaltigeres Bild an Beschwerden und Verhalten mit Bezug auf den Kontext der Lebensgeschichte zu entwickeln. Es erlaubt uns außerdem, die Wechselwirkung der Symptome untereinander zu analysieren.

Prozessdiagnose

Zunächst stellen wir fest, welche Beschwerde als erste da war. Das macht es möglich, festzustellen, ob alle nachfolgenden Beschwerden eine verstehbare Reaktion auf die erste darstellen. Wenn zum Beispiel Stimmenhören das erste Symptom war und die Person dann sehr isoliert wird, kann die Isolation auf verschiedene Weise erklärt werden. Sie kann die Folge einer direkten Anordnung der Stimme sein (»Geh nicht raus!«, »Geh nicht ans Telefon!«) oder auch von Schamgefühlen, oder die Isolation entsteht, weil die Stimme es schwieriger macht, sich normal zu unterhalten und es daher einfacher ist, Menschen zu vermeiden. Im Falle eines anderen Symptoms – unangebrachte Reaktionen auf Situationen oder Menschen (inadäquater Affekt) – kann die Reaktion verständlich sein, wenn die Stimmen den Hörer zum Beispiel dazu veranlassen, im falschen Moment zu lachen.

So kann man den ganzen Komplex an Symptomen – Wahnvorstellungen, Verwirrung, Konzentrationsschwierigkeiten, inadäquater Affekt, Isolierung u. a. – auseinandernehmen. Wir diskutieren mit dem Klienten die Beziehungen der Symptome untereinander sowie die Situation oder Emotion im täglichen Leben, die die Symptome auslöst. Es geht also darum, die Symptome begreifbar zu machen.

Durch diese Herangehensweise kann es auch klar werden, dass Stimmenhören nicht das erste Symptom war und auch nicht einmal das wichtigste. Der ganze Komplex kann auch das Ergebnis zunehmender Isolierung der Person nach einem traumatischen Erlebnis sein. Die Stimmen kommen dann später dazu. Darum ist auch die systematische Vorgehensweise der Prozessdiagnose so wichtig. Die Feststellung, dass Symptome existieren, ist nicht das Hauptproblem; am aussagekräftigsten ist die funktionale Beziehung zu der Person.

Die funktionale Beziehung zur Lebensgeschichte: Wenn Stimmenhören mit einer traumatischen Erfahrung und / oder Problemen im Umgang mit gewissen Emotionen oder Situationen verbunden ist, wird die betroffene Person gleichen oder ähnlichen Situationen gegenüber empfindlich. Eine gewisse Vulnerabilität (Verletzlichkeit / Empfindlichkeit) entwickelt sich, die eine spezifische Sensibilität darstellt. Die Prozessdiagnose versucht, den ersten Belastungsfaktor zu identifizieren, um herauszufinden, wie sich die Sensibilität des Patienten entwickelt hat.

Es wird eine konventionelle Lebensgeschichte in chronologischer Folge erhoben, von der Geburt bis zur Erkrankung. Das spart allerdings eine Reihe von Informationen über den Bezug individueller Symptome zur Lebensgeschichte aus. In einem Prozessinterview fokussieren wir auf den Zeitpunkt, als die Stimmen zum ersten Mal gehört wurden oder als das erste Symptom auftrat. Dann befragen wir den Stimmenhörer über seine persönliche Situation zu diesem Zeitpunkt und darüber, was sich in seinem Leben abgespielt hat.

Das ist nicht immer einfach. Manchmal beschäftigen Ereignisse der letzten Zeit die Person zu sehr, oder die Schwere der Symptome ist zu bedrängend für den Stimmenhörer. Wenn dies offensichtlich der Fall ist, ist es hilfreicher, mit dem zu arbeiten, was näher an der Oberfläche ist, und später auf die anderen Punkte zurückzukommen. Einer unserer Patienten mit einer dissoziativen Störung hatte zum Beispiel aggressive Ausbrüche. Er verband dies mit der Vergewaltigung durch einen Lehrer während seiner Zeit in der weiterführenden Schule. Allerdings schien die Stimme jemandem ähnlicher zu sein, der ihn missbraucht hatte, als er noch jünger war – eine Information, die in einem ersten Interview nicht zugänglich gewesen wäre. Es braucht Zeit und Geduld für eine Prozessdiagnose, um relevante Verbindungen mit der Lebensgeschichte herzustellen.

Auslöser: In unserer Forschung legten wir besonderen Wert auf Auslöser, um herauszufinden, was die Symptome hervorruft und was sie verschlimmert. Dies konnte bestimmte Emotionen, die Konfrontation mit neuen Anforderungen oder bestimmte Arten der Interaktion mit einschließen. Auslöser sind wichtige Signale in der Gegenwart zur Beziehung mit der Lebensgeschichte. Ein Patient mag zum Beispiel feststellen, dass die Stimmen zu einem bestimmten Zeitpunkt des Jahres heftiger werden. Eine Patientin wurde jedes Jahr im Mai psychotisch (die Jahreszeit, als ihr Vater gestorben war) und im November (als sie einmal einen schweren Unfall hatte).

Notwendigkeit einer Differenzialdiagnose

Stimmenhören und die Probleme, durch die es verursacht wird, produzieren einen Phänomenkomplex, der als Schizophrenie diagnostiziert werden kann. Sie können aber auch Teil eines dissoziativen Phänomenkomplexes sein, eines Symptomkomplexes von affektiven Störungen, von Persönlichkeitsstörungen, Angstzuständen und Zwangsstörungen. Eine differenzierte Diagnose ist deshalb unerlässlich, insbesondere wenn das Verfahren der Querschnittsdiagnose genutzt wurde. Dies ist deshalb wichtig, weil sonst die Gefahr besteht, dass die Dinge auf ein klinisches Bild eingeengt werden, während andere wichtige Aspekte ignoriert werden. Beispiel hierfür wäre eine depressive Person, die als schizophren diagnostiziert wird, oder auch jemand, der dissoziative Symptome hat und eine Diagnose der Schizophrenie bekommt. Beschwerden oder Symptome können mehr als eine Erkrankung anzeigen. Wenn Stimmenhören Teil einer Depression ist, aber als Schizophrenie diagnostiziert wird, wird es mit Neuroleptika anstelle von Antidepressiva behandelt, und das Befinden kann sich dann verschlimmern.

Eine gute, differenzierte Diagnose braucht Instrumente, die unkompliziert und praktisch sind, die aber auch eine größere Einsicht in Symptome und deren Schweregrad ermöglichen. Es gibt eine Reihe von geeigneten Instrumenten:

»**Brief Psychiatric Rating Scale**« (BPRS): Dies ist ein häufig genutztes Instrument und geeignet für psychotische Störungen. Sie gibt einen Überblick über eine große Anzahl von Symptomen mit einer Einschätzung ihres Schweregrads. Die BPRS beinhaltet 24 Posten, die durch die Durchführung eines halbstrukturierten Interviews auf einer 7-Punkte-Skala zwischen »nicht präsent« und »sehr schlimm« beurteilt werden. Die Einschätzung kann im Verlauf der Behandlung mehrere Male wiederholt werden, um festzustellen, ob sich die Psychopathologie geändert hat. Zu den Kategorien gehören: somatische Fixierung, Angst, depressive Stimmung, ungewöhnliche Gedankeninhalte, Anspannung, verflachter Affekt, emotionale Distanz u. a. (VENTURA u. a. 1993). Wenn die BPRS als diagnostisches Verfahren benutzt wird, kann vermieden werden, dass wichtige Symptome beim Fragen übersehen werden. Das ist aus folgenden Gründen hilfreich:

- Patienten werden aufgrund der Tendenz, gesellschaftlich wenig geachtete Erfahrungen wie Stimmenhören zu verstecken, nicht unbedingt spontan alle Symptome offenlegen.
- Wenn ein Professioneller das Verhalten eines Patienten mit einer bestimmten Diagnose assoziiert, besteht das Risiko, dass er nur nach Symptomen Ausschau hält, die die Diagnose bestätigen, und es vernachlässigt, nach anderen Symptomen zu fragen, die die Diagnose nicht bestätigen.

Schließlich gilt, dass man nur mit einer wahren Abbildung aller Symptome die Zusammenhänge untereinander analysieren kann. Stimmenhören, Aggression und Depression können alle bei einer Schizophrenie vorhanden sein. Allerdings gilt auch, dass Aggression entweder die Ursache oder die Folge des Stimmenhörens sein kann. Das ist insbesondere relevant, wenn es darum geht, den Zeitraum in der individuellen Geschichte zu identifizieren, als die ersten Symptome auftraten, damit sie mit möglichen traumatischen Erlebnissen in Verbindung gebracht werden können.

»Dissociative Experience Scale« (DES): Dies ist ein Selbstbewertungsinstrument mit 28 Kategorien, das sich mit mehreren dissoziativen Beschwerden auseinandersetzt. Der Teilnehmer trägt auf einer linearen Skala von 0 bis 10 ein, wie oft eine spezifische Erfahrung vorkommt. Hier zwei Beispiele:

- »Manche Menschen finden in ihrem Kleiderschrank manchmal Kleidung vor, an deren Kauf sie sich nicht erinnern können.«

- »Manche Menschen finden sich manchmal an Orten wieder, ohne dass sie wissen, wie sie dorthin gekommen sind.«

Eine hohe Punktezahl (über 30) weist auf eine mögliche dissoziative Störung hin, die wiederum die Annahme eines ernsthaften Traumas, wahrscheinlich aus der frühen Jugendzeit oder aus der Kindheit, nahelegt (BERNSTEIN/PUTNAM 1986). Die DES ist hilfreich, weil:

- es im BPRS keinen Punkt bezüglich dissoziativer Erfahrungen gibt;
- dissoziative Erfahrungen oft schambesetzt sind (»Kleidung im Kleiderschrank finden, an die man sich nicht erinnert«);
- das Instrument eine wertvolle Gelegenheit eröffnet, die Erfahrungen zu diskutieren. Die Phänomene können erkannt, benannt und möglicherweise als Reaktionen in Bezug auf traumatische Erlebnisse identifiziert werden.
- es nicht ungewöhnlich ist, wenn eine dissoziative Störung als Schizophrenie fehldiagnostiziert wird (KLUFT 1987).

Stimmungsskalen: Es gibt mehrere Stimmungsskalen, so die Skala von ZUNG (1960), ein häufig genutztes Selbstbewertungsinstrument für Depression, oder die Hamilton-Einschätzungsskala (HAMILTON 1960), die angewandt werden, um festzustellen, wie schwer eine Depression ist. Stimmungsskalen wie diese sind hilfreich, weil:

- sie ein differenzierteres Bild als allein die BPRS über den Einfluss der Stimmung auf Verhalten und Erfahrung abgeben;
- die Depression mit ca. 40 Prozent präsent ist in einer Patientenpopulation, die mit Schizophrenie diagnostiziert wurde (HIRSCH 1982);
- Depression auch eine spezielle Aufmerksamkeit braucht, wenn sie Teil eines Komplexes von Schizophreniesymptomen ist (KINGDON/TURKINGTON 1994).

Bedeutung von Frühwarnzeichen

Der letzte Untersuchungspunkt für eine detailliertere Diagnose sind die Frühwarnzeichen (welche die Patienten erkennen und fürchten) für einen Rückschlag oder eine aufkommende psychotische Episode. Dieser entscheidende Zeitraum braucht eine sorgfältige Analyse. BECK (1952) hat bereits illustriert, wie wichtig das ist, und BIRCHWOOD (1996) studierte die Funktion von Symptomen als Alarmsignal. Es bleibt aber dabei immer noch Spielraum, um die Symptome begreiflicher zu machen. Nur zu oft konzentriert sich die psychiatrische Forschung auf Stress, Vulnerabilität, Unterstützung etc. als isolierte individuelle Variablen. Ihre Bedeutung kommt allerdings erst in Bezug auf die Emotionen und Lebensumstände einer Person zum Tragen, was sie in spezifische Belastungen, spezifische Vulnerabilität und spezifische Unterstützung verwandelt. Wenn Stimmenhörer ihre Symptome auf diese Weise verstehen können, werden sich die Last und die Einschränkungen, mit denen sie leben müssen, reduzieren. Dies kann man nicht nur auf die Schizophrenie anwenden (BECK 1952), sondern auch auf manisch-depressive Psychosen (SMITH/ TARRIER 1992; JOHNSTON 1995) und andere psychotische Störungen (BENTALL u. a. 1988).

4 Stimmen und ihre Beziehung zur Lebensgeschichte

Unsere Fallstudien haben uns gezeigt, dass es mindestens drei verschiedene Wege gibt, die Verbindung zwischen den Stimmen und der individuellen Lebensgeschichte zu formulieren: als eine historische Beziehung, als psychodynamische Beziehung und als eine metaphorischen Beziehung.

Historische Beziehung: Stimmenhören fängt sehr oft mit einem Trauma oder einem sozialen oder emotionalen Problem an. Es kann der Verlust einer Arbeit sein, der Verlust des Sorgerechts für Kinder, sexueller Missbrauch, emotionale Vernachlässigung oder ein Übergriff. Dabei ist deutlich, dass der sexuelle Missbrauch das am häufigsten festgestellte Trauma ist (READ u. a. 2005; ROMME u. a. 2008). Stimmenhören kann auch einer Krise in der sexuellen Orientierung entstammen oder wenn man sich mit unwillkommenen Gefühlen sexueller oder gewalttätiger Natur konfrontiert sieht, man nicht weiß, wie man dies der Familie oder Freunden beibringen kann. Menschen verfangen sich häufig in einer Kombination aus sozialen Problemen. Unterkunftsprobleme zusammen mit Ängsten wegen einer ungewissen Arbeitsstelle können den Betroffenen ein Gefühl völliger Machtlosigkeit vermitteln.

Psychodynamische Beziehung: Krisen wie diese können Menschen in einen inneren Konflikt treiben wie auch der Versuch, mit zu schwierigen Emotionen umzugehen. Die Unlösbarkeit des Problems kann in einer Überlebensstrategie resultieren. Durch die Stimmen scheint die Gefahr nunmehr von außen und nicht von innen zu kommen. Die psychoanalytische Theorie erklärt, dass das Symptom die Stelle des emotionalen Problems einnimmt. Stimmenhören fungiert als ein Abwehrmechanismus; der Hörer kann die Stimmen sowohl für die Probleme als auch für die Emotionen verantwortlich machen. Dies kann sich sogar als ein positiver Aspekt für den Hörer herausstellen: wenn die Stimme zum Beispiel jemandem gehört, der gestorben ist und die Botschaft übermittelt, dass es ihm in seiner neuen Umgebung gut geht und er zufrieden ist. Solch eine Stimme mag hilfreich für die Überwindung des Verlustes sein und in der Trauer helfen.

Metaphorische Beziehung: Die Beziehung zwischen Hörer und Stimmen kann auch eine Metapher für die Art darstellen, wie die Person mit der Außenwelt interagiert. Dies kann sich in unterschiedlicher Weise offenbaren:

- Durch den Inhalt: Was die Stimmen sagen, reflektiert die Probleme des Stimmenhörers. Wenn die Stimmen zum Beispiel zu einer Person sagen: »Du bist ein bösartiger Homosexueller«, kann es sein, dass der Hörer ein Problem mit seiner sexuellen Identität oder sexuellen Praxis hat. Es kann aber auch einfach nur eine Unsicherheit hinsichtlich der sexuellen Identität anzeigen.
- Durch die Stellungnahme der Stimmen: Sie spiegeln die Unfähigkeit des Hörers, mit seinen Problemen fertigzuwerden. Das Fallbeispiel »Aufruhr in persönlichen Beziehungen« (S. 48) ist ein gutes Beispiel dafür. Ein 26-jähriger Mann hörte Stimmen, die ihn dazu anstachelten, seine Eltern zu töten. Er war sehr schockiert darüber und unternahm verzweifelte Anstrengungen, die Stimme zu verscheuchen, indem er seinen Kopf gegen eine Wand schlug. Hier ist die Metapher: »Die Aggression gegenüber den Eltern kann nicht richtig heraus«. Auf der einen Seite klammert sich der Mann sehr an seine Eltern; auf der anderen Seite fühlt er sich durch sie eingesperrt. Die Metapher zeigt sowohl die versteckten Emotionen (Aggressionen) als auch seine Umgehensweise damit auf. Er richtet die Aggressionen gegen sich selbst, anstatt offen mit seinen Eltern zu sprechen.
- Durch die Situation: Es kann die Weise aufzeigen, wie der Hörer mit seinen alltäglichen Problemen umgeht, nicht nur mit den Stimmen. Beispielsweise mischen sich jedes Mal, wenn der Hörer eine Entscheidung trifft, die Stimmen ein. Das demonstriert sehr klar, welche große Schwierigkeiten der Hörer hat, unabhängige Entscheidungen zu treffen.

Befördernde Umstände

Wir stellten fest, dass viele Umstände zum Problem für Stimmenhörer werden und ihnen ein Gefühl der Machtlosigkeit geben können. Für manche Menschen trafen die Stimmen mit einem völlig neuen und überwältigenden Problem zusammen; für andere wiederum war es ein altes Problem, das wieder auftauchte und in ihnen das Gefühl der Machtlosigkeit verstärkte.

Die Ereignisse können in einige übergeordnete Kategorien eingeordnet werden:

- unerträgliche oder unbefriedigende Verhältnisse,
- vor kurzem erlebtes Trauma,
- Konflikt zwischen Ideal und Wirklichkeit,
- Aufruhr in persönlichen Beziehungen,
- Trauma in der Kindheit oder Probleme, Emotionen zu tolerieren.

Die folgenden Fallbeispiele verdeutlichen jede Kategorie, angefangen mit dem sozial-emotionalen Problem, der Reaktion darauf und dessen metaphorischer Bedeutung.

Unerträgliche oder unbefriedigende Verhältnisse

Ein 16-jähriges Mädchen hörte eine Männerstimme, die sich Erichem nannte und ihr sehr unangenehme Sachen sagte. Im Hintergrund konnte sie andere Stimmen hören, die ihr helfen wollten, aber einfach nicht genug Macht hatten. Sie konnte außerdem Familienmitglieder hören und sehen, die bereits verstorben waren – ihre Großmutter, ihren Großvater und einen Onkel – und sie konnte mit ihnen kommunizieren. Manchmal war es ihr möglich, Prophezeiungen zu machen und Auren bei Menschen wahrzunehmen.

Sie hörte die Männerstimme, seit sie 14 Jahre alt war, und diese verärgerte sie sehr. Das erste Mal tauchte sie auf, als sie Probleme mit ihrem Vater hatte. Er wollte, dass sie besser in der Schule sei und hielt sie deshalb an der kurzen Leine. Erichem schien die Dinge auf die gleiche Weise anzugehen. Er sprach sowohl direkt zu ihr als auch über sie. Die Familienstimmen redeten ebenfalls direkt zu ihr und gaben ihr Rat oder Lösungsvorschläge für ihre Probleme. Die Stimmen verschwanden, wenn sie in der Schule beschäftigt war oder wenn sie sich entspannt fühlte.

Interpretation: Die Stimmen begannen, als sie in der Pubertät war und mit ihrem Vater Probleme hatte. In einer Zeit, in der sie nach ihrer eige-

nen Identität suchte, wurde es ihr nicht erlaubt, sie selbst zu sein. Sie fühlte sich machtlos. Ihr Vater machte sie wütend, weil er an ihrer Stelle über ihr Leben bestimmen wollte. Es wurde ihr aber nicht erlaubt, Wut und Ärger ihm gegenüber auszudrücken.
Erichem machte das Gleiche – er verärgerte sie – und auf diese Weise wurde die Stimme eine Metapher für ihren Vater. Wenn die Stimme präsent war, hielt sie dagegen, indem sie zurückschimpfte. Das machte die Stimme allerdings noch negativer. Das war genau das, was mit ihrem Vater passierte. Sie konnte weder mit ihrem Vater noch mit der Stimme darüber sprechen, was sie ihr sagten. Sie konnte nur verängstigt oder feindselig reagieren. Es gab starke Ähnlichkeiten zwischen den Kommentaren und der Kritik der Stimmen und denen des Vaters. Die Metapher dient also als ein Hinweis für das Problem, aber nicht als Lösung.
Beratung: Zu Beginn der Beratung entschied die Beraterin, dass die gute Beziehung des Mädchens zur Mutter gestärkt werden müsse. Sie brachte ihr auch bei, wie sie anders mit ihrem Ärger gegenüber Erichem umgehen konnte. Die Mutter riet dem Mädchen manchmal, wie sie am besten mit Erichem umgehen könnte, da sie selbst besser mit den Aggressionen des Vaters zurechtkam als ihre Tochter. In einem nächsten Schritt ging es für das Mädchen darum, mithilfe der Mutter eine bessere Beziehung zum Vater zu erreichen, die jenseits einer rein disziplinären Beziehung lag. Das hieß, dass der Vater das Gefühl bekam, mehr mit der Tochter, aber auch mit der Mutter zu tun zu haben. Mutter und Tochter erreichten dies dadurch, dass sie den Vater mehr in die Sachen mit einbezogen, die sie machten, und indem sie auch ein Interesse an seinen Hobbys zeigten. Es wurden außerdem Schritte unternommen, um zu verhindern, dass das Mädchen eine Mediatorenrolle in der schlechten Beziehung der Eltern einnahm.
Psychodynamische Interpretationen hätten hier wenig Nutzen gehabt. Das Umgehen mit den Problemen des täglichen Lebens war eine viel effektivere Lösung, während das Mädchen immer noch durch ihre Jugendzeit ging.

Vor kurzem erlebtes Trauma

Es ist nicht ungewöhnlich, nach einem schmerzlichen Verlust anzufangen, Stimmen zu hören (Franz 1984). Die Stimme gehört häufig zu der Person, die verstorben ist. Wie lange dies andauert, ist oft davon abhängig, wie die Trauer verläuft, da die Stimme wahrscheinlich darauf hinweist, dass der Hörer den Verlust noch nicht verarbeitet hat. Sobald er den Verlust verarbeitet hat, verschwindet die Stimme. Weniger häufig werden in der Literatur Stimmen beschrieben, die mit einer anderen Art des Verlustes beginnen, wie etwa der Verlust der Arbeit oder eine Scheidung.

Marlie, eine 30-jährige Frau, fühlte sich machtlos angesichts ihrer ungerechtfertigten Kündigung. Sie war beschämt und fand es schwierig, darüber zu sprechen. Ein wenig später bemerkte sie, wenn sie in der Kneipe war, dass die Leute an den anderen Tischen über sie und das, was ihr passiert war, redeten. Sie empfand dies als sehr alarmierend und verließ die Kneipe gleich darauf. Es war nicht einfach nur so, dass sie dachte, dass andere über sie sprachen; sie konnte klar und deutlich hören, was die Leute über sie sagten; ihre Stimmen waren die gleichen, nur das Thema hatte gewechselt.

Interpretation: Marlie hatte angefangen, Stimmen zu hören, als sie ihre Arbeit verlor. Die Stimmen gehörten Leuten um sie herum, und das war deshalb von Bedeutung, da es eine Parallele zu der Art und Weise gab, wie sie ihren Job verloren hatte: Angestellte einer anderen Firma hatten angefangen, über sie Gerüchte zu verbreiten. Der Inhalt der Stimmen stimmte auch mit dem Trauma überein – sie sprachen über das, was passiert war. Der Zeitpunkt des Auftauchens der Stimmen und die Weise, wie sie die Ursachen des Arbeitsverlustes widerspiegelten, veranlassten uns zu der Schlussfolgerung, dass hinter den Stimmen ihre Kündigung und das Wie der Kündigung lagen.

Beratung: Marlie selbst konnte diese Erklärung nicht akzeptieren – sie wollte ihre Stimmen nicht mit dem Verlust ihrer Arbeit verbinden. Sie trat einer Selbsthilfegruppe bei und entdeckte, dass sie mit ihren Erfahrungen nicht allein war. Das erlaubte ihr, offener zu sein und sich nicht mehr so sehr zu schämen. Der Fokus der Beratung war, Marlie zu ermutigen, nach einer neuen Arbeit Ausschau zu halten, ihre Ängste zu bewältigen und ihre Fähigkeiten und positiven Eigenschaften zu bestätigen. Sie hatte solch eine Angst, dass das Trauma sich wiederholen könnte, dass sie nicht wagte, sich auf eine Stelle zu bewerben, und sie benutzte ihre Stimmen als eine Entschuldigung. Sie brauchte deshalb viele positive Rückmeldungen. Als sie einen neuen Job gefunden hatte, verschwanden die Stimmen völlig. Nichtsdestotrotz blieb sie weiterhin skeptisch, was die Verbindung zwischen dem Verlust ihrer Arbeit und dem Auftreten der Stimmen anging, da die Stimmen ihr so real erschienen waren.

Konflikt zwischen Ideal und Wirklichkeit

Ein 27-jähriger verheirateter Mann hörte Stimmen in seinem Kopf und manchmal auch durch seine Ohren. Es waren eine Männer- und Frauenstimme, die miteinander redeten, aber er konnte keine von ihnen erkennen. Die Stimmen hielten ihn davon ab, klar zu denken, und er wollte sie und ihre größtenteils kritischen Kommentare loswerden. Die Stimmen waren unter belastenden Umständen aufgetaucht, als er eine Ausbildung für eine Verwaltungsposition machte. Sie bestätigten seine eigenen negativen Gedanken über sich selbst. Er fing an, seine Fähigkeit zu bezweifeln, diese Ausbildung beenden zu können, und die Stimmen verstärkten seine Zweifel in massiver Weise. Die Stimmen verwirrten ihn auch, sie mischten sich in Rechnungen ein, indem sie zum Beispiel willkürliche Zahlen einwarfen. Die Stimmen waren nie da, wenn er allein war oder zusammen mit seiner Frau.

Interpretation: Es hatte nur eine Sache im Leben dieses Mannes gegeben, die sich vor kurzem geändert hatte – die neue Ausbildung. Die Stimmen gehörten keiner bestimmten Person, aber sie störten sein Denken und konfrontierten ihn mit seinen eigenen Befürchtungen über die Weiterverfolgung der Ausbildung. Das Bild, das sich allmählich auftat, war das einer Person, die ihre eigenen Fähigkeiten in Zweifel zog und deren Stimmen diese Zweifel bestätigten, indem sie ihr Denken verwirrten.
Dabei könnten wir es belassen; es kann sich eventuell aber auch noch viel mehr durch das Symptom zeigen. Es kann eine wichtige Metapher sein. Könnten die Stimmen eine wichtige Tatsache widerspiegeln, nämlich

dass die intellektuellen Fähigkeiten des Mannes den Anforderungen der Ausbildung nicht genügten? Die Stimmen hatten die Situation vielleicht besser eingeschätzt als er selbst.

Beratung: Es ist nicht einfach, in der Beratung Fragen aufzubringen, die sich auf die Fähigkeiten einer Person beziehen – es kann Folgen für ihre ganze Zukunft haben. Der Berater ermutigte den Mann stattdessen, seine eigenen Vorstellungen darüber, was die Stimmen ihm zu sagen hatten, zu äußern. Es brauchte einige Zeit und Gespräche, bevor der Berater schlussfolgerte, dass die Ausbildung in der Tat zu schwierig war. Der Mann brach die Ausbildung ab und die Stimmen wurden wesentlich weniger. Zur gleichen Zeit wurde ihm eine Stelle als Hausmeister an einer Schule angeboten, eine Stelle, die ihm sehr viel Spaß machte. Obwohl er seine ursprünglichen Ambitionen aufgeben musste, verbesserte sich dadurch seine Lebensqualität.

Aufruhr in persönlichen Beziehungen

Es ist bemerkenswert häufig der Fall, dass Menschen ihr ganzes Leben lang mit einem bestimmten Gefühl zu kämpfen haben. Egal, wie sehr sie versuchen, dieses Gefühl zu unterdrücken, es bleibt trotzdem. In diesem Beispiel ist Feindseligkeit das problematische Gefühl, und es ist mit den Lebensumständen des betroffenen Mannes verbunden.

Gerald, ein 26-jähriger Mann, lebte bei seinen Eltern. Nachdem er von einer Geschäftsreise nach Paris zurückgekommen war, wo er eine geschäftliche Partnerschaft mit einem Freund verfolgt hatte, wurde er sich mit einem Mal einer aggressiven Stimme bewusst. Sie war in seinem Zimmer und drängte ihn dazu, seine Eltern und einige seiner Freunde umzubringen. Die Stimme sprach französisch und wurde von zwei anderen Stimmen begleitet.

Geralds Geschäftspartner war sehr dominierend und hatte ihn in einen Betrug mit hineingezogen. Da seine Eltern dies nicht gutgeheißen hätten, konnte Gerald nicht mit seinen Eltern darüber reden, insbesondere, da die Beziehungen zu Hause sowieso schon angespannt waren.

Die Stimmen kamen immer häufiger zurück, insbesondere morgens. Gerald begann, seinen Kopf gegen die Wand zu schlagen, um sie zu verscheuchen. Er beging auch jeden Morgen kleine Rituale, um die Stimmen zu stoppen, bevor er nach unten ging, da er Angst hatte, dass er seinen Eltern sonst etwas antun würde.

Interpretation: Die Stimmen tauchten auf, als Gerald in einem Dilemma steckte. Obwohl es ihm geschäftlich gut ging, fühlte er sich durch seinen Freund manipuliert. Er konnte nicht aufhören, über ihn verärgert zu sein, noch konnte er einen anderen Job oder ein anderes Einkommen finden. Die Stimmen machten ihn seinen Eltern und seinem Freund gegenüber sehr aggressiv. Da die Wut so extrem war, gelang es ihm nicht, sie als seine eigene Feindseligkeit zu erkennen.

Ein Blick in die Vergangenheit zeigte, dass aggressive Gefühle schon immer ein Problem für ihn dargestellt hatten. Gegenüber Gleichgestellten konnte er Aggression ausdrücken, aber nicht gegenüber Autoritätspersonen. Stattdessen lebte er seine Feindseligkeit heimlich aus, ohne dass irgendjemand es mitbekam. Als er älter wurde, konnte er dies nicht mehr tun.

In diesem Fall war die Metapher klar. Die Stimme drängte ihn zu einem unbegreiflichen Akt der Aggression – eine Tat, die weder charakterlich zu ihm passte noch zu der Tatsache passte, dass er seine Angriffsziele respektierte und von ihnen abhängig war.

Die Stimme fungierte als ein Abwehrmechanismus. Sie befähigte ihn dazu, nicht verärgert zu sein, denn das war zu gefährlich; deshalb auch die Morgenrituale.

Beratung: Psychodynamische Interpretationen kamen in dieser Situation nicht in Frage, da sie für alle involvierten Parteien zu bedrohlich gewesen wären. Geralds Eltern und sein Arzt drängten ihn dazu, Medikamente zu nehmen. Das funktionierte aber nicht. Dem Berater gelang es dann, eine alternative Methode anzubieten, die für alle akzeptabel war.

Zunächst galt die Aufmerksamkeit dieser Beratung den Stimmen und wen sie repräsentierten. Danach konzentrierte sich der Berater darauf, so viele Beispiele wie möglich aus Geralds Lebensgeschichte aufzudecken, in denen Feindseligkeit eine Rolle spielte, um herauszufinden, wie der Klient versucht hatte, mit diesen Situationen umzugehen. Mithilfe des Arbeitsbuches »Stimmenhören verstehen und bewältigen« (COLEMAN/

Smith 2007) als Leitfaden (siehe Kapitel 15, Abschnitt »Arbeitsbuch ›Stimmenhören verstehen und bewältigen‹«) begann Gerald, über sein Leben und über seine Stimmen zu schreiben. Danach entschloss er sich, nach einer neuen Arbeit außerhalb des Geschäftemachens zu suchen, die ihm größere Unabhängigkeit bieten würde.

Es gab mehrere Gespräche mit Gerald und seinen Eltern über ihre Bedenken hinsichtlich ihres Sohns und über ihre Beziehung untereinander. Es gab auch Gespräche darüber, was zu einer größeren Unabhängigkeit von Gerald beitragen könnte.

Dies war ein langer und mühsamer Prozess, aber er konnte nicht beschleunigt werden. Gerald musste es wagen, sein Leben in seine eigenen Hände zu nehmen und mit seinen Aggressionen umzugehen, ohne dass er gleich in ein Abwehrverhalten rutschte. Letzten Endes musste er sich diese Aggressionen zu Nutze machen, um einen neuen Start im Leben zu wagen.

Besonders für Menschen, die bereits mehrmals erfolglos versucht haben, eigenständig zu leben, ist es sehr schwierig, einen neuen Anlauf zu nehmen. Deshalb bestand die Langzeitstrategie darin, die Angst zu reduzieren, die durch die Symptome verursacht wurde, indem viel über die Stimmen gesprochen wurde. Ein zweites wichtiges Element war, Geralds Selbstachtung zu stärken, um seine große Versagensangst zu kompensieren. In diesem Fall war es so, dass Gerald nach zwei Jahren den Mut aufbrachte, sich nach einer eigenen Unterkunft umzusehen.

Trauma in der Kindheit oder Probleme, Emotionen zu tolerieren

Forschungsergebnisse zeigen (Ensink 1992), dass 27 Prozent der Opfer von Inzest in der Kindheit im späteren Leben Stimmen hören. Dies ist besonders wahrscheinlich in Fällen, in denen Kinder unter sieben Jahren Missbrauch ausgesetzt sind. Es gibt allerdings noch andere Kindheitstraumata, die mit Stimmenhören im späteren Leben verbunden sind, wie der folgende Fall zeigt.

Eine junge Frau begann Stimmen zu hören, als sie 14 Jahre alt war, aber sie wurden viel schlimmer, als sie 23 war, und ihre Einstellung und ihr

Verhalten ihnen gegenüber veränderten sich. Die Stimmen tauchten zweimal die Woche auf, Mittwoch und Sonntag, und sie konnten jeweils bis zu acht Stunden bleiben. Kurz bevor sie schlimmer geworden waren, hatte sie an einem Initiierungsritual für eine Studentenvereinigung teilgenommen. Es war von ihr verlangt worden, sexuelle Akte nachzustellen, und dies hatte sie in Verwirrung gebracht. Hinterher hatte sie Angst, dass sie sich zum Narren gemacht hatte, und sie wagte es nicht, zu der Vereinigung zurückzugehen.

Ihre Sensibilität gegenüber sexuellen Themen kam aus ihrer Kindheit. Ihre Mutter, die eine Psychiatriepatientin gewesen war, hatte immer schon eine hochgradig negative und vereinfachte Einstellung gegenüber Sex gehabt. In der Folge hatte diese Klientin sich bereits als Kind entschieden, niemals sexuell aktiv zu werden, und sie hatte niemals versucht, eine sexuelle Beziehung einzugehen.

Interpretation: Nach der Auffassung der jungen Frau weisen die Stimmen keine klare Identität auf. Wir schlugen ihr vor, dass sie ihre eigenen Gedanken darstellten, nur laut ausgedrückt. Sie tauchten das erste Mal auf, als sie 14 Jahre alt war und ihre erste Periode bekommen hatte. Sie wurden erst negativer nach ihrer Erfahrung bei der Initiierung.

Beratung: Wir entschieden uns, die junge Frau mit ihrer Entscheidung zum zölibatären Leben zu konfrontieren, da die Stimmen dies sowieso taten. Wir hatten außerdem den Eindruck, dass sie in der Gefahr stand, immer mehr in die Patientenrolle zu verfallen. An dem Tag nach dieser Beratungssitzung schlief sie mit einem Jungen, den sie kaum kannte, und wurde dann psychotisch.

In Absprache mit den anderen Fachleuten, die bei ihrer Beratung involviert waren, unterstützten wir sie und konfrontierten sie auch weiterhin. Nach einigen Monaten hatte sich ihre Einstellung gegenüber Sex völlig verändert und nicht lange danach heiratete sie. Sie entwickelte sich zu einer viel unabhängigeren Person und ist den Stimmen gegenüber, die sie noch gelegentlich hört, viel weniger verletzlich.

Schlussfolgerung

Diese Beispiele demonstrieren, wie gut die Stimmen die Stimmenhörer kennen. Was die Stimmen zu sagen haben, ist immer hochrelevant für die Hörer, und die Hörer fühlen sich direkt von den Stimmen angesprochen. Die Stimmen können sich auf ungelöste Probleme des täglichen Lebens beziehen, auf Probleme, die auf ein vergangenes Trauma zurückgehen, oder auf unrealistische Zukunftsambitionen.

Für Berater, die mit Stimmenhörern arbeiten, ist es wichtig, die folgenden Dinge nicht aus dem Blick zu verlieren:

- Der soziale Kontext, in dem das Problem seinen Ursprung hatte, muss sich entweder ändern oder muss als schädlich erkannt werden.
- Die Rolle der Stimmen als Abwehrmechanismus muss ernst genommen werden. Psychodynamische Interpretationen sind manchmal gefährlich. Wenn ein traumatisches Erlebnis auch Scham- und Schuldgefühle hervorruft – zum Beispiel nach einer Vergewaltigung – können die Stimmen als ein Schutzschild gegen diese Gefühle verstanden werden. Es kann sein, dass es für die Person akzeptabler ist, sich durch die Stimmen verfolgt zu fühlen, als anzuerkennen, was ihr passiert ist. Es braucht Feingefühl und die Fähigkeit, ausreichend Vertrauen in der Beratung aufzubauen, sodass der Klient die versteckten Fakten seines Lebens offen zur Sprache bringen kann.
- Man muss weiterhin einen Blick dafür bewahren, wie die Stimmen sich ausdrücken – es gilt, nach der Metapher Ausschau zu halten. Die Art und Weise, wie der Stimmenhörer mit Problemen oder Emotionen umgeht, oder auch, wie andere Personen mit dem Hörer umgehen, wird durch die Beziehung zu den Stimmen reflektiert oder ist verpackt in dem, was die Stimmen zu sagen haben.

TEIL II
Die Stimmen analysieren

5 Das Interview

Die nächsten drei Kapitel stellen eine Anleitung zur Gestaltung des Prozesses dar, der aus der Durchführung eines Interviews, der Erstellung eines Berichts und der Entwicklung einer Hypothese oder eines Konstruktes besteht. Jeder dieser Schritte braucht Übung, um die Stimmen richtig zu analysieren. Das folgende Kapitel beschreibt das Interview (»Maastrichter Interview«), in dem der diesem Buch beigelegte Fragebogen (»Maastrichter Fragebogen«) benutzt wird.

Der Fragebogen wurde 1987 für Forschungszwecke von uns entwickelt und für Beratungszwecke mit Stimmenhörern überarbeitet. Er ist halbstrukturiert, erforscht die Erfahrung ausführlich und kann Stimmenhörern auf verschiedene Weise helfen. Er hilft ihnen dabei, die Scham, über die Stimmen zu reden, zu überwinden und ermutigt sie, ihre Erfahrung zu beschreiben. Der Berater ist hier herausgefordert, dem Stimmenhörer zu zeigen, dass er seine Erfahrung anerkennt, indem er ein völlig offenes Interesse demonstriert. Wenn der Berater auf diese Weise die richtigen Fragen stellt, kann er den Stimmenhörer beruhigen und ihm das Gefühl geben, anerkannt zu werden, da Stimmenhören eigentlich ein bekanntes Phänomen ist. Der Fragebogen sollte dann ein Gespräch über die Stimmen ermöglichen und die Realität der Erfahrung bestätigen. Zusätzlich stellt er ein Mittel dar, um alle Aspekte der Stimmen aufzuzeichnen und eine größere Einsicht zu erlangen, zum Beispiel in Bezug auf:

- die Art der Erfahrung,
- welche Eigenschaften die Stimmen haben,
- ihre Entwicklungsgeschichte,
- was die Stimmen auslöst,
- was die Stimmen sagen,
- wie die Stimmen interpretiert werden,
- welche Auswirkungen sie auf das tägliche Leben haben,
- wie der Hörer mit den Stimmen umgeht.

Dies hilft Hörern, Einsicht in die Bedeutung und Funktion der Stimmen in ihrem Leben zu bekommen. Die Informationen werden dem Berater letztendlich helfen, ein Konstrukt zu entwickeln, das die Beziehung zwischen den Stimmen und der individuellen Lebensgeschichte erklären kann.

Interviewfertigkeiten

Der Interviewer muss die folgenden Fertigkeiten entwickeln:
- Die Fähigkeit und Bereitschaft, sich auf die Erfahrung des Klienten einzulassen, im Bewusstsein, dass es der Klient ist, der der Experte in Bezug auf seine Erfahrungen ist.
- Die Bereitschaft, die Erfahrung als real zu akzeptieren und anzuerkennen.
- Die Fähigkeit, während des Interviews die Informationen nicht zu interpretieren. Sowohl für den Stimmenhörer als auch für den Berater ist es schwierig, über solch anfänglich fremde und nicht greifbare Einflüsse offen zu reden. Es braucht viel Übung.
- Die Fähigkeit, einen journalistischen Ansatz des Fragenstellens zu verfolgen. Wenn ein Teilnehmer dem Interviewer zum Beispiel erzählt, dass er Fernröntgenstrahlen ausgesetzt worden ist, kann der Interviewer für diagnostische Zwecke versucht sein zu fragen: »Werden sie wirklich mit Röntgenstrahlen bombardiert oder fühlt es sich nur so an, als ob es passiert?« Das mag dem Diagnostiker helfen, zwischen einer Illusion und einer Wahnvorstellung zu unterscheiden, allerdings hat es wenig damit zu tun, sich auf die Erfahrung einer anderen Person einzulassen. Der Interviewer sollte besser eine Reihe von offenen Fragen stellen, z. B. darüber, wer die Röntgenstrahlen verbreitet, was dessen Motive sind, wie die betroffene Person davon wissen kann etc., bis das Bild komplett ist. Er sollte versuchen, nicht vorwegzunehmen, was der Interviewte zu sagen hat.
- Interviewer brauchen Geduld, um das Interviewen zu üben. Es gibt Fallen, die man nur durch Übung vermeiden kann. Eine Geschichte mag vollständig erscheinen, aber nachdem das Interview beendet ist, kann sich herausstellen, dass entscheidende Informationen für das Verständnis der Erfahrung fehlen. Das ist aber kein Desaster – es kann in der nächsten Stunde nachgeholt werden. Das wird mit der Zeit immer weniger ein Problem sein; Interviewer werden bald ein Gefühl da-

für bekommen, was zu oberflächlich ist und was der weiteren Klärung bedarf. Es ist allerdings nicht leicht, dies schriftlich zu vermitteln.

Nutzung des Fragebogens

Es ist wichtig, sich die ganze Zeit über daran zu erinnern, dass der Fokus der Aufmerksamkeit die Erfahrung des Stimmenhörers ist. Versuchen Sie, dafür offen zu sein. Wenn Sie die Fragen stellen, kann es hilfreich sein, sich die Stimmen wie einen Teil eines gewöhnlichen sozialen Netzwerkes vorzustellen.

Der Fragebogen ist notwendigerweise ausführlich, da er viele verschiedene Facetten abdeckt. Er ist halbstrukturiert, mit offenen Fragen, die zu einem Gespräch über die Stimmen führen, nicht einfach nur zu »Ja«- oder »Nein«-Antworten. Aufgrund der Länge der benötigten Zeit empfehlen wir, dass das Interview nicht komplett in einem Durchgang geführt wird. Das gibt der betroffenen Person außerdem die Chance, über die Dinge nachzudenken und ihre Antworten zu vervollständigen.

Letzten Endes stellen die Interviews die Grundlage für die Entwicklung des Konstruktes dar, welches die Lebensprobleme, die Traumata und die Rolle der Stimmen miteinander verbinden wird. Das Interview ist außerdem wie ein Spiegel, der die Betroffenen dazu veranlasst, sich die Stimmen, die sie hören, anzusehen und über sie nachzudenken. Dabei kann es manchmal passieren, dass die Stimmen sich gegen den Interviewer richten. Wenn Sie dies bemerken, sollten Sie erklären, dass Sie nicht wollen, dass die Stimmen verschwinden. Im Gegenteil: Sie wollen die Stimmen besser kennenlernen, die Beziehungen verstehen lernen, genauso, als wenn Sie sich nach anderen gewöhnlichen Beziehungen erkundigen würden.

Die nachfolgende Erläuterung ist unabdingbar für die Durchführung eines guten Interviews. Sie erklärt für jede Frage des Fragebogens, was deren Ziel ist. Es ist hilfreich, den Fragebogen dabei vorliegen zu haben. (Siehe Beilage im Buch. Sie können ihn auch in einem A4-Format unter http://www.verlag.psychiatrie.de/buecher/fachbuecher/book/442.html downloaden.)

1 Art der Erfahrung

1.1 Erstellt ein Bild über die Stimmen und bietet dem Teilnehmer die Chance, frei über das Thema zu sprechen. Es kann auch dabei helfen, die innere Spannung zu reduzieren. Es kommt oft vor, dass Menschen nicht nur Stimmen hören, sondern auch Visionen haben (die die Stimmen begleiten oder auch nicht begleiten können) oder Empfindungen, wie z. B., dass sie angefasst werden.

1.2 Verifiziert, dass es keine korrespondierenden äußeren Geräusche gibt (das heißt, dass die Stimmen akustische Halluzinationen darstellen).

1.3 Ortet, wo die Stimmen herkommen (das kann von einem oder mehreren Orten sein).

1.4 Prüft, ob die Stimmen jemandem oder etwas zugeschrieben werden (»ich-dyston«, das heißt, »nicht zu mir gehörend« sind) oder ob die Stimmen zu dem Teilnehmer gehören (also »ich-synton« sind, das heißt, »zu mir gehörend«). In dieser Frage geht es darum, wie es sich für den Stimmenhörer während der Erfahrung anfühlt, nicht darum, wie er die Erfahrung hinterher interpretiert. An dieser Stelle ist es auch wichtig, zu fragen, warum der Stimmenhörer denkt, dass die Stimmen jemand anderem gehören oder ihm selbst. Das erhellt, warum er fühlt, dass die Stimmen »zu ihm« oder »nicht zu ihm« gehören.

1.5 Stellt den Charakter und das Ausmaß der Beziehung zu den Stimmen fest. In der Psychiatrie wird hier manchmal zwischen einer wirklichen und einer Pseudohalluzination unterschieden. Mit einer wirklichen Halluzination kann man sich nicht unterhalten, während es mit einer Pseudohalluzination möglich ist. Am Ende gibt es eine Kontrollliste, um dem Interviewer entscheiden zu helfen, ob die Erfahrung die Eigenschaften einer akustischen Halluzination aufweist. Hierbei geht es um die Wahrnehmung des Stimmenhörers zu dem Zeitpunkt, zu dem er die Stimmen hört. Es ist eine Halluzination, wenn:

- Stimmen gegenwärtig sind und es keine Quelle für sie gibt, die auch anderen Menschen zugänglich ist;
- die Stimmen von der Person als fremd wahrgenommen werden, als »nicht zu mir gehörend«.

Interviewer sollten überprüfen, inwieweit es einen Unterschied gibt zwischen dem Augenblick der Wahrnehmung und wie die Erfahrung hinterher von der Person interpretiert wird. Es kann passieren, dass der Hörer den ersten Eindruck als unmöglich abtut und daher schlussfolgert, dass die Stimmen »zu ihm gehören« müssen.

2 Eigenschaften der Stimmen

2.1 Stellt fest, wie viele Stimmen gegenwärtig gehört werden und ob sich dies im Laufe der Zeit geändert hat. Es wird gefragt, ob es immer die gleichen Stimmen sind oder ob der Stimmenhörer gewöhnlich verschiedene Stimmen hört. Schreiben Sie etwaige Veränderungen auf.

2.2 Geht mehr ins Detail und listet Stimme für Stimme auf. Dabei wird der Name der Stimme festgestellt (den die Stimme sich selbst gibt oder der ihr vom Hörer zugeschrieben wird), ihr Alter und Geschlecht, was sie gewöhnlich sagt, in welchem Tonfall sowie die Häufigkeit ihres Auftretens bzw. wie oft die Stimme gehört wird.

2.3 Prüft, ob die Stimmen eine Ähnlichkeit mit jemand aufweisen, den der Hörer kennt, ob in Tonfall oder Tonart, der Art zu sprechen oder in dem, was sie sagen. All diese Details sind unbedingt notwendig zu erfassen, um herauszuarbeiten, wen die Stimmen repräsentieren.

3 Persönliche Stimmenhörgeschichte

3.1 Geht zurück zum ersten Auftreten des Stimmenhörens und verfolgt es bis in die Gegenwart mit besonderem Augenmerk auf all die Zeiten, in denen Stimmen aktiv waren.

3.2 Versucht herauszufinden, ob irgendetwas Besonderes passierte oder ob es Veränderungen im Leben des Hörers gab, als die Stimmen das erste Mal auftraten. Diese Frage braucht Zeit, damit Sie mit dem Hörer über die Vergangenheit reden und ihm helfen können, sich an das erste Auftreten zu erinnern. Lassen Sie ihn zunächst eigenständig darüber nachdenken. Es kann sein, dass er spontan eine Antwort weiß.

3.3 Geht eine Liste an Ereignissen und Umständen durch, die dem ersten Auftreten der Stimmen vorangegangen sein könnten. Sie können diese Liste entweder vorlesen oder dem Hörer vorlegen. Wiederum gilt: Nehmen Sie sich hierfür Zeit; das ermutigt den Teilnehmer, über jede Situation nachzudenken.

3.4 Stellt fest, ob der Hörer seine Stimmen selbst mit einem oder mehreren dieser Ereignisse in Verbindung bringen kann. Wenn ja, welcher Art ist diese Verbindung?

4 Auslöser der Stimmen

Ein Auslöser ist alles, was die Stimmen im täglichen Leben hervorruft. Diese Reihe an Fragen untersucht außerdem, unter welchen Umständen die Simmen nicht da sind.

4.1 Findet heraus, ob bestimmte Orte, Situationen oder Aktivitäten als Auslöser fungieren. Versuchen Sie, herauszufinden, ob der Hörer weiß, warum dies so passiert oder inwiefern das etwas mit den Stimmen zu tun hat.

4.2 Findet heraus, welche Art von Gefühlen durch die beschriebene Situation bei dem Hörer hervorgerufen wird (im Unterschied zu den Gefühlen, die durch die Stimmen hervorgerufen werden).

4.3 Versucht zu bestimmen, wann es mehr oder weniger wahrscheinlich ist, dass der Hörer die Stimmen hört – z. B. nur an Wochenenden oder nachts. Hier gilt auch wieder: Versuchen Sie herauszufinden, ob der Hörer weiß, warum das so ist, und ob er sich damit gedanklich beschäftigt hat.

4.4 Manche Menschen hören Stimmen, die von Pflanzen, Tieren oder elektronischen Geräten wie dem Fernseher oder dem Radio kommen. Es ist wichtig, festzustellen, ob der Gegenstand selbst als Auslöser fungiert (indem Sie mit dem Betroffenen herausfinden, ob zum Beispiel gewisse Leute im Fernseher sich über ihn unterhalten oder ob ein bestimmter Baum mit ihm redet).

4.5 Bezieht sich auf die Gefühle, die die Stimmen hervorzubringen scheinen. Stellen Sie zunächst eine offene Frage und gehen Sie dann erst die Liste durch. Versuchen Sie herauszufinden, ob die Emotionen den Stimmen vorausgehen oder ob es umgekehrt ist.

5 Was die Stimmen sagen

Prüft die Wahrnehmung und den Inhalt.

5.1 Fragt nach den freundlichen und den positiven Stimmen. Bemühen Sie sich um einige wörtliche Beispiele dazu, was die Stimmen sagen.

5.2 Beschäftigt sich mit den negativen Stimmen – mit denen, die bedrohen, gemeine Kommentare abgeben, gern hänseln, unangenehme Gedanken hervorrufen oder sehr viel Lärm machen. Auch hier gilt: Schreiben Sie so genau wie möglich auf, was die Stimmen sagen. Sollte der Hörer es schwierig finden, darüber zu reden, sagen Sie ihm, dass er es zu Hause aufschreiben kann, wenn die Stimmen das nächste Mal sprechen, um es dann mit zur nächsten Sitzung zu bringen.

5.3 Beschäftigt sich mit den Themen, Inhalten oder Menschen, über die die Stimmen sprechen. Dies kann Bereiche im Leben des Hörers aufzeigen, in denen er Probleme hat, oder auf ein Trauma aus seiner Vergangenheit hinweisen.

6 Theorien über die Stimmen

6.1 Erforscht die eigenen Erklärungen des Befragten für seine Stimmen. Jede mögliche Option auf der Liste muss geprüft werden, wenn nötig, können auch mehrere Erklärungen angekreuzt werden. Wenn möglich, definieren Sie die Erklärung näher, indem Sie aufschreiben, wie es dazu gekommen ist und ob die Erklärung psychologischer, religiöser, mystischer oder persönlicher Natur zu sein scheint.

6.2 Fragt nach dem Bezugssystem, also nach der Theorie, die der Hörer über den Ursprung der Stimme hat – wie Reinkarnation, Krankheit, Telepathie etc.

7 Auswirkungen der Stimmen

Stellt fest, inwiefern die Stimmen den Hörer beeinflussen wollen und welchen Effekt sie auf den Hörer und auf andere Leute haben.

7.1 Prüft jede Möglichkeit der Reihe nach und fragt jedes Mal nach einem Beispiel. Dies ist außerdem eine Gelegenheit, sich darüber zu unterhalten, wie und auf welche Weise die Stimmen Verhalten beeinflussen (das des Befragten und das anderer Leute). Haben die Stimmen so viel Einfluss, dass der Hörer alles macht, was sie ihm sagen?

7.2 Fragt, ob der Hörer mit einer oder all seinen Stimmen glücklich ist (nicht alle Stimmen sind angsteinflößend). Wenn Stimmen normalerweise positiv sind, kann es sein, dass Hörer sie nicht loswerden wollen. Es ist wichtig, dies herauszufinden.

7.3 Stellt fest, ob einige Stimmen dem Befragten Angst einjagen. Fragen

Sie direkt danach, wie die Stimmen das machen und ob dies schon immer der Fall war. Stellen Sie genau fest, was die Folgen davon sind. Geben Sie ein Beispiel. Viele Stimmenhörer haben Angst vor ihren Stimmen.

7.4 Prüft, ob die Stimmen sich in tägliche Aktivitäten einmischen. Sind die Auswirkungen so tiefgehend, dass die Person die Kontrolle über ihr Leben verliert – ist sie zum Beispiel unfähig, zu arbeiten oder soziale Kontakte aufrechtzuerhalten?

7.5 Kategorisiert die Stimmen in positiv, negativ, beides gleichzeitig und neutral. Dies wird durch den Stimmenhörer mit der Hilfe des Beraters vorgenommen. Wir stellten fest, dass dies die Stimmenhörer, die Patienten wurden, von denen unterschied, die keine wurden. Die Letzteren fühlten, dass ihre Stimmen vornehmlich positiv waren.

8 Gleichgewicht der Beziehung

Dieser Abschnitt überprüft, ob Stimmenhörer und Stimmen eine gleichberechtigte Beziehung miteinander haben oder nicht. Im Allgemeinen kann man sagen, je gleichberechtigter und offener die Beziehung ist, desto weniger stellen die Stimmen ein Problem für den Hörer dar.

8.1 Findet heraus, ob der Befragte Einfluss auf die Stimmen haben kann und auch hat und fragt dabei nach Beispielen.

8.2 Stellt fest, wer die Oberhand hat, die Stimmen oder der Hörer. Hierbei geht es nicht nur darum, ob der Stimmenhörer die Stimmen beeinflussen kann, sondern auch darum, wer die Entscheidungen kontrolliert. Dies kann auch variieren, wenn der Hörer mehr als eine Stimme hört – eine bestimmte Stimme mag bei einer Gelegenheit dominierend sein und bei einer anderen nicht.

8.3 Findet mehr über die Kommunikation heraus und ob es auch eine Gegenseitigkeit gibt. Kann der Hörer mit den Stimmen reden und reagieren sie darauf? Redet der Hörer laut? Nimmt die Kommunikation die Form einer Diskussion oder auch einer Verhandlung an? Eine Diskussion kann nur stattfinden, wenn der Hörer mit den Stimmen reden kann. Eine Verhandlung geht einen Schritt weiter, da der Hörer mit den Stimmen streiten und sie beeinflussen kann. Schreiben Sie Beispiele auf. Hat sich das auch schon einmal geändert?

8.4 Fragt, ob der Hörer jemals zu verbalen Beschimpfungen greift und Schimpfwörter benutzt. Wenn das der Fall sein sollte, was passiert dann?

8.5 Klärt, ob der Befragte Befehle von den Stimmen bekommt. Was für eine Art von Befehlen? Können die Befehle nicht befolgt werden, und wenn ja, dann wie? Tut der Hörer stattdessen andere Sachen?

8.6 Konzentriert sich auf die Fähigkeit des Hörers, den Zugang der Stimmen zu kontrollieren. Den Stimmen gegenüber »offen« zu sein heißt, sie zu akzeptieren und sogar die Fähigkeit zu haben, sie hervorzurufen. Sie »abzustellen« heißt, dass die Stimmen sich daran halten, wenn der Hörer sie nicht hören will. Wenn der Hörer die Stimmen tatsächlich hervorrufen und abstellen kann, demonstriert dies ein größeres Maß an Kontrolle.

8.7 Prüft, ob der Hörer sich anhören kann, was die Stimmen zu sagen haben, oder ob er so große Angst hat, dass er entweder nicht zuhören kann oder es gar nicht erst versucht. Wie sehr unterscheidet sich das von Stimme zu Stimme oder von Mal zu Mal?

8.8 Schätzt ein, wie leicht der Hörer durch die Stimmen abgelenkt wird.

9 Bewältigungsstrategien

Dies deckt alles ab, was der Hörer unternimmt, um zu versuchen, mit den Stimmen zurechtzukommen und seine Handlungsfreiheit zu erhalten. Es geht nicht darum, was der Hörer aus Gehorsam den Stimmen gegenüber macht. Gehen Sie die bereitgestellte Strategienliste von oben bis unten durch. Wenn ein Befragter einen dieser Punkte bejaht, dann fragen Sie ihn, wie oft er diese Strategie verfolgt und was für eine Wirkung es auf die Stimmen hat (ob sie verschwinden oder ihr Charakter sich ändert) sowie auf den Hörer (ob er sich sicherer fühlt, weniger ängstlich etc.). Wenn der Hörer mit einer Strategie vormals Erfolg hatte, sie aber nicht sehr oft in die Praxis umgesetzt hat, dann fragen Sie danach, warum nicht.

Kognitive Strategien

9.1 Sie wegschicken: Kann der Hörer die Stimmen wegschicken? Wie? Und was passiert? Geben Sie ein Beispiel.

9.2 Sie ignorieren: Kann der Hörer so tun, als ob er die Stimmen nicht hört? Wie reagieren die Stimmen?

9.3 Zuhören: Hört der Hörer den Stimmen aufmerksam zu? Ist dies für den Hörer unangenehm (Widerstand) oder gibt er den Stimmen Zeit (setzt er sich mit ihnen auseinander)?

9.4 Selektives Zuhören: Kann der Hörer wählen, ob er einer bestimmten Stimme zuhört oder bestimmten Befehlen oder Bemerkungen einer Stimme? Kann der Hörer entscheiden, wann und wo er zuhört – etwa in Gesellschaft oder bei der Arbeit?

9.5 Sich ablenken: Kann der Hörer sich von den Stimmen ablenken, indem er an etwas anderes denkt oder indem er versucht, überhaupt nicht zu denken?

9.6 Ein Übereinkommen treffen: Kann der Hörer sich auf einen Deal einlassen? Können die Stimmen sich damit einverstanden erklären, zum Beispiel nur zu gewissen Tageszeiten aufzutreten oder das tägliche Leben nicht zu stören? (siehe auch Kapitel 8, Abschnitt »Phase des Erschreckens«). Ein solches Übereinkommen muss auf Gegenseitigkeit beruhen.

9.7 Grenzen setzen: Kann der Hörer die Stimmen auf gewisse Zeiten, bestimmte Themen, Inhalte, Lautstärken, Mengen etc. begrenzen? Entscheidet der Hörer darüber, wie weit eine Stimme gehen kann?

Verhaltensstrategien

9.8 Etwas unternehmen: Macht der Hörer bewusst etwas, um sich von den Stimmen abzulenken?

9.9 Körperliches Entfliehen: Verlässt der Hörer jemals einen Ort körperlich?

9.10 Jemanden kontaktieren: Ruft der Hörer jemanden an oder besucht ihn, wenn die Stimmen präsent sind?

9.11 Körperliche Ablenkung: Kann eine Aktivität wie lesen, spazieren gehen, putzen etc. den Hörer ablenken?

9.12 Schreiben: Schreibt der Hörer über die Stimmen? Wenn ja, schreibt er darüber, was die Stimmen sagen? Ist es in Tagebuchform oder einfach in Form gelegentlicher Notizen? Wie lange macht der Hörer dies schon, für wen macht er es und welche Auswirkungen hat es auf die Stimmen?

9.13 Rituelle Handlungen: Übt der Hörer sich in einer besonderen Routine, wie dem Errichten einer schützenden Mauer um ihn herum, Hände waschen, ein bestimmtes Gebet sprechen, an einen sicheren Ort gehen (entweder in der Realität oder auch in der Imagination) etc?

Körperliche Strategien

9.14 Entspannungsübungen: Entmutigen solche Übungen die Stimmen? Hat es einen Einfluss darauf, ob die Person Stimmen hört, wenn sie entspannter ist?

9.15 Medikamente: Welche, wenn überhaupt, nimmt der Hörer und wie viel? Wie hilft es?

9.16 Alkohol und Drogen: Konsumiert der Hörer sie? Was und wie viel, welche Auswirkung hat es auf die Stimmen?

9.17 Ernährung: Gibt es ein bestimmtes Essen, bei dem der Hörer das Gefühl hat, es hilft ihm, mit den Stimmen umzugehen?

Schlussfolgerung

9.18 Überprüft, welche Strategie der Hörer am meisten benutzt – passiv oder aktiv. Gehen Sie mit ihm noch einmal die Antworten durch. Dies sollte Ihnen auch helfen, ein Bild darüber zu gewinnen, ob der Hörer passive oder aktive Strategien vorzieht, ob er sie regelmäßig anwendet oder nur hin und wieder und in unstrukturierter Weise.

9.19 Überprüft die allgemeine Effektivität der Art und Weise, wie der Hörer mit den Stimmen umgeht.

9.20 Überprüft, welche präventiven Maßnahmen der Hörer unternimmt. Eine junge Frau hörte zum Beispiel Stimmen, wenn sie bis nach Mitternacht unterwegs war. Sie und ihr Freund gingen deshalb vor 24 Uhr nach Hause. Wenn sie tat, was die Stimmen wollten, tauchten sie gar nicht erst auf.

9.21 Gibt es irgendwelche effektiven Strategien, die der Hörer in der Vergangenheit genutzt hat, aber jetzt nicht mehr? Warum hat er damit aufgehört?

10 Kindheitserfahrungen

Hier geht es darum, herauszufinden, ob es in der Vergangenheit irgendwelche traumatischen Erfahrungen gegeben hat, insbesondere in der Kindheit. Die Reihenfolge der Fragen gibt die Gelegenheit, immer tiefer nachzuforschen, um schließlich am Ende die Frage nach sexuellem Missbrauch mit einzubringen.

11 Behandlungsgeschichte

11.1 Erstellt einen chronologischen Bericht über die medizinische und psychologische Behandlung und klärt die Frage, ob die Behandlung etwas mit den Stimmen zu tun hatte oder nicht.

11.2 Findet heraus, mit welchen Fachleuten der Hörer bereits über die Stimmen gesprochen hat.

11.3 Begutachtet die erhaltene Behandlung – Überweisung an jemand anderen, Medikamente, Psychotherapie, Magnetismus (siehe zu Magnetismus auch Kapitel 14, Abschnitt »Überblick über alternative Ansätze«) etc. War der Hörer damit zufrieden? Hat es geholfen? Was musste getan werden, um jemanden von der Realität der Stimmen zu überzeugen? (Dies demonstriert, wie entschlossen der Hörer ist, etwas in Bezug auf das Problem zu unternehmen, und wie gut er oder sie zurechtkommt.)

11.4 Stellt fest, welche alternativen Behandlungen bereits ausprobiert wurden. Stimmenhörer haben oft eine völlig andere Erklärung für das Phänomen als Psychiater und Psychologen. Darum suchen Hörer häufig außerhalb der konventionellen Medizin nach Hilfe.

12 Soziales Netzwerk

Zählt die Menschen auf, mit denen der Befragte den Kontakt aufrechterhält. Dies müssen keine namentlich genannten Individuen sein, sondern können einfach »Tante«, »Onkel«, »Nachbar« etc. sein. Finden Sie heraus, ob die Kontaktperson auch über die Stimmen Bescheid weiß, ob der Hörer mit ihnen über die Erfahrung reden kann und wie oft.

13 Weitere Fragen

Gibt dem Hörer die Möglichkeit, weitere Dinge von sich aus zu erzählen oder Fragen zu stellen.

6 Der Bericht

Der nächste Schritt bei der Analyse der Beziehung zwischen Stimmen und Hörer besteht darin, einen gut zusammengestellten Bericht zu verfassen. Das Interview sollte Ihnen eine große Menge an detaillierten Informationen über die Stimmenhörerfahrung geben. Dieses Material muss nun sorgfältig ausgewählt, zusammengefasst und organisiert werden, um ein möglichst klares Bild über die Stimmen und die Probleme, die sie repräsentieren, zu erstellen. Dies ist wichtig, da es Ihnen helfen wird, den Überblick über die Informationen zu behalten sowie ein Konstrukt zu entwickeln (siehe Kapitel 7).

Die Gliederung des Interviews bildet die Grundlage für die Struktur. Schwierig ist die Entscheidung, was und was nicht mit hineingenommen werden soll und wie der Reichtum an Informationen am besten zu einem geordneten Ganzen verarbeitet werden kann. Stimmenhörer sind es nicht immer gewohnt, über ihre Erfahrungen zu sprechen, und sie werden durch ihre Stimmen und Emotionen beeinflusst. Es kann sein, dass sie deshalb nicht in der Lage dazu sind, einen einfach verständlichen Beitrag abzugeben. Versuchen Sie zu vermeiden, dass der Bericht davon beeinträchtigt wird; geben Sie nur genau die Informationen wieder, die jeder Gliederungspunkt erfordert.

Im Folgenden wird ein Beispiel dargestellt, das auf dem realen Bericht eines Fortbildungsteilnehmers basiert. Der Text zu Beginn jedes Gliederungspunktes benennt das Ziel des jeweiligen Abschnitts. Darunter folgt die Version, die von dem Fortbildungsteilnehmer erstellt wurde, gefolgt von unseren Kommentaren. Schließlich wird eine Zusammenfassung mit den Informationen, die mit aufgenommen hätten werden sollen, in fetter Schrift abgedruckt. Manchmal haben wir auch einen Abschnitt »Anmerkungen für die Nutzung in der Beratung« ergänzt für die mögliche spätere Anwendung nach der Erstellung des Konstruktes.

Kommentiertes Beispiel: Ellen
Persönliche Daten

Es ist sinnvoll, mit diesen Daten anzufangen, insbesondere wenn der Bericht innerhalb eines Teams besprochen wird. In ein oder zwei Sätzen sollten Sie Geschlecht, Alter, Familienstand, Familienstruktur, Wohnverhältnisse, Ausbildung und Beschäftigungsverhältnis des Interviewten dokumentieren. Dies ist nur ein Abriss; versuchen Sie, nicht zu viele Informationen wiederzugeben, da es sonst zu verwirrend wird.

> Frau E. van Dijk ist geschieden und hat zwei Kinder im Alter von 11 und 14 Jahren. Das jüngere ist ein Mädchen und das ältere ein Junge. Sie ist jetzt 36 Jahre alt. Sie hat eine LHNO-Schule besucht (Hauswirtschaftsschule), danach hat sie an einem Fußpflegekurs teilgenommen und würde gerne als Friseurin ausgebildet werden. Gegenwärtig ist sie Hausfrau.

Beachten Sie: Benutzen Sie immer Vornamen in Berichten. Dies ist weniger distanzierend für den Stimmenhörer und erhält dessen Identität. Wichtige Informationen – dass die Befragte allein lebt und dass die Kinder bei ihrem Vater leben – hätten nicht ausgelassen werden dürfen. Es ist nicht hilfreich, Alter und Geschlecht voneinander zu trennen. »Sie hat eine 11-jährige Tochter und einen 14-jährigen Sohn« ist außerdem einfacher zu behalten. Die Tatsachen, dass sie an einem Fußpflegekurs teilnahm und dass sie als Friseurin ausgebildet werden möchte, sind nicht relevant.

> Ellen van Dijk ist 36 Jahre alt, geschieden und lebt allein. Sie hat eine 11-jährige Tochter und einen 14-jährigen Sohn. Diese leben bei ihrem Vater und ihrer Stiefmutter. Ellen hat eine LHNO-Schule (Hauswirtschaftsschule) besucht. Gegenwärtig ist sie Hausfrau.

Art der Erfahrung

Hier geht es darum, ob die Erfahrung eine Halluzination ist oder nicht – wo die Stimmen gehört werden (im Kopf, durch die Ohren oder an anderer Stelle). Hört der Befragte Dinge, die andere Leute nicht hören können? Ist er in der Lage, mit den Stimmen zu sprechen? Ist die Stimme ich-dyston (»nicht zu mir gehörend«) oder ich-synton (»zu mir gehörend«), das heißt, sind es fremde Gedanken oder sind es eigene Gedanken und ist es die eigene Stimme? Der Bericht sollte sich an der Wahrnehmung des Interviewten orientieren, wie die Stimme erlebt wird, nicht an dem professionellen Interesse oder den Theorien des Beraters. Es ist auch wichtig, anzugeben, ob die Halluzinationen durch irgendetwas begleitet werden, zum Beispiel durch visuelle Bilder, Gerüche oder Empfindungen, dass man berührt wird, u. a.

> Frau D. hört eine Stimme. Diese Stimme redet ununterbrochen in einem fordernden Ton und kommentiert, was Frau D. macht. Es ist eine männliche Stimme, Frau D. schätzt ihr Alter auf ungefähr 45. Sie sagt, sie erkenne die Stimme nicht als eine, die zu jemandem gehört, den sie kennt. Frau D. hört die Stimme in ihrem Kopf, zwischen den Ohren. Sie sagt, sie wisse, dass die Stimme ein Teil von ihr ist, aber sie erlebe sie so, als wenn sie von jemand anderem käme. Die Stimme kommt nicht durch ihre Ohren, sondern von zwischen ihren Ohren. Sie ist in der Lage, mit der Stimme zu kommunizieren. Frau D. sieht blutgetränkte, angsteinflößende Bilder; zum Beispiel von einem Mann, der von einem Hochhaus springt. Sie hat das schon einmal im wirklichen Leben gesehen. Sie fühlt außerdem einen scharfen Schmerz an mehreren Orten in ihrem Körper. Diese Erfahrungen begleiten nicht unweigerlich die Stimme. Frau D. sagt, die Stimme sei immer gegenwärtig, aber nicht die anderen Empfindungen. Nach Frau D. wurde die Stimme durch die Angst verursacht, die sich im Laufe ihrer Ehe immer mehr aufgebaut hat. Sie sagt, sie wurde »im Laufe ihrer Ehe verletzlich«.

Beachten Sie: Die folgenden Sätze sollten herausgenommen und unter einer anderen Überschrift mit einbezogen werden:

- »Diese Stimme redet ununterbrochen in einem fordernden Ton und kommentiert, was Frau D. macht. Es ist eine männliche Stimme, Frau D. schätzt ihr Alter auf ungefähr 45. Sie sagt, sie erkenne die Stimme nicht als eine, die zu jemandem gehört, den sie kennt.« (Kommt unter »Eigenschaften der Stimmen«.)
- »Nach Frau D. wurde die Stimme durch die Angst verursacht, die sich im Laufe ihrer Ehe immer mehr aufgebaut hat. Sie sagt, sie wurde ›im Laufe ihrer Ehe verletzlich‹.« (Kommt unter »Theorien über die Stimmen«.)

Vermeiden Sie Wiederholungen in einem Abschnitt (»Die Stimme kommt nicht durch ihre Ohren«, etc.).

Ellen van Dijk hört eine Stimme. Sie hört die Stimme in ihrem Kopf. Sie sagt, sie weiß, dass die Stimme ein Teil von ihr ist, aber sie nimmt sie als von jemand anderem kommend wahr. Sie ist in der Lage, mit der Stimme zu kommunizieren. Ellen sieht blutgetränkte, angsteinflößende Bilder, zum Beispiel von einem Mann, der von einem Hochhaus springt. Sie hat dies schon einmal im wirklichen Leben gesehen. Außerdem fühlt sie einen scharfen Schmerz in verschiedenen Körperteilen. Diese Erfahrungen begleiten die Stimme nicht unweigerlich.

Eigenschaften der Stimmen

Dieser Abschnitt gibt wichtige Tipps, um herauszufinden, wen die Stimmen repräsentieren. Dokumentieren Sie so viele klare Eigenschaften wie möglich. Wenn es mehr als eine Stimme gibt, dann beschreiben Sie jede Stimme auf der Grundlage des Abrisses, der im Fragebogen angegeben ist (möglicher Name, Alter, Geschlecht, Inhalt und Tonfall, Häufigkeit).

Frau D. hört seit zwei Jahren eine männliche Stimme. Sie sagt, dass die Stimme niemandem gehört, den sie kennt. Sie schätzt ihr Alter auf ungefähr 45. Die Stimme ist immer gegenwärtig, sie spricht in einem fordernden Ton und kommentiert, was Frau D. macht. Die Stimme hört sich weicher an als die des Interviewers. Sie spricht diktatorisch: Frau D. muss Disziplin lernen; sie muss sauberer sein. Sie erhält Befehle wie: »Steh jetzt auf, oder ich werde auf dich einstechen!«, »Geh duschen!«. Nach ihrer Meinung hört sich die Stimme wie ein strenger und anspruchsvoller Aufseher an. Wenn er sieht, dass sie nicht ihr Bestes tut, dann bestraft er sie. Dann darf sie nichts Schönes und Angenehmes unternehmen. Er droht, auf sie einzustechen, und manchmal fühlt sie dann einen scharfen Schmerz in ihrem Körper. Er droht ihr auch mit einem schrecklichen Tod. Die Stimme benutzt viele Beleidigungen und Schimpfwörter, die sie sehr verletzend findet, wie Hure, Schlampe etc. Die Stimme klingt nicht wie irgendjemand, den sie kennt. Die Stimme spricht direkt mit Frau D. und nur über sie, darüber, wie sie ihren täglichen Aktivitäten nachgeht, über ihr Versagen als Mutter etc.

Die Stimme gibt ihr keine Ratschläge, sie unterbricht sie bei angenehmen Beschäftigungen und verstärkt die jeweilige Stimmung, die Frau D. gerade hat. Die Stimme ist nicht hilfreich und spricht sogar dann, wenn sie sich mit jemandem unterhält. Frau D. sagt, dass der Wortschatz der Stimme ein anderer ist als ihrer.

Beachten Sie: Dieser Abschnitt muss viele verschiedene Informationen enthalten, eingeschlossen Geschlecht, Alter und wie die Stimme spricht. Um die Informationen zu sortieren und die Punkte zu unterscheiden, nutzen Sie zum Beispiel Gedankenstriche. Vermeiden Sie lange Passagen. Benutzen Sie für jede Stimme jeweils einen Gedankenstrich und beschreiben Sie die Stimme etwa in der folgenden Weise:

Ellen hört eine männliche Stimme. Er ist ungefähr 45, hat eine weiche Stimme; ist fordernd, kommentierend, beleidigend, verletzend durch Ausdrücke wie »Hure, Schlampe«, »Ich werde auf dich einstechen« etc. Die Stimme ist immer gegenwärtig und gehört niemandem, den sie kennt.

Persönliche Stimmenhörgeschichte

Die persönliche Geschichte ist deshalb so wichtig, weil die Umstände während des Auftretens der Stimmen entscheidende Informationen über ungelöste Probleme liefern können. Gehen Sie dies unter zwei Gesichtspunkten an:

- Die Chronologie – wann hat der Befragte das erste Mal Stimmen gehört, wann sind sie wieder aufgetaucht und was, wenn überhaupt, veranlasste sie, wieder zu verschwinden?
- Die Umstände während des jeweiligen Beginns des Auftretens – was passierte im Leben des Befragten in jenen Zeiträumen, in denen er Stimmen hörte, angefangen mit dem ersten Mal?

Um eine klare Übersicht über die Chronologie zu erlangen, unterscheiden Sie die jeweiligen Abschnitte, in denen sich die Stimmen änderten, mithilfe von Aufzählungszeichen. Notieren Sie dabei zunächst die Art und Weise des jeweiligen Auftretens. Gehen Sie dann auf die jeweiligen Umstände ein.

Die Umstände beim Auftreten der Stimmen
- Frau D. entwickelte zum ersten Mal eine Psychose, als ihr Ex-Mann

nach der Scheidung erstmals versuchte, sich ihr zu nähern. Sie hatte große Angst vor ihrem Ex-Mann, da er sie in ihrer Ehe missbraucht hatte. Er zwang sie zum Sex und wenn er entschied, dass sie nicht gut genug war, schlug er sie und zwang sie, sich wie ein Hund neben das Bett zu legen. Nach einer Weile fragte er sie: »Hund, hast du deine Lektion gelernt?« Dann schlug er sie oder zwang sie wieder zum sexuellen Kontakt.

o   Das zweite Auftreten fand statt, als ihr Mann eine außereheliche Affäre begann und sie den Mut aufbrachte, die Scheidung einzureichen. Sie floh mit den Kindern in ein Frauenhaus in der Stadt O. Allerdings fand ihr Mann schließlich heraus, wo sie lebte. Er begann, Briefe an die Kinder zu schreiben. Die Kinder gingen in den Ferien zu ihrem Ex-Mann. Sie stellte sicher, dass sie keinen Kontakt mit ihm hatte; die Kinder wurden vor der Haustür abgeholt und auch dort wieder abgesetzt. Nach einiger Zeit näherte sich ihr Mann ihr, er kam nach oben und saß in ihrer Wohnung. Sie hatte große Angst vor ihm. Einmal brachte er seine zweite Frau mit, die schwanger war. Er fragte, ob es den Kindern erlaubt sein würde, bei der Geburt mit dabei zu sein. Daraufhin wurde sie sehr misstrauisch ihm gegenüber. Während eines späteren Besuchs fing sie an zu glauben, dass ihr Ex-Mann und seine Frau Insulin in ihre Vitamintabletten gespritzt hatten. Später wurde sie mit einer Psychose in ein psychiatrisches Krankenhaus eingeliefert. Ihr Ex-Mann nahm die Kinder mit zu sich, ohne sie zu fragen.

Nach Frau D.s Meinung gab es keine direkte Ursache für ihren zweiten psychotischen Zusammenbruch 1993. Aber in der Geschichte wird deutlich, dass es in der Zeit passierte, als ihr Ex-Mann Kontakt mit den Kindern suchte. Erst nach zwei Jahren verstand sie, was es war. Die Stimme ist immer da. Wenn Frau D. einsam und traurig ist, wird die Stimme gewalttätiger. Seit kurzem ist sie ganz besonders gewalttätig, da Frau D. ihre Kinder vermisst. Sie hat wenig Kontakt zu ihnen, da ihr Ex-Mann es geschafft hat, sie als »gefährliche psychiatrische Patientin« einzustufen.

Beachten Sie: Aus Klarheitsgründen nutzen Sie bitte entweder Jahresdaten oder Altersangaben während des ganzen Berichtes, nicht beides. Versuchen Sie, so viel wie möglich an konkreten, faktischen Informationen zu sammeln, wenn sie die Umstände während des Auftretens der Stimmen erforschen. In diesem Fall ist die Version des Fortbildungsteilnehmers gut und braucht keine Veränderungen. Die folgenden Sätze sollten herausgenommen und unter anderen Punkten eingefügt werden:

- »Die Stimme ist immer da.« (Gehört zu »Eigenschaften der Stimmen«.)
- »Wenn Frau D. einsam und traurig ist, wird die Stimme gewalttätiger …« bis zum Ende des Absatzes (gehört zu »Auslöser«).

Schließlich verbinden Sie die Chronologie, die Sie auf dem Fragebogen festgestellt haben, mit den oben beschriebenen Umständen in einem kurzen Schlusssatz:

> Mit 33 hörte Ellen das erste Mal Stimmen, als ihr gewalttätiger Ex-Mann sich ihr nach der Scheidung näherte. Mit 35 fing sie ein zweites Mal an, Stimmen zu hören, als ihr Ex-Mann verstärkten Kontakt zu ihren Kindern aufnahm.

Auslöser der Stimmen

Dieser Abschnitt erforscht die Gegenwart. Er stellt fest, wie die Beziehung zu den Emotionen ist, den Umständen oder Situationen, die die Stimmen hervorrufen oder eine Veränderung bei ihnen bewirken (sie zum Beispiel lauter oder negativer werden lassen). Rufen die Stimmen Emotionen hervor oder funktioniert es genau anders herum? Werden die Stimmen durch bereits existierende Gefühle hervorgerufen, welche sie dann verstärken?

(Unter diesem Punkt war nichts vermerkt. Die relevanten Informationen waren bereits unter »Persönliche Stimmenhörgeschichte« aufgetaucht.)

Beachten Sie: Hier sollte herauskommen, dass für Ellen der Auslöser Einsam- und Traurigsein ist. Der letzte Satz der finalen Version (unten) erhellt die Ursache für die auslösenden Emotionen.

> Die Stimme wird gewalttätiger, wenn Ellen einsam und traurig ist. In letzter Zeit ist die Stimme besonders gewalttätig geworden, da Ellen ihre Kinder vermisst. Sie hat nur wenig Kontakt zu ihnen, da ihr Ex-Mann sie als »gefährliche psychiatrische Patientin« kategorisiert hat.

Was die Stimmen sagen

Die Frage nach dem Inhalt hilft dabei, zu identifizieren, wen die Stimmen repräsentieren, z. B. wenn die Stimmen etwas so ausdrücken wie eine Person, die bei einer möglichen traumatischen Erfahrung eine Rolle gespielt hat. Der Inhalt kann auch die Probleme erhellen, die der Erfahrung zugrunde liegen.

Direkte Zitate kommen auch in anderen Abschnitten vor. Diese Wiederholung macht nichts – Ziel ist hier, einen vollständigen, wörtlich wiedergegebenen Bericht und eine komplette Übersicht an einer Stelle zu haben.

Die Stimme spricht diktatorisch: Frau D. muss Disziplin lernen; sie muss sauberer sein. Sie bekommt Befehle, wie: »Steh jetzt auf oder ich werde auf dich einstechen!«, »Geh duschen!«. Nach ihrer Meinung hört die Stimme sich wie ein strenger und anspruchsvoller Aufseher an. Wenn er feststellt, dass sie nicht ihr Bestes tut, bestraft er sie. Dann darf sie nichts Schönes unternehmen. Die Stimme äußert viele Beleidigungen, nutzt Ausdrücke, die sie verletzend findet, wie z. B. Hure, Schlampe. Die Stimme hört sich nicht an wie irgendjemand, den sie kennt. Die Stimme spricht direkt mit Frau D. und nur über sie, darüber, wie sie ihre täglichen Aktivitäten erledigt, über ihr Versagen als Mutter, etc. Die Stimme gibt ihr keine Ratschläge, sondern kritisiert sie, unterbricht sie bei angenehmen Aktivitäten und verstärkt die jeweilige Stimmung, in der Frau D. sich gerade befindet. Die Stimme ist nicht hilfreich und spricht sogar, wenn Frau D. mit jemandem im Gespräch ist.

Beachten Sie: Die folgenden Sätze sollten unter anderen Punkten eingefügt werden:

- »Nach ihrer Meinung hört die Stimme sich wie ein strenger und anspruchsvoller Aufseher an.« (Gehört zu »Eigenschaften der Stimmen«.)
- »Wenn er feststellt, dass sie nicht ihr Bestes tut, bestraft er sie. Dann darf sie nichts Schönes unternehmen.« (Gehört zu »Auswirkungen der Stimmen«.)
- »Die Stimme gibt ihr keine Ratschläge, sondern kritisiert sie, unterbricht sie bei angenehmen Aktivitäten und verstärkt die jeweilige Stimmung, in der Frau D. sich gerade befindet. Sie ist nicht hilfreich

und spricht sogar, wenn Frau D. mit jemandem im Gespräch ist.« (Gehört zu »Eigenschaften der Stimmen«.)

Die Stimme spricht diktatorisch: Ellen muss Disziplin lernen; sie muss sauberer sein. Sie bekommt Befehle, wie z. B.: »Steh jetzt auf oder ich werde auf dich einstechen!«, »Geh duschen!«. Die Stimme äußert viele Beleidigungen, Ausdrücke, die sie verletzend findet, wie »Hure, Schlampe«. Die Stimme spricht über sie, darüber, wie sie ihre täglichen Aktivitäten erledigt, über ihr Versagen als Mutter etc.

Theorien über die Stimmen

Stimmenhörer haben oft sehr lange Erklärungen oder Interpretationen parat. Im Bericht tendieren wir dazu, nicht lange Sätze aufzuführen, sondern die allgemeine Richtung der Gedanken zu reflektieren. Manche Hörer – und sogar manche Berater – unterliegen dem Missverständnis, dass die Lösung des Problems in diesen Erklärungen liegt.

Die Erklärung erzählt uns, ob der Stimmenhörer sich machtlos fühlt oder nicht. Wenn er zum Beispiel glaubt, dass die Stimmen eine Krankheit darstellen oder allmächtig sind, so wird dies erklären, warum der Hörer sich hilflos fühlt. Interventionen, die darauf ausgerichtet sind, solche Überzeugungen zu verändern (siehe Kapitel 11), können dieses Gefühl vermindern. Dies geht aber nur einen Teil des Problems an, so wichtig es auch ist. Nur die Überzeugung zu verändern, heißt, dass der Klient immer noch das sozial-emotionale Problem hat, das den Kern des Stimmenhörens ausmacht (siehe Kapitel 7).

Stimmenhörer haben manchmal eine Reihe von Theorien. Es kann eine logische Verbindung zwischen ihnen bestehen. Wenn dies nicht der Fall ist, suchen die Hörer wahrscheinlich immer noch nach einer adäquaten Erklärung.

Frau D. betrachtet die Stimme als einen Teil von sich, als Symptom einer Krankheit.

Beachten Sie: Dies ist korrekt, aber es geht nicht weit genug. Weitere relevante Informationen sind unter dem Punkt »Die Art der Erfahrung« zu finden.

Ellen betrachtet die Stimme als einen Teil ihrer selbst, als Symptom einer Krankheit. Nach ihrem Verständnis wurde die Stimme durch die Angst verursacht, die sich während ihrer Ehe aufgebaut hat.

Auswirkungen der Stimmen

Dies beinhaltet wichtige Implikationen für die Beratung, denn Forschungen haben gezeigt, dass negative Auswirkungen die Fähigkeit von Menschen beeinträchtigt, im täglichen Leben zu funktionieren.

Die Stimme gibt ihr keine Ratschläge, sondern kritisiert sie, unterbricht angenehme Aktivitäten und verstärkt die jeweilige Stimmung, in der Frau D. sich gerade befindet. Die Stimme ist nicht hilfreich und redet sogar, wenn Frau D. mit jemandem in einem Gespräch ist. Frau D. sagt, deren Vokabular sei anders als ihres. Die Stimme mit ihren Befehlen und Verboten jagt ihr große Angst ein. Sie sagt, sie könne sich nicht auf die Außenwelt konzentrieren, wenn die Stimme spricht. Frau D. versucht manchmal, einen Dialog mit der Stimme anzufangen. Für eine Weile schafft sie dies auch, allerdings wird die Stimme dann ohne Grund wütend. Wenn sie sie anfleht, ruhig zu sein, sagt die Stimme, dass sie es sich verdienen muss. Nur wenn die Stimme sie beschuldigt, eine schlechte Mutter zu sein, widerspricht sie, und die Stimme muss schließlich eingestehen, dass sie recht hat. Frau D. sagt, dass sie überhaupt keinen Einfluss auf die Stimme hat. Sie würde sie gerne loswerden, da sie ihr Leben völlig zum Erliegen bringt. »Ohne die Stimme wäre ich in der Lage, ein neues Leben aufzubauen, Freunde zu finden und mich wieder um meine Kinder zu kümmern.«

Beachten Sie: Die folgenden Sätze sollten herausgenommen und unter anderen Punkten eingesetzt werden:
- »Frau D. sagt, deren Vokabular sei anders als ihres.« (Gehört zu »Eigenschaften der Stimmen«.)
- »Frau D. versucht manchmal, einen Dialog mit der Stimme anzufangen. Für eine Weile schafft sie dies auch, allerdings wird die Stimme dann ohne Grund wütend. Wenn sie sie anfleht, ruhig zu sein, sagt die Stimme, dass sie es sich verdienen muss. Nur wenn die Stimme sie beschuldigt eine schlechte Mutter zu sein, widerspricht sie, und die Stim-

me muss schließlich eingestehen, dass sie recht hat.« (Gehört zu »Bewältigung« und »Gleichgewicht der Beziehung«.)
- »Frau D. sagt, dass sie überhaupt keinen Einfluss auf die Stimme hat.« (Gehört zu »Gleichgewicht der Beziehung«.)

Die Stimme gibt ihr keine Ratschläge, sondern kritisiert sie, unterbricht sie bei angenehmen Aktivitäten und bestärkt die Stimmung, in der Ellen sich gerade befindet. Die Stimme ist nicht hilfreich und spricht sogar, wenn Ellen sich gerade im Gespräch mit jemandem befindet. Die Stimme mit ihren Befehlen und Verboten jagt ihr große Angst ein. Sie sagt, dass sie sich nicht auf die Außenwelt konzentrieren kann, wenn die Stimme spricht. Sie würde sie gerne los sein, da sie ihr Leben völlig zum Erliegen bringt. »Ohne die Stimme wäre es mir möglich, ein neues Leben zu beginnen, Freundschaften einzugehen und mich wieder um meine Kinder zu kümmern.«

Gleichgewicht der Beziehung

Hier geht es um die Beziehung, die der Stimmenhörer zu den Stimmen hat, und insbesondere um den Einfluss, den er auf die Stimmen hat. Stimmenhörer, die kein Problem mit ihren Stimmen haben, haben das Gefühl, dass die Stimmen ihnen helfen, und legen deshalb Wert auf die Beziehung. Diejenigen, die Probleme haben, haben diese Probleme gewöhnlich deshalb, weil die Beziehung nicht ausgeglichen ist. Sie haben nicht genug Einfluss auf die Stimmen, um mit ihnen umgehen zu können, selbst wenn sie manchmal in der Lage sind, eine Grenze zu setzen (wie in dem folgenden Beispiel. Der Fortbildungsteilnehmer hatte nichts unter diesem Punkt geschrieben. Die relevanten Informationen mussten daher an anderer Stelle herausgearbeitet werden.)

> Ellen sagt, sie habe überhaupt keinen Einfluss auf die Stimme. Manchmal versucht sie, einen Dialog mit der Stimme einzugehen. Sie schafft das dann auch eine gewisse Zeit, allerdings wird die Stimme dann grundlos verärgert. Wenn sie sie anfleht, ruhig zu sein, sagt die Stimme, dass sie es sich verdienen muss. Nur wenn die Stimme sie beschuldigt, eine schlechte Mutter zu sein, widerspricht sie. Dann muss die Stimme schließlich zugeben, dass sie recht hat.

Beachten Sie: Der letzte Teil sagt sowohl etwas über die Beziehung aus als auch darüber, wie die Stimmenhörerin zurechtkommt. Daher ist es völlig legitim, dies unter diesem Punkt wie auch unter dem Punkt »Bewältigung« einzufügen.

Bewältigungsstrategien

Was macht der Stimmenhörer, wenn er die Stimmen hört? Der Fragebogen schlägt eine Reihe von Möglichkeiten vor. Es ist unwahrscheinlich, dass irgendjemand mit all diesen Strategien aufwarten kann. Vielmehr geht es darum, so eingehend wie möglich zu erforschen, was die Person macht, was das Resultat ist und warum alternative Strategien nicht genutzt werden. Dies kann zum Beispiel daran liegen, dass der Stimmenhörer davor Angst hat, was die Stimmen machen könnten, oder dass die Stimmen es ihm verbieten oder dass ihm diese Idee vorher noch nicht gekommen ist. Das Beste ist, wenn das vorliegende Material in einer sehr strukturierten Weise präsentiert wird.

Kognitive Strategien
- Sie versucht, mit der Stimme zu reden.
- Manchmal versucht sie, die Stimme wegzuschicken, was allerdings nicht hilft.
- Sie versucht auch, nicht mehr zu denken, aber das hilft auch nicht. Die Stimme ist nicht sehr folgsam.

Verhaltensstrategien
- Sie wagt es, Befehle hinauszuschieben.
- Sie versucht, nicht körperlich vor der Stimme wegzulaufen.
- Sie hört immer auf die Stimme.
- Eine Zeit lang hat sie Tagebuch geführt, bis die Stimme es ihr verbot.

Körperliche Strategien
- Manchmal macht sie Entspannungsübungen.
- Sie benutzt Medikamente.

Schlussfolgerung
Die Strategie, die Frau D. am meisten anwendet, ist die, dass sie auf die Stimme hört und einen Dialog mit ihr eingeht. Nach einiger Zeit wird die Stimme ärgerlich, da sie Frau D. als minderwertig einschätzt.

Beachten Sie: »Grenzen setzen« ist ausgelassen worden. Die Schlussfolgerung wurde nicht angemessen ausgearbeitet. Es wird nicht genug zwischen den Strategien unterschieden, die Ellen nutzt, und denen, die sie nicht nutzt. Dies wäre aber hilfreicher für Beratungszwecke, als sich rigide an das Format des Fragebogens zu halten. Wir fangen mit der Schlussfolgerung an, um eine bessere Übersicht zu erhalten:

Die Strategie, die Ellen am meisten nutzt, ist die des Zuhörens, wenn sie sich auf ein Gespräch mit der Stimme einlässt. Nach einiger Zeit wird die Stimme verärgert. Sie fängt an, Ellen zu bedrohen, und Ellen sagt lieber nichts. Sie kann nur Grenzen setzen, wenn die Stimme behauptet, dass sie eine schlechte Mutter sei. Sie tritt diesem Gedanken entschieden entgegen, und die Stimme muss schließlich zugeben, dass Ellen recht hat. Grenzen setzen könnte systematischer genutzt werden.

Ellen nutzt meistens passive Bewältigungsstrategien.

Sie macht keine großen Fortschritte mit diesen Strategien und nutzt nur wenige aktive Bewältigungsstrategien. Mit keiner hält sie besonders lange durch.

Ellen hat noch andere Strategien ausprobiert, allerdings ohne großen Erfolg.

Anmerkungen für die Nutzung in der Beratung: Es ist von Bedeutung, dass Ellen es nur schafft, erfolgreich Grenzen zu setzen, wenn die Stimme zu weit geht. Sie kommt nicht gut mit der Stimme klar und gibt schnell auf, da sie die Stimme als stärker erlebt als sich selbst. Sie hat bisher keine aktiven Bewältigungsstrategien genutzt, wie z. B. jemanden besuchen, mit jemandem über die Stimme sprechen, widersprechen und durchhalten, selbst wenn die Stimme verärgert ist. Dies sind alles Strategien, die diskutiert werden könnten, und sie könnten Ellen dazu befähigen, der Stimme mithilfe von Kurzzeittechniken zu widerstehen (siehe Kapitel 10 und den Abschnitt »Verbesserung der Bewältigungsstrategien« in Kapitel 11).

In der nächsten Sitzung können Sie weitere offene Fragen stellen, etwa zum Dialog, den Ellen mit den Stimmen eingeht. Wie entwickelt sich das Gespräch? Welche Argumente nutzt Ellen und wie begegnet die Stimme ihnen? Wie ist Ellens Reaktion? Sie können sie fragen, ob sie das Gefühl hat, dass sie auf gleicher Ebene sind, wenn die Stimme verärgert ist, ob sie einverstanden ist mit der Stimme, wenn diese sagt, dass sie minderwertig sei, und ob sie für sich selbst eintritt. Was passiert mit Ellens Gefühlen, wenn die Stimme verärgert ist? Wie reagiert Ellen dann? Dies sind wichtige Informationen für die Beratung, um Ellen zu helfen, in Bezug auf ihre Stimme, aber auch in Bezug auf andere Menschen stärker zu werden.

Kindheitserfahrungen

Eine sichere Umgebung, in der ein Kind Freundlichkeit, Wertschätzung und Stimulierung erfährt, ist der beste Weg, ein gutes Selbstbild und eine positive Lebenseinstellung aufzubauen, die dem Kind später helfen werden, mit den positiven und negativen Ereignissen des Lebens umzugehen. Leider hat nicht jeder Mensch eine solche Kindheit. Ein Kind, das das Gefühl bekommen hat, nicht sicher zu sein, kann es schwierig finden, Bindungen zu Menschen einzugehen. Wenn dem Kind das Gefühl gegeben wird, alles falsch zu machen, oder wenn es zum Missbrauchsobjekt (nicht nur sexuellem) von Eltern, Geschwistern oder von anderen Menschen gemacht wird, dann beeinträchtigt dies sein Selbstbild und seine Fähigkeit, sich um sich selbst zu kümmern. Eine aggressive, abwertende Erziehung oder auch umgekehrt eine überbeschützende Umgebung beeinträchtigt die Fähigkeit des Kindes, eine eigene Identität zu entwickeln. Kinder mit einem unsicheren Verständnis ihrer selbst oder deren Abwehrmechanismen nicht besonders gut funktionieren, werden später nicht gut mit Problemen umgehen können. Das kann ernsthafte Folgen haben, wenn sie später Erfahrungen ausgesetzt sind, die persönliche Grenzen überschreiten – so wie jede Form des Missbrauchs.

Frau D. sagt, dass sie eine sorgenfreie Jugend hatte: »Ich war ein süßes, kleines, blondes Kleinkind.« Sie hat außerdem einen Bruder und drei Schwestern und kommt gut mit ihnen klar. Ihre Schulzeit war gut. Frau D. sagt, dass sie in der Grundschule gehänselt wurde, aber ihr Vater unterband dies, indem er auf dem Spielplatz Wache stand. Sie kommt gut mit ihren Eltern klar.

Beachten Sie: Das Folgende sollte unter »Soziales Netzwerk« eingebracht werden: »Sie hat auch einen Bruder und drei Schwestern und kommt gut mit ihnen klar.« »Sie kommt gut mit ihren Eltern klar.«

Ellen sagt, dass sie eine sorgenfreie Jugend hatte, »Ich war ein süßes, kleines, blondes Kleinkind«. Ihre Schulzeit war gut. Ellen sagt, dass sie in der Grundschule gehänselt wurde, aber ihr Vater unterband dies, indem er auf dem Spielplatz Wache stand.

Anmerkungen für die Nutzung in der Beratung: Es scheint, dass Ellen als Kind nicht gelernt hat, für sich selbst einzustehen, und es kann sein, dass dies einen Einfluss auf ihre Einstellung gegenüber der Stimme hat, z. B., dass sie schlecht ausgestattet ist, um mit ernsthaften Problemen umzugehen (das Statement »Ich war ein süßes, kleines, blondes Kleinkind« beschreibt sie nicht gerade als eine Kämpferin). Dies wird in späteren Sitzungen spezielle Aufmerksamkeit brauchen.

Behandlungsgeschichte

Dies betrifft alle Therapien, die der Interviewte bereits bekommen hat, insbesondere jene Therapien, die sich speziell auf das Stimmenhören fokussiert haben. Machen Sie sich ein Bild darüber, was die Klientin oder der Klient bisher versucht hat, um die Stimmen loszuwerden. Im Rückblick auf vergangene Therapien von Klienten fanden wir, dass sich traditionelle, psychiatrische Therapien selten explizit auf die Stimmen konzentrieren. Dies mag daran liegen, dass diese Art von Therapien nicht darauf ausgerichtet ist, solche Erfahrungen zu erforschen, oder dass Stimmenhörer nicht freiwillig die Tatsache preisgeben, Stimmen zu hören.

In den letzten fünf Jahren ist Frau D. mehrmals in die Psychiatrie aufgenommen worden mit der Diagnose »Psychose und Depression«. Sie hat Therapeuten von ihren Stimmen erzählt, aber sie konnten nicht viel für sie tun, abgesehen von der Medikamentenverschreibung. Sie bekam viele Tipps und Ratschläge, wie sie sich ablenken könnte.

Beachten Sie: Diese Darstellung ist klar und aufschlussreich und braucht keine Veränderungen.

Soziales Netzwerk

Hier geht es darum, mit wem der Interviewte über seine Stimmen sprechen kann. Dies zeigt, bis zu welchem Grad die Anwesenheit der Stimmen nicht nur vom Hörer, sondern auch von den Menschen um ihn herum akzeptiert wird. Es sollte auch deutlich werden, was passiert, wenn eine bedeutende Person im Leben des Klienten die Stimmen nicht akzeptiert, und ob der Klient sozial isoliert wurde.

Es gibt einige Menschen, zu denen Frau D. eine gute Beziehung hat. Diese Leute wissen über die Stimme Bescheid, aber nicht darüber, was sie sagt. Frau D. hat auch eine gute Beziehung zu ihrer Familie. In schwierigen Zeiten kann sie bei ihr wohnen. Ihre Familie weiß auch nichts über den Inhalt der Stimme.

Beachten Sie: Die Darstellung gibt keine Informationen über ihren Mann, obwohl er unter »Persönliche Geschichte des Stimmenhörens« erwähnt wird. Es sollten an dieser Stelle auch einige Informationen über seine Unfähigkeit, die Stimmen anzunehmen, eingefügt werden.

Ellen hat Freunde, zu denen sie eine gute Beziehung hat. Sie wissen über die Stimme Bescheid, aber nicht darüber, was sie sagt. Ellen hat viel Kontakt mit ihrer Familie. In schwierigen Zeiten kann sie bei ihr wohnen. Ihre Familie weiß auch nichts über den Inhalt der Stimme. Wegen ihrer Stimme hat ihr Mann sie allerdings als gefährliche Psychiatriepatientin kategorisiert und ihr die Kinder weggenommen.

Anmerkungen für die Nutzung in der Beratung: Die Abwehrmechanismen der Klientin werden in der Beratung noch mehr Aufmerksamkeit erlangen. Es ist von großer Bedeutung, dass an einer wichtigen Kreuzung – dem Sorgerecht für die Kinder – der Einfluss ihres Mannes auf sie und ihre Unfähigkeit, damit umzugehen, ein Problem darzustellen scheint. Dies sollte in den Bericht mit aufgenommen werden. Diese Informationen sind insofern hilfreich, als dass sie schwache Abwehrmechanismen und die besonderen Folgen des Stimmenhörens aufzeigen. Diese können dann besprochen werden.

Diskussion des Berichts

Es kann nützlich sein, den fertigen Bericht im Team zu diskutieren. Dies wird allerdings nur möglich sein, wenn Ihre Kolleginnen und Kollegen gegenüber dem hier propagierten Ansatz auch offen sind. Eine gemeinsame Anstrengung wird dabei helfen, Teile auszumachen, denen es an Klarheit mangelt, oder Lücken im Bericht zu identifizieren.

Zunächst einmal ist es aber noch wichtiger, den Bericht mit der Klientin oder dem Klienten zu besprechen, um Fehlinterpretationen zu klären und um eventuell notwendige Ergänzungen zu machen. Der Bericht soll den Dialog in Gang setzen und das Nachdenken über die Stimmen anregen. Am Anfang der Beratung kann er Richtlinien bieten, auf die Sie so oft wie nötig zurückkommen können.

Musterbericht: Ellen

Im Folgenden zeigen wir Ihnen, wie ein Bericht zusammengefasst aussehen sollte.

Persönliche Daten

Ellen van Dijk ist 36 Jahre alt, geschieden und lebt allein. Sie hat eine 11-jährige Tochter und einen 14-jährigen Sohn. Diese leben bei ihrem Vater und ihrer Stiefmutter. Ellen hat eine LHNO-Schule (Hauswirtschaftsschule) besucht. Gegenwärtig ist sie Hausfrau.

Art der Erfahrung

Ellen hört eine Stimme. Sie hört die Stimme in ihrem Kopf. Sie sagt, sie weiß, dass die Stimme ein Teil von ihr ist, aber sie nimmt sie als von jemand anderem kommend wahr. Sie ist in der Lage, mit der Stimme zu kommunizieren. Ellen sieht blutgetränkte, angsteinflößende Bilder, zum Beispiel von einem Mann, der von einem Hochhaus springt. Sie hat dies schon einmal im wirklichen Leben gesehen. Außerdem fühlt sie einen scharfen Schmerz in verschiedenen Körperteilen. Diese Erfahrungen begleiten die Stimme nicht unweigerlich.

Eigenschaften der Stimmen

Ellen hört eine männliche Stimme. Er ist ungefähr 45, hat eine weiche Stimme; ist fordernd, kommentierend, beleidigend, verletzend durch Ausdrücke wie »Hure, Schlampe«, »Ich werde auf dich einstechen« etc. Die Stimme ist immer gegenwärtig und gehört niemandem, den sie kennt.

Persönliche Stimmenhörgeschichte

Die Umstände beim Auftreten der Stimmen:

o Ellen entwickelte zum ersten Mal eine Psychose, als ihr Ex-Mann nach der Scheidung erstmals versuchte, sich ihr zu nähern. Sie hatte große Angst vor ihm, da er sie in ihrer Ehe missbraucht hatte. Er zwang sie zum Sex und wenn er entschied, dass sie nicht gut genug war, schlug er sie und zwang sie, sich wie ein Hund neben das Bett zu legen. Nach einer Weile fragte er sie: »Hund, hast du deine Lektion gelernt?« Dann schlug er sie oder zwang sie wieder zum sexuellen Kontakt.

- Das zweite Auftreten fand statt, als ihr Mann eine außereheliche Affäre begann und sie den Mut aufbrachte, die Scheidung einzureichen. Sie floh mit den Kindern in ein Frauenhaus in der Stadt O. Allerdings fand ihr Mann schließlich heraus, wo sie lebte. Er begann, Briefe an die Kinder zu schreiben. Die Kinder gingen in den Ferien zu ihm. Sie stellte sicher, dass sie keinen Kontakt mit ihm hatte; die Kinder wurden vor der Haustür abgeholt und auch dort wieder abgesetzt. Nach einiger Zeit näherte sich ihr Mann ihr, er kam nach oben und saß in ihrer Wohnung. Sie hatte große Angst vor ihm. Einmal brachte er seine zweite Frau mit, die schwanger war. Er fragte, ob es den Kindern erlaubt sein würde, bei der Geburt mit dabei zu sein. Daraufhin wurde sie sehr misstrauisch ihm gegenüber. Während eines späteren Besuchs fing sie an zu glauben, dass ihr Ex-Mann und seine Frau Insulin in ihre Vitamintabletten gespritzt hatten. Später wurde sie mit einer Psychose in ein psychiatrisches Krankenhaus eingeliefert. Ihr Ex-Mann nahm die Kinder mit zu sich, ohne sie zu fragen.

Nach Ellens Meinung gab es keine direkte Ursache für ihren zweiten psychotischen Zusammenbruch 1993. Aber in der Geschichte wird deutlich, dass es in der Zeit passierte, als ihr Ex-Mann Kontakt mit den Kindern suchte. Erst nach zwei Jahren verstand sie, was es war.

Zusammenfassung: Mit 33 hörte Ellen das erste Mal Stimmen, als ihr gewalttätiger Ex-Mann sich ihr nach der Scheidung näherte. Mit 35 fing sie ein zweites Mal an, Stimmen zu hören, als ihr Ex-Mann verstärkten Kontakt zu ihren Kindern aufnahm.

Auslöser der Stimmen

Die Stimme wird gewalttätiger, wenn Ellen einsam und traurig ist. In letzter Zeit ist die Stimme besonders gewalttätig geworden, da Ellen ihre Kinder vermisst. Sie hat nur wenig Kontakt zu ihnen, da ihr Ex-Mann sie als »gefährliche psychiatrische Patientin« kategorisiert hat.

Was die Stimmen sagen
Die Stimme spricht diktatorisch: Ellen muss Disziplin lernen; sie muss sauberer sein. Sie bekommt Befehle, wie z. B.: »Steh jetzt auf oder ich werde auf dich einstechen!«, »Geh duschen!«. Die Stimme äußert viele Beleidigungen, Ausdrücke, die sie verletzend findet, wie »Hure, Schlampe«. Die Stimme spricht über sie, darüber, wie sie ihre täglichen Aktivitäten erledigt, über ihr Versagen als Mutter etc.

Theorien über die Stimmen
Ellen betrachtet die Stimme als einen Teil ihrer selbst, als Symptom einer Krankheit. Nach ihrem Verständnis wurde die Stimme durch die Angst verursacht, die sich während ihrer Ehe aufgebaut hat.

Auswirkungen der Stimmen
Die Stimme gibt ihr keine Ratschläge, sondern kritisiert sie, unterbricht sie bei angenehmen Aktivitäten und bestärkt die Stimmung, in der Ellen sich gerade befindet. Die Stimme ist nicht hilfreich und spricht sogar, wenn Ellen sich gerade im Gespräch mit jemandem befindet. Die Stimme mit ihren Befehlen und Verboten jagt ihr große Angst ein. Sie sagt, dass sie sich nicht auf die Außenwelt konzentrieren kann, wenn die Stimme spricht. Sie würde sie gern los sein, da sie ihr Leben völlig zum Erliegen bringt. »Ohne die Stimme wäre es mir möglich, ein neues Leben zu beginnen, Freundschaften einzugehen und mich wieder um meine Kinder zu kümmern.«

Gleichgewicht der Beziehung
Ellen sagt, sie habe überhaupt keinen Einfluss auf die Stimme. Manchmal versucht sie, einen Dialog mit der Stimme einzugehen. Sie schafft das dann auch eine gewisse Zeit, allerdings wird die Stimme dann grundlos verärgert. Wenn sie sie anfleht, ruhig zu sein, sagt die Stimme, dass sie es sich verdienen muss. Nur wenn die Stimme sie beschuldigt, eine schlechte Mutter zu sein, widerspricht sie. Dann muss die Stimme schließlich zugeben, dass sie recht hat.

Bewältigungsstrategien
Die Strategie, die Ellen am meisten nutzt, ist die des Zuhörens, wenn sie sich auf ein Gespräch mit der Stimme einlässt. Nach einiger Zeit wird die Stimme verärgert. Sie fängt an, Ellen zu bedrohen, und Ellen

sagt lieber nichts. Sie kann nur Grenzen setzen, wenn die Stimme behauptet, dass sie eine schlechte Mutter sei. Sie tritt diesem Gedanken entschieden entgegen, und die Stimme muss schließlich zugeben, dass Ellen recht hat. Die Strategie »Grenzen setzen« könnte systematischer genutzt werden.

Ellen nutzt meistens passive Bewältigungsstrategien.

Sie macht keine großen Fortschritte mit diesen Strategien und nutzt nur wenige aktive Bewältigungsstrategien. Mit keiner hält sie besonders lange durch.

Ellen hat noch andere Strategien ausprobiert, allerdings ohne großen Erfolg.

Kindheitserfahrungen

Ellen sagt, dass sie eine sorgenfreie Jugend hatte: »Ich war ein süßes, kleines, blondes Kleinkind.« Ihre Schulzeit war gut. Ellen sagt, dass sie in der Grundschule gehänselt wurde, aber ihr Vater unterband dies, indem er auf dem Spielplatz Wache stand.

Behandlungsgeschichte

In den letzten Jahren ist Ellen mehrmals in die Psychiatrie aufgenommen worden mit der Diagnose »Psychose und Depression«. Sie hat Therapeuten von ihren Stimmen erzählt, aber sie konnten nicht viel für sie tun, abgesehen von der Medikamentenverschreibung. Sie bekam viele Tipps und Ratschläge, wie sie sich ablenken könnte.

Soziales Netzwerk

Ellen hat Freunde, zu denen sie eine gute Beziehung hat. Sie wissen über die Stimme Bescheid, aber nicht darüber, was sie sagt. Ellen hat viel Kontakt mit ihrer Familie. In schwirigen Zeiten kann sie bei ihr wohnen. Ihre Familie weiß auch nichts über den Inhalt der Stimme. Wegen ihrer Stimme hat ihr Mann sie allerdings als gefährliche Psychiatriepatientin kategorisiert und ihr die Kinder weggenommen.

7 Das Konstrukt

Die Entwicklung eines Konstruktes ist der letzte Schritt in der Analyse der Beziehung zwischen dem Stimmenhören und der persönlichen Lebensgeschichte. Es geht dabei vor allen Dingen darum, zu versuchen, eine Antwort auf zwei Fragen zu bekommen:
- Wen repräsentieren die Stimmen?
- Welche Probleme repräsentieren die Stimmen?

Mit beiden Fragen wird die grundsätzliche Absicht der ganzen Analyse verfolgt – es geht nicht so sehr darum, warum der Klient Stimmen hört, sondern darum, wie wir sie begreifen können. Diese Unterscheidung ist sehr wichtig, da sie zwei verschiedene Einstellungen widerspiegelt. Die Frage nach dem »Warum« ist die Frage nach Ursachen und damit zwangsläufig der Endpunkt in einer Diskussion. Im Fall des Stimmenhörens wissen wir, dass die Antwort nicht einfach »eine Krankheit« ist. Die Frage nach dem »Wie« bedarf einer offeneren Erkundung, in der die Stimmenhörer selbst mehr involviert werden. Sie soll eine Entdeckungsreise anregen. Es bietet sich an dieser Stelle auch an, weiter nachzuforschen, »mit wem« und »mit was« der Stimmenhörer Schwierigkeiten im Leben gehabt haben mag. Ziel des Konstruktes ist es, eine Kontinuität in der Lebensgeschichte wiederherzustellen, die durch das Auftauchen der Stimmen unterbrochen worden sein kann.

Ein Konstrukt sollte niemals jemandem aufgedrängt werden. Es handelt sich vielmehr um einen Vorschlag, der dem Klienten behutsam unterbreitet werden sollte. Wenn der Klient mit einer Interpretationsmöglichkeit nicht einverstanden ist, dann sollten Sie gemeinsam nach einem anderen Konstrukt suchen. Der Prozess, innerhalb dessen die Stimmen als ein Teil der persönlichen Erfahrung akzeptiert werden, kann dann beginnen.

Ein Konstrukt gibt dem Berater wie dem Hörer eine Möglichkeit, das eigene Denken zu strukturieren – einen festen Halt im Chaos. Um das Konstrukt zu erstellen, müssen die Informationen aus dem Bericht herausgefiltert und unter sechs Hauptkategorien dargestellt werden:
- die Identität der Stimmen,
- ihre Eigenschaften,

- die Geschichte,
- der Inhalt dessen, was die Stimmen sagen,
- die Auslöser (wenn relevant auch Auswirkungen),
- Kindheit und Jugend.

Die Identität und Eigenschaften der Stimmen helfen dabei, festzustellen, wen die Stimmen repräsentieren. Die Geschichte und Auslöser zeigen auf, welche sozial-emotionalen Probleme ihnen zugrunde liegen. Das Kernproblem schließt gewöhnlich, aber nicht immer, die Personen mit ein, die die Stimmen repräsentieren. Das Material aus der Kindheit sollte das Konstrukt bestätigen und eine plausible Erklärung dafür bieten, warum der Hörer nicht in der Lage war, mit dem Problem umzugehen, dessentwegen er psychiatrische Hilfe aufgesucht hat.

Ein Konstrukt zu entwickeln braucht Übung. Am Anfang mag es sich wie ein Sprung ins kalte Wasser anfühlen, wenn man nicht genau weiß, wo man näher nachschauen soll, und sich seiner Schlussfolgerungen unsicher ist. Es hilft, wenn Sie im Konstrukt die vom Klienten gebrauchten Worte aus dem Bericht benutzen. Sie sollten auch immer sicherstellen, dass die sechs (oder mehr) Punkte zueinanderpassen und in sich konsistent sind. Die nachfolgenden Beispiele werden dies verdeutlichen (das erste basiert auf Material aus dem Kapitel 6).

Es gibt nicht so etwas wie ein gutes und ein schlechtes Konstrukt. Es kann eine Reihe von gleichwertigen, gültigen Alternativen geben. Dies wird Ihnen bewusst werden, wenn Sie anfangen, das Konstrukt mit Ihrer Klientin oder Ihrem Klienten zu diskutieren.

Musterkonstrukt: Ellen

Identität
Männliche Stimme, 45 Jahre alt (rauer Aufseher).
Eigenschaften
Fordernd, verbietend, beschimpfend, diktatorisch.
Geschichte
Das erste Auftreten: nachdem ihr Ex-Mann sich ihr wieder näherte (1991).
Das zweite Auftreten: als sie ihre Kinder an ihren Mann verlor (1993).

Inhalt
»Hure, Schlampe!« »Steh auf oder ich steche auf dich ein!« »Geh unter die Dusche!«
Auslöser (hier auch Auswirkungen)
Stimme ist kontinuierlich da.
Sie ist bösartiger, wenn die Klientin allein und traurig ist.
Auswirkungen: Die Angst vor der Stimme sieht aus wie die Angst vor dem Ex-Mann.
Kindheit und Jugend
Die Klientin hat nie gelernt, für sich selbst einzutreten (ihr Vater hat es immer für sie getan).
Erörterung: Die Stimme hört sich an wie die ihres Ex-Mannes; sie ähnelt ihm (streng, männlich, ungefähr 45 Jahre alt) und teilt Verhaltenseigenschaften mit ihm (»Aus dem Bett!«, »Geh unter die Dusche!«). Die Geschichte der Klientin zeigt, dass der Verlust ihrer Kinder ein kritisches sozial-emotionales Problem zu sein scheint. Die Stimme ist seitdem nicht mehr weggegangen. Die Person, die durch die Stimme repräsentiert wird – ihr Ex-Mann – hat eindeutig mit diesem Problem zu tun. Der erste Kontakt 1991 war sehr angsteinflößend gewesen. Beim zweiten Kontakt 1993 war dies sogar noch stärker der Fall, da sie daraufhin ihre Kinder an ihren Ex-Mann verlor. Abgesehen von dem Trauma des Kontaktes mit diesem Mann hatte ihre Kindheit sie bereits dafür prädisponiert, nicht mit Aggressionen umgehen zu können.

In unserem Konstrukt geht es im Wesentlichen um Folgendes: Die Stimme repräsentiert den Ex-Mann der Klientin; der sozial-emotionale Konflikt ist der »Verlust der Kinder«, den sie nicht lösen und mit dem sie sich nicht abfinden kann. Wir gehen davon aus, dass sie weiterhin die Stimme hören wird, solange dieser Konflikt ungelöst bleibt. Sie kommt nicht mit der Stimme klar, da sie nach unserer Meinung noch nie eine Kämpferin war. Das wird durch ihre Kindheit, durch die Beziehung zu ihrem Ex-Mann und schließlich auch durch die Wegnahme der Kinder deutlich. Sie ist nicht nur nicht in der Lage, mit ihrem Mann klarzukommen, sie ist auch unfähig, auf ihrem Recht auf

die Kinder zu bestehen. Auf diese Weise beziehen sich alle sechs Kategorien auf den Verlust der Kinder.
Im nächsten Kapitel werden wir beschreiben, wie Sie das Konstrukt als Ausgangspunkt für Interventionen benutzen können. Davor geben wir aber noch einen zweiten Bericht wieder, damit Sie üben können, Ihr eigenes Konstrukt zu erstellen. Sie können es auch mit unserem Konstrukt vergleichen, das im Anschluss folgt. Die Informationen in dem Bericht sind sehr spärlich, da er nur das enthält, was für die sechs Kategorien relevant ist. Das macht es viel einfacher, das Konstrukt zu erstellen. Da es jedoch im Ton distanzierter und kühler ist, ist es viel weniger als Werkzeug geeignet, um eine Klient-Berater-Beziehung aufzubauen, die auf Vertrauen basiert. Wir schlagen vor, dass Sie in Ihrem eigenen Bericht viel stärker ins Detail gehen als hier, sodass die Gespräche über die persönliche Geschichte einen stärkeren emotionalen Gehalt haben. Mehr Informationen werden für den Stimmenhörer auch eine größere Anregung darstellen, über die Beziehung zwischen den Stimmen und seiner Lebensgeschichte nachzudenken.

Bericht: Rita

Persönliche Daten
Rita ist 44 Jahre alt. Sie ist verheiratet, hat zwei Kinder, einen 18 Jahre alten Sohn und eine 13 Jahre alte Tochter. Sie ist Hausfrau.

Art der Erfahrung
Rita hört eine Stimme. Die Stimme kann nicht von anderen Leuten gehört werden. Sie hört die Stimme in ihrem Kopf und fühlt sie in ihrer Brust und in ihrem Herzen. Sie hat das Gefühl, dass die Stimme in ihrem Inneren ist.

Eigenschaften der Erfahrung
Sie hört die Stimme ihres Vaters. Es ist eine tiefe Stimme. Die Stimme ist ungefähr dreimal am Tag da. Die Stimme ist 52 Jahre alt, genau das Alter ihres Vaters, als er verstarb. Die Stimme wird nicht älter.

Persönliche Stimmenhörgeschichte
Ihr Vater hat sie sexuell missbraucht. Als sie 19 Jahre alt war (vor 24 Jahren), erhängte er sich. Sie fand ihn. Er hatte eine Abschiedsnotiz

hinterlassen, auf der stand »Auf Wiedersehen, Rita, Dein Vater«. Kurz nach dem Tod ihres Vaters tauchte die Stimme auf. Sie kann nicht glauben, dass ihr Vater wirklich tot ist, und fühlt ihn in ihrem Inneren.

Auslöser der Stimmen

Die Stimme kommt in nicht vorhersagbaren Momenten. Wenn sie sich auf etwas freut, taucht sie auf und verdirbt ihr alles. Die Stimme sagt: »So was verdienst du nicht, du wirst bestraft.«

Was die Stimmen sagen

Die Stimme ist nie positiv oder freundlich. Sie sagt: »Du verdienst es, bestraft zu werden«, »Du wirst Krebs bekommen«, »Du wirst keine Kinder bekommen«. Sie gibt auch Befehle, wie z. B.: »Bring dich selbst um die Ecke!«

Theorien über die Stimmen

Die Stimme kommt vom Geist des Vaters. Nach seinem Tod ist er in sie eingedrungen.

Auswirkungen der Stimmen

Die Stimme hat einen starken Einfluss auf sie. Sie gerät in Panik und bekommt Angst. Sie kann sich nicht mehr konzentrieren. Sie hat das Gefühl, dass sie von ihrem Vater besessen ist. Die Stimme gibt Befehle und mischt sich in angenehme Tätigkeiten ein. Die Stimme übernimmt so sehr die Kontrolle, dass Rita nicht mehr unterscheiden kann, wer von ihnen eigentlich gerade denkt. Sie würde die Stimme gerne loswerden.

Gleichgewicht der Beziehung

Rita kämpft gegen die Stimme. In ihrer Gegenwart fühlt sie sich machtlos. Sie spricht nicht mit der Stimme. Manchmal benutzt sie auch starke Ausdrücke gegen sie, wie: »Lass mich in Ruhe!« Rita kämpft gegen die Befehle, verliert aber leider die Kontrolle über die Situation. Sie fühlt sich gedrängt, bestimmte Dinge zu tun. Sie hat Angst davor, dass die Stimme noch mehr Macht über sie gewinnen könnte und dass etwas passiert, was sie nicht möchte. Mehr und mehr denkt sie mittlerweile: »Wenn ich mich um die Ecke bringe, werde ich alles gelöst haben.«

Bewältigungsstrategien
Kognitive Strategien:
Manchmal kann Rita die Stimme wegschicken.
Sie will der Stimme nicht zuhören.
Sie kann mit der Stimme kein Einverständnis erzielen.
Verhaltensstrategien:
Manchmal hilft es, etwas zu tun.
Manchmal gelingt es ihr, der Stimme zu entkommen.
Manchmal hilft es, wenn sie eine Ablenkung findet.
Körperliche Strategien:
Rita benutzt keine körperlichen Strategien.
Schlussfolgerung:
Rita nutzt vor allen Dingen Verhaltensstrategien, die auch manchmal helfen. Sie nutzt kaum kognitive Strategien und keine körperlichen Strategien.

Kindheitserfahrungen
Es gab viele Spannungen zu Hause. Ihr Vater trank und missbrauchte seine Frau und Kinder schwer. Es gab oft Streitereien. Ihre Mutter trank auch. Rita fühlte sich zu Hause sehr unsicher und hatte keine gute Bindung an ihre Mutter. Sie wurde oft herabgewürdigt und nicht ernst genommen. Sie hatte nicht das Gefühl, dass sie als Kind gewollt war. Ihre Mutter ignorierte den Vater, genauso wie der Rest der Familie. Ihr Vater holte sie oft aus dem Bett, um mit ihr über seine Probleme zu reden. Sie hatte Angst vor ihm. Gleichzeitig hatte sie aber auch Mitleid mit ihm. Er war in mehrere psychiatrische Krankenhäuser eingeliefert worden. Zwischen fünf und elf Jahren wurde sie von ihrem Vater sexuell missbraucht. Es fing an, als ihre ältere Schwester das Haus verließ. Ihre Schwester war auch von ihm sexuell missbraucht worden, will aber nicht darüber sprechen. Der Missbrauch hörte auf, als Ritas Menstruation anfing. Vor kurzem hat sie auch herausgefunden, dass sie einen Halbbruder hat. Ihre Mutter hatte nie darüber gesprochen.

Behandlungsgeschichte
Vor zehn Jahren kam Rita in die Ambulanz der örtlichen psychiatrischen Abteilung und beklagte sich über Phobien. Nach zwei Interviews

war sie verwirrt und ging zurück zu ihrem Hausarzt. Vor zwei Jahren wurde sie von einem Psychiater in der Ambulanz wegen Depressionen behandelt. Das letzte Jahr über hat sie einen Psychotherapeuten aufgesucht. Sie hat angefangen, mit diesem Therapeuten über den Inzest zu reden.

Soziales Netzwerk

Außerhalb ihrer Familie hat Rita wenig Kontakt zu anderen Menschen. Nur ihr Mann weiß von der Stimme. Die Beziehung zu ihrer älteren Schwester ist problematisch.

Musterkonstrukt: Rita

Identität
Die Stimme (gehört ihrem Vater) bleibt 52 Jahre alt.

Eigenschaften
Die Stimme ist nie freundlich.

Geschichte
Ihr Vater beging Suizid und hinterließ nur für Rita eine Abschiedsnachricht. Sie war es auch, die ihn fand. Danach fing sie an, Stimmen zu hören, vor 24 Jahren.

Inhalt
Die Stimme sagt, dass sie es verdient hat, bestraft zu werden.

Auslöser
Wenn sie sich auf etwas freut, sagt die Stimme ihr: »Das verdienst du nicht.«

Kindheit und Jugend
Sexuell missbraucht durch ihren Vater. Außerdem: Ihr Vater war Alkoholiker. Er redete mit ihr über seine Probleme. Rita hatte Angst vor ihm, empfand aber auch Mitleid für ihn.

Erörterung: Alle Kategorien weisen auf Probleme mit dem Vater hin. Die Stimme repräsentiert einen emotionalen Konflikt um eine Interaktion (den Inzest); der Ausgang in Ritas Fall war gänzlich vorhersehbar. Sie tat ihr Bestes – hielt so lange durch, wie sie konnte –, bis er starb. Sie findet es schwierig, seinen »selbst zugefügten Tod« zu akzeptieren, und hat immer noch viele unbeantwortete Fragen: Er war krank, aber er missbrauchte sie auch; sie war die Einzige, der er einen Abschiedsbrief geschrieben hatte, u. a.

Was bei beiden hier zitierten Beispielen hervorsticht, ist, dass die Probleme aus inhärenten Paradoxien bestehen. Im ersten Beispiel haben wir einen aggressiven Ehemann, im zweiten einen inzestuösen Vater. Die Wirklichkeit passt also nicht zum Bild der Rolle des Vaters sowie des Ehemanns. In beiden Fällen sehen die Opfer das, was passiert ist, nicht als etwas, was ihnen von außen her zugefügt wurde, sondern als etwas, was in ihrer eigenen Verantwortung liegt: »Es ist meine Schuld, dass mein Mann so reagiert«, und: »Ich hätte es verhindern sollen, dass mein Vater mit mir schläft«. Die schwierigste und doch wesentliche Aufgabe im Prozess der Beratung besteht darin, die Überzeugung der Betroffenen von »Ich bin schuld« zu »Ich bin unschuldig« zu verändern. Dies hört sich einfach an, ist aber nicht leicht; es ist schmerzhaft und auslaugend. Ein gutes Beispiel hierfür wird von Ron COLEMAN in seinem Buch »Recovery – an Alien Concept« gegeben (1999, S. 80). Ein weiteres nützliches Werk über die Konsequenzen von Traumata und den Gesundungsprozess ist Judith HERMANS »Trauma and Recovery« (1992).

TEIL III
Interventionen

8 Mit den Stimmen umgehen: Phasen und entsprechende Interventionen

Mit den Stimmen umgehen zu lernen, ist ein Prozess. Auf der Basis unserer Begegnungen mit Stimmenhörern haben wir diesen Prozess in drei zu unterscheidende Phasen unterteilt (ROMME / ESCHER 1989, 1993):

Phase des Erschreckens: In dieser Phase fühlen sich die Betroffenen noch überwältigt durch die fremdartige und neue Erfahrung des Stimmenhörens. In der Regel sind die Stimmen bei psychiatrischen Patienten so angsteinflößend und die Erfahrung ist so unbekannt, dass es zu Verwirrung führt. Die Angst der Patienten vor den Stimmen ist überwältigend und die Person wird in ihrem täglichen Leben dadurch behindert. Die Stimmen werden auch oft als allmächtig erlebt.

Organisationsphase: In dieser Phase ist der Stimmenhörer nicht mehr ganz so überwältigt von den Stimmen und hat sich mehr an sie gewöhnt. Er ist zunehmend in der Lage, Informationen zu organisieren, und fängt an, die Beziehung zu den Stimmen zu gestalten. In dieser Phase ist der Hörer offener dafür, das Stimmenhören als eine persönliche Erfahrung zu erleben. Er ist interessierter an der Erfahrung anderer Stimmenhörer. Das Interesse an Frühwarnzeichen und Auslösern ist auch da. Auf diese Weise wird die Person fähig, Vorsichtsmaßnahmen zu ergreifen, damit sie nicht von den Stimmen überwältigt wird. Sie beginnt nach Wegen zu suchen, wie sie mit den Stimmen umgehen kann. Sie beginnt außerdem, sich für die Beziehung zu ihrer Lebensgeschichte zu interessieren.

Stabilisierungsphase: Diese Phase tritt ein, wenn die Beziehung ausgeglichener ist. Die Angst ist gemindert, und die Stimmenhörer haben das Gefühl, größere Kontrolle über ihre Stimmen zu haben. Die Stimmen werden auch zunehmend so wahrgenommen, dass sie zum Hörer gehören, da die Dinge, die sie zu sagen haben, eindeutig auf diesen zutreffen. Oberstes Ziel des Stimmenhörers ist nun nicht mehr, die Stimmen loszuwerden, sondern zu lernen, wie er mit ihnen umgehen und wie er sein Leben fortsetzen kann. Kurz gefasst heißt das, dass in dieser Phase die Person das eigene Leben wieder zurückgewinnt und sich vom Opfer zum Sieger entwickelt (COLEMAN / SMITH 2007).

In jeder Phase ist ein anderer Ansatz erforderlich, um den Betroffenen zu helfen, mit ihrer Erfahrung umzugehen.

Phase des Erschreckens

Während der Phase des Erschreckens können die Menschen noch nicht über ihre Stimmen sprechen. Die Stimmen verhindern dies oft; die Hörer haben dann Angst, dass die Stimmen öfter präsent sein werden oder dass sie sie bestrafen, zum Beispiel, indem sie noch mehr Lärm machen oder indem sie sie mit Unfällen bedrohen. In dieser Phase baut der Berater eine Beziehung zum Stimmenhörer auf und erkundigt sich nach dessen Problemen im täglichen Leben. Dies schließt sowohl die leichten als auch die belastenden Angelegenheiten ein und das, was für den Hörer möglich und was für ihn schwierig zu besprechen ist. Dies kann sich auf die Stimmen beziehen, muss aber nicht notwendigerweise der Fall sein. Die Erforschung im Zuge des Beziehungsaufbaus sollte einen weiteren Fokus haben und sich nicht nur auf die Erfahrung des Stimmenhörens beziehen. Der Berater weiß noch nicht genug über die Person und die Stimmen, um die Themen auszuwählen. Er muss sich deswegen darüber informieren, was am wichtigsten ist und worüber man offen reden kann. Stimmenhören muss durchaus nicht das Hauptproblem sein, oder das Reden über die Stimmen ist noch ungewohnt oder schambesetzt oder durch die Stimmen selbst verboten. Der Berater kann jedoch Informationen über die Stimmenhörerfahrung bereitstellen und die positiven Seiten betonen: die Tatsache, dass Stimmenhören keine seltene Erfahrung ist, obwohl viele Stimmenhörer denken, sie seien die Einzigen mit dieser Erfahrung, dass aber ungefähr zwei bis vier Prozent der Bevölkerung Stimmen hören und dass viele Stimmenhörer mit ihren Stimmen umgehen können, was allerdings einen Lernprozess voraussetzt. In dieser Phase kann der Berater auch das Thema Medikamente als mögliche Hilfe bei der Verminderung der Angst vor den Stimmen ansprechen (siehe Kapitel 9). Auch können Methoden zur Angstreduzierung hier besprochen und trainiert werden (siehe Kapitel 10). Man sollte in dieser Phase damit beginnen, in einer systematischen Weise über die Stimmen des Stimmenhörers zu sprechen. Es ist ratsam, ein oder zwei Punkte des Interviews dafür zu nutzen. Es ist nicht sinnvoll, über die Stimmen in einer unstrukturierten Weise zu sprechen, da man dann mit der Verwirrung und Angst des Stimmenhörers gemeinsame Sache macht. Der Berater muss zeigen, dass er etwas über die Erfahrung weiß und dass er keine Angst vor ihr hat. In dieser ersten Phase sollte der Schwerpunkt der Beratung auf dem Folgenden liegen (wird in den Kapiteln 9 und 10 noch weiter ausgeführt):

- Angstmanagement (einfache Techniken anbieten, um mehr Kontrolle über die Stimmen zu erreichen),
- Vermittlung von Informationen und Gesundheitsaufklärung,
- Medikamente ausprobieren,
- dem Klienten und seiner Familie Unterstützung anbieten.

Organisationsphase

In dieser Phase ist es sinnvoll, das komplette Interview über die Stimmen durchzuführen (Kapitel 5). Dies kann in einer systematischen Art und Weise in ein bis drei Sitzungen geschehen. Wenn der Berater zu lange braucht, werden die Gespräche oft mit therapeutischen Problemen vermischt. Das Interview sollte als ein systematischer Weg der Informationssammlung durchgeführt werden, sowohl für den Klienten als auch für den Berater. Es ist deshalb auch ratsam, einen Bericht anzufertigen (Kapitel 6) und den Bericht mit dem Klienten zu besprechen, sodass der Klient seine Erfahrung in der Darstellung wiedererkennt, möglichst in seinen eigenen Worten. In dieser Phase fertigt der Berater auch ein Konstrukt an (Kapitel 7) und diskutiert Formulierungen mit dem Klienten, sodass sie für ihn akzeptabel sind. In dieser Phase kann man dem Stimmenhörer auch das Arbeitsbuch von COLEMAN/SMITH (2007) »Stimmenhören verstehen und bewältigen« geben. Es bietet ihm eine Möglichkeit, allein mit seinen Stimmen zu arbeiten. Dieses Arbeitsbuch (siehe Kapitel 15) und das Interview haben das gleiche Verständnis hinsichtlich des Stimmenhörens und regen beide den Stimmenhörer dazu an, sich aktiver mit den Stimmen auseinanderzusetzen.

Die Gespräche während des Interviews sowie über den Bericht und das Konstrukt können die Erfahrungsanteile ans Licht bringen, die noch mehr Aufmerksamkeit brauchen, je nachdem, was am störendsten scheint. Von den gesammelten Informationen können verschiedene Themen ausgewählt werden, die man im Einklang mit der in Kapitel 11, »Interventionen in der Organisationsphase«, beschriebenen Vorgehensweise anbieten kann. In dieser Phase kann man auch anfangen, die Stimmen herauszufordern und zu versuchen, die Machtverteilung zwischen dem Klienten und den Stimmen zu verändern. Eine Möglichkeit wäre, systematischer mit den Stimmen umzugehen. Eine andere Möglichkeit wäre, die Gründe dafür zu erforschen, warum den Stimmen so viel Macht zugesprochen wird (siehe auch den Abschnitt »Das Leben neu schreiben« in Kapitel 11). Separates und direktes Ansprechen der einzelnen Stimmen durch den Berater kann außerdem die Beziehung zu ihnen verändern. In der Tat haben alle Interventionen aus Kapitel 11 dieses Ziel.

Psychologen in Großbritannien wie auch insbesondere in Australien haben eine Reihe von Studien durchgeführt und spezielle Techniken auf diesem Gebiet entwickelt. HADDOCK und SLADE (1996) sind Herausgeber des Buches »Cognitive Behavioural Interventions with Psychotic Disorders« (Kognitive Verhaltensinterventionen bei psychotischen Störungen), das einen guten Überblick über kognitive Verhaltensinterventionen gibt, die in Großbritannien entwickelt wurden. Die meisten dieser Techniken werden in Kapitel 11 ausführlich beschrieben. Dazu gehören:

- Entkatastrophisierung oder Normalisierung (KINGDON/TURKINGTON),
- Fokussieren (BENTALL/HADDOCK),
- Überzeugungen beeinflussen (CHADWICK/BIRCHWOOD),
- Verbesserung der Bewältigungsstrategien (TARRIER/YSUPOFF),
- Das Leben neu schreiben (WHITE),
- Sozialpsychiatrische Interventionen (ROMME/ESCHER),
- Separates Sprechen mit den verschiedenen Stimmen (CORSTENS).

Während dieser Phase, abgesehen von individueller Beratung und Begleitung, profitieren Stimmenhörer ganz besonders davon, Diskussionsgruppen oder Selbsthilfegruppen beizutreten, die dazu beitragen können, die Stimmen zu akzeptieren (siehe Kapitel 15).

Stabilisierungsphase

In der Stabilisierungsphase wird eine ausgeglichenere Beziehung zu den Stimmen aufgebaut. Die Hörer können wählen, ob sie mit den Stimmen übereinstimmen oder ob sie ihren eigenen Ideen und Gedanken folgen. Um ihre Stabilität zu festigen, müssen die Betroffenen ihren Identitätssinn weiter entwickeln und stärken.

Es ist auch wichtig in dieser Phase, das Konstrukt zu diskutieren. Der Hörer sollte nicht das Gefühl haben, dass ihm das Konstrukt aufgedrängt wird. Stimmenhören ist ein Abwehrmechanismus gegen Probleme, die zu schwer sind, um mit ihnen umzugehen (wie die Anerkennung einer sexuellen Identität außerhalb der Norm oder auch sich schuldig zu fühlen wegen eines traumatischen Ereignisses). Die Informationen im Rahmen der Konstrukterstellung zu präsentieren, erfordert deshalb große Vorsicht und Feingefühl. Wo ein Trauma involviert ist, ist es gut, zunächst einmal offensichtliche Gefühle anzugehen, bevor die Verbindung zwischen Trauma und Stimmen hergestellt wird. Um mit einem Konstrukt umzugehen, wie es in Kapitel 7 gezeigt wird, braucht es ein Verständnis für Emotionen und deren Einfluss auf Gedanken und Verhalten. Es handelt sich um eine psychologische Interpretation, die nicht für jeden angemessen sein mag. Außerdem braucht es Übung und Ausbildung, um das Konstrukt in der Beratung anzuwenden. Es kann gut sein, dass der Stimmenhörer ein eigenes Konstrukt hat, das besser zu der Situation passt. Wir werden das im Kapitel 13, »Die Theorie des Stimmenhörers nutzen«, weiter diskutieren.

Das Wichtigste für die Person in dieser Phase ist die Rückgewinnung des eigenen Lebens, indem die soziale Entmächtigung der Menschen gesehen und ihnen geholfen wird, wieder ein gutes soziales Netzwerk aufzubauen und größere Unabhängigkeit zu erreichen. Erfolg kann nur erreicht werden, wenn es eine wirkliche Veränderung im Leben der Menschen gibt und sie soziale Anerkennung finden (COLEMAN 1996).

In den Kapiteln 10, 11 und 12 werden wir alle Interventionen für jede Phase näher erläutern. In Kapitel 10 finden Sie Interventionen für die Phase des Erschreckens, in Kapitel 11 Interventionen für die Organisationsphase und in Kapitel 12 Interventionen für die Stabilisierungsphase.

9 Gesundheitsaufklärung, Medikamente und Unterstützung

Dieses Kapitel greift einige Schlüsselinterventionen der Psychiatrie auf, die auch für Menschen, die Stimmen hören, von Bedeutung sind. Informationen zur gesundheitlichen Aufklärung, Medikamente und Unterstützung sind für alle drei Phasen, die im vorigen Kapitel diskutiert wurden, relevant.

Gesundheitsaufklärung

Während der Phase des Erschreckens haben Stimmenhörer gewöhnlich große Angst, und die gesundheitliche Aufklärung sollte die Intensität der Angst mit in Betracht ziehen. Es ist sehr schwer für Menschen, jenseits ihrer eigenen Angst zu blicken. Die Angst ist aber ein schlechter Meister, und professionell Tätige müssen sich von Beginn an bewusst sein, dass jede Intervention Konsequenzen mit sich bringt und jede vertretene Sicht Handlungen und deren Ergebnisse beeinflussen wird.

Wir betonen in diesem Buch, dass Stimmenhören eine individuelle Erfahrung ist, die einer individuellen Reaktion bedarf. Nur die Hörer selbst können entscheiden, was ihnen hilft und was nicht. Bewältigung ist ein Lernprozess, und es gibt viele verschiedene Vorstellungen und Meinungen darüber. Bessere gesundheitliche Aufklärung ist absolut notwendig – diese sollte informativ und sachlich korrekt sein, sie sollte positiv sowie ermutigend in Bezug auf die Bewältigungsstrategien sein (siehe auch den Abschnitt »Normalisierung« in Kapitel 11). Es ist zum Beispiel wichtig, den Klienten zu erklären, dass etwa vier Prozent der normalen Bevölkerung Stimmen hören und dass es eine besondere, aber nicht außergewöhnliche Erfahrung ist. Weitere relevante Fakten sind: Nur ein Drittel der Stimmenhörer hat Beschwerden, die zu einer psychiatrischen Diagnose führen; zwei von drei Stimmenhörern haben ihre Stimmen gut im Griff und finden die Erfahrung hauptsächlich positiv, da sie die Stimmen als Ratgeberquelle nutzen, indem sie ihnen mit einem kritischen Ohr zuhören und sich mit ihnen auseinandersetzen.

Für Stimmenhörer, die die Stimmen nicht im Griff haben, sind die Auswirkungen auf das eigene Leben sehr unangenehm und im Allgemeinen negativ, da sich die Erfahrung auf das Familien- und Freizeitleben, auf die Gedankenprozesse und auf die Handlungsfreiheit auswirkt. Dies liegt gewöhnlich daran, dass die Stimmen eine Reaktion auf frustrierte Ambitionen, auf ein schwerwiegendes Trauma oder auf andere Situationen sind, die dem Hörer das Gefühl gaben, machtlos zu sein. Die Stimmen werden so lange anhalten, wie dieses Problem besteht, oder so lange, wie es keine Einstellungsänderung gegenüber dem Problem gibt. Je mehr der Hörer sie zu bekämpfen versucht, desto belästigender sind die Stimmen. Schließlich ist es diese Schlacht, die im Mittelpunkt steht, und die Nachricht, die in den Stimmen versteckt ist, geht verloren. Menschen, die mit ihren Stimmen umgehen können, haben im Regelfall ihre eigene, individuelle Reaktion entwickelt. Sie haben gelernt, ihre Erfahrung als zu sich gehörend zu sehen und eine Selbstentdeckungsreise zu beginnen (REEVES 1997) (siehe auch Kapitel 15).

Zu den Hilfsmitteln zur Bewältigung gehören die adäquate Nutzung von Medikamenten, sich viel mit anderen auszutauschen, die das gleiche Erleben teilen, sowie darüber zu schreiben, damit die Erfahrung vertrauter wird und die Angst sich vermindert. Stimmenhörer müssen wissen, dass die Stimmen keine körperliche Dimension haben und dass sie niemanden verletzen oder umbringen können. Sie haben nur so viel Macht, wie der Stimmenhörer ihren Worten zuschreibt.

Medikamente

Stimmenhören an sich ist kein Grund, Medikamente zu nehmen. Dies wird erst notwendig, wenn das Verhalten und die emotionale Reaktion einer Person auf die Stimmen es erfordern. Stimmenhören kann viele verschiedene Auswirkungen haben. Es kann zu schlechter Konzentration, Angst, sozialer Isolation, Depressionen, unklarem Denken, Verlust des Affektes (Emotionen), niedrigem Selbstwertgefühl, Verhaltensproblemen, Verlust des Zeitgefühls, angsteinflößenden visuellen Halluzinationen, Sich-klein-Fühlen oder einem Gefühl der Machtlosigkeit führen. Umgekehrt kann es auch sein, dass die Betroffenen aufgeblasene Vorstellungen, kosmische Erfahrungen und Gefühle der Überlegenheit (Grandiosität) oder des Triumphes bekommen. Die Verhaltens- und Erfahrungsmuster werden darüber entscheiden, ob eine Medikation (Antidepressiva sowie Anxiolytika oder Neuroleptika) hilfreich oder notwendig sein könnte.

Jemand, der übermäßig erregt ist, in einem verwirrten Zustand, ruhelos oder der immer wieder versucht, wegzulaufen, muss vielleicht Neuroleptika nehmen. Ängste und damit verbundene körperliche Symptome können oft durch Anxiolytika gemildert werden, während bei Gefühlen von geringer Selbstachtung und von Schuld Antidepressiva helfen können. Wenn jedoch dissoziative Symptome den größten Teil des Bildes ausmachen, dann sind Medikamente nicht sehr hilfreich. Und wenn zwanghafte Verhaltenszüge das Bild dominieren, machen Neuroleptika die Sache nur noch schlimmer.

Berater und Klient müssen sich zusammen darüber einigen, was hilft, ohne voreingenommene Vorstellungen auf beiden Seiten. Die Vor- und Nachteile und in der Folge die Ergebnisse müssen abgewogen werden. Letztlich ist es wichtig, dass dem Hörer geholfen wird. Die Selbsthilfegruppe »Power to our Journeys« (siehe Kapitel 15) bietet in diesem Zusammenhang ausgezeichneten Rat:

»Wir haben alle eine Vielzahl an Erfahrungen mit Medikamenten gemacht, manche sind befriedigend, manche sind es nicht. Für uns alle ist klar, dass unsere Erfahrung mit Medikamenten befriedigender wird, wenn wir sie als unser Werkzeug betrachten und nicht als Ziel an sich. Medikamente sind für uns Werkzeuge, die uns einen Raum eröffnen, um mit anderen an der Offenlegung der belastenden Stimmen und Visionen zu arbeiten, an unseren Freundschaften sowie an der Würdigung unserer Lebenserfahrung. In diesem Raum können wir unsere Köpfe zusammentun. Auf diese Weise können Medikamente für uns Möglichkeiten zum Handeln eröffnen, um uns von Herrschaft zu befreien. Es ist jedoch von entscheidender Bedeutung, dass wir Medikamenten nicht erlauben, uns zu unterdrücken. Wir nutzen Medikamente; wir werden uns nicht von ihnen manipulieren lassen.«

Unterstützung

Es ist viel über Stress und Belastung und die Frage sozialer Unterstützung geschrieben worden. Es ist eine Binsenwahrheit, dass Stimmenhören an sich Belastung verursacht, was wiederum die Bedeutsamkeit von sozialer Unterstützung erklärt. Das Konzept der Expressed Emotion (EE-Konzept) wird zur Erfassung der emotionalen Atmosphäre innerhalb von Familien benutzt. Wir wissen seit langer Zeit (Vaughn/Leff 1976) und es ist oft bestätigt worden, dass ein hoher EE-Score (High Expressed Emotions) bei Menschen, die mit Schizophrenie diagnostiziert wurden, zu einer psychotischen Dekompensation führen kann. Dabei handelt es sich um das Gegenteil von Unterstützung, es bedeutet, dass der Patient ständiger Kritik durch seine Bezugspersonen ausgesetzt ist. Studien, in denen Familien mit stark ausgeprägter Kritik verglichen wurden mit Familien, in denen Kritik nicht ausgeprägt war, erbrachten wichtige Ergebnisse. Patienten aus weniger kritischen Elternhäusern brauchten weniger Medikamente und wurden seltener psychotisch als Patienten aus Familien, in denen sehr viel Kritik ausgedrückt wurde. Expressed Emotion kann in Wohnbereichen psychiatrischer Krankenhäuser genau die gleiche Rolle spielen.

Wenn Unterstützung angeboten wird, kann dies zwei ganz verschiedene Formen annehmen. Eine Form ist, dass man Menschen vor Problemen schützt; oder anders ausgedrückt, dass man sie innerhalb der Grenzen ihrer Krankheit leben lässt. Die zweite Form ist, die zugrunde liegenden Probleme zu überprüfen und eine Veränderung in der Einstellung des Stimmenhörers gegenüber den Problemen zu fördern. Dies kann man auch weiterentwickeln, indem man Hörern hilft, ihre soziale Position zu verbessern, und indem man sie zu größerer Unabhängigkeit und sozialer Wiedereingliederung ermutigt (siehe Kapitel 12). Die erste Methode minimiert das Potenzial, die zweite ist ermächtigend und versucht, die Möglichkeiten im Leben zu erweitern. Es steht einem frei, für welche Form man sich entscheidet. Wie Thomas Bock (1997) sagt:

»Unter Nutzung des pathologischen Modells ist Stimmenhören eine schwerwiegende psychiatrische Störung, die in erster Linie somatisch erklärt und pharmakologisch behandelt wird. Umwelteinflüsse werden nicht verneint, werden aber als weniger wichtig betrachtet. Im anthropologischen Modell ist Stimmenhören gewöhnlich ein Produkt normaler menschlicher Probleme und ein besonderer Ausdruck, den wir alle potenziell erleben können, zudem die Folge einer spezifischen Sensibilität und Vulnerabilität für einen sozial-emotionalen Konflikt. Stimmenhören ist zugleich ein Angriff auf die persönliche Identität als auch ein Versuch, sie intakt zu halten. Aufgrund dessen liegt die Lösung auch nicht in der Unterdrückung des Konfliktes, sondern in der Akzeptanz. Das Ziel der Behandlung muss deshalb die Wiedereingliederung aller dissoziierten Aspekte der Persönlichkeit sein. Die somatischen Auswirkungen sind nicht so sehr eine Ursache wie eine Konsequenz des Problems, das Resultat unserer neurologischen Anpassungsfähigkeit in einer Krise (CIOMPI 1987). Der Therapeut unterstützt den Patienten in der Entwirrung der Situation, der Entzifferung der Botschaft und im Finden eines neuen Weges. Sowohl Patient als auch Therapeut müssen sich daran erinnern, dass es normal ist, verschieden zu sein, dass wir nicht alle auf die gleiche Art und Weise auf Situationen reagieren und dass ein Verstehen des Kontextes wesentlich für ein Verständnis des Verhaltens und die Schaffung von Unterstützung ist.«

10 Interventionen in der Phase des Erschreckens (kurzfristige Interventionen)

Wir unterscheiden zwischen kurzfristigen, mittelfristigen und langfristigen Techniken. Jede Art ist besonders relevant (obwohl nicht ausschließlich) für eine der drei oben ausgeführten Phasen, die Stimmenhörer durchmachen.

Die Phase des Erschreckens bedarf Interventionen, die auf die Ausweitung der Kontrolle über die Stimmen zielen, indem neue Verhaltensweisen mit dem Stimmenhörer vereinbart werden. Diese Interventionen können auch kurzfristige Interventionen genannt werden, da sie von Anfang an ausgeübt werden können, auch wenn die Stimmen noch belastend sind.

Die Organisationsphase bedarf Interventionen, die bestimmte Interaktionen zwischen dem Hörer und den Stimmen angehen (wie Auslöser, unterschwelliges Überzeugungssystem etc.). Sie sollen die Beziehung zwischen dem Stimmenhörer und den Stimmen ändern. Sie können auch mittelfristige Interventionen genannt werden, da sie gebraucht werden, sobald die Person einen Teil der Angst vor den Stimmen überwunden hat und etwas Kontrolle aufgebaut hat.

Die Stabilisierungsphase bedarf Interventionen, die die Rückgewinnung des Lebens fördern. In dieser Phase geht es darum, Wege der Bewältigung des täglichen Lebens zu finden, mit oder ohne Stimmen. Dies ist leichter möglich, wenn unterschwellige Probleme bearbeitet und akzeptiert sind. Es kann nicht stattfinden, solange die Hörer nicht etwas Kontrolle über die Stimmen haben. Diese Techniken können auch langfristige Interventionen genannt werden, da sie auf lange Sicht gebraucht werden.

Es sind vor allem die Stimmenhörer aus unseren Fallstudien, durch die wir auf die hier beschriebenen kurzfristigen Techniken aufmerksam geworden sind, da sie sie erfolgreich anwandten.

Wir beschreiben im Folgenden in aller Kürze zehn Techniken, die, wenn sie systematisch und mit Ausdauer ausgeführt werden, helfen sollten, die Kontrolle über die Stimmen zu erhöhen:

- den Stimmen antworten;

- eine bestimmte Zeit und Dauer für die Stimmen bestimmen;
- die Stimmen für eine gewisse Zeitspanne abweisen;
- aufschreiben, was die Stimmen sagen und wollen;
- prüfen, ob das, was die Stimmen sagen, auch wahr ist;
- Grenzen setzen;
- Anordnungen verschieben;
- verschiedene Anordnungen ersetzen und lernen, Ärger und Wut auszudrücken;
- die Stimmen erwarten;
- mit jemandem über die Stimmen sprechen.

In diesem Kapitel berichten wir außerdem über eine klinische Studie, die im Ergebnis ein klinisches Protokoll erzeugte.

Den Stimmen antworten: Dies bedeutet einfach, eine kurze Antwort zu geben, wie: »Ja, du hast recht« oder: »Nein, da liegst du falsch«, und ist dann geeignet, wenn die Stimmen entweder widerspiegeln, was der Hörer gerade macht, oder wenn sie das Verhalten kommentieren. Eine Hörerin steht zum Beispiel an der Haustür und will nach draußen gehen. In dem Moment sagt die Stimme: »Mareike geht nach draußen.« Mareike sollte dann einfach nur darauf antworten: »Ja, ich gehe nach draußen.« Es ist wahrscheinlich, dass sie insgeheim fühlt, dass die Aussage der Stimme eine Kritik darstellt, die sie normalerweise veranlassen würde, ihre Entscheidung in Frage zu stellen: »Soll ich nach draußen gehen oder gibt es etwas Nützlicheres, was ich tun kann?« Stimmen nutzen Selbstzweifel oft aus. Ein bestimmtes »Ja« zeigt der Stimme Mareikes Meinung und beendet ihre eigene Ungewissheit über die Entscheidung.

Dies ist die einfachste Technik. Es geht nicht darum, mit der Stimme zu diskutieren, sondern darum, ehrlich zu antworten, ohne Probleme zu verursachen. Die Stimme könnte recht haben, in diesem Fall ist die Antwort »Ja«. Die Stimme könnte aber auch falschliegen, in diesem Fall ist die Antwort »Nein«. Dies ist auch effektiv, wenn es um Kritik oder Andeutungen geht. Der Hörer sollte bei »den Fakten« bleiben, das heißt bei dem eigentlich Gesagten, nicht bei dem, was verdeckt angedeutet wird. Hörer sollten sich nicht darauf versteifen, was sie denken, was die Stimme gemeint oder gesagt haben könnte. Es ist auch wichtig, nicht in eine

Diskussion abzugleiten. In dieser Technik geht es darum, die eigene Position zu bestimmen, und zu lernen, für die eigenen Entscheidungen in einer einfachen und direkten Weise einzustehen.

Eine bestimmte Zeit und Dauer für die Stimmen bestimmen: Dies braucht Disziplin und funktioniert besser, wenn die Hörer bereits weniger Angst vor ihren Stimmen haben. Es ist ideal anzuwenden, wenn Stimmen Aktivitäten unterbrechen. Es geht darum, mehr Zeit für das normale Leben zu haben, Sachen tun zu können, ohne von den Stimmen gestört zu werden. Der Hörer trifft eine Verabredung mit den Stimmen, um ihnen für eine bestimmte Zeit zuzuhören, 5 bis 30 Minuten zum Beispiel zu einer bestimmten Tageszeit, die dem Stimmenhörer passt. Man trifft diese Verabredung am besten für später am Tag oder für den Beginn des Abends. Es geht vor allem darum, dass es nach den täglichen Aktivitäten oder in einer normalen Pause zwischen den täglichen Aktivitäten stattfindet. Zu allen anderen Zeiten sollte der Hörer die Stimmen zurückweisen und sagen: »Nein, nicht jetzt, später, zu der und der Zeit.« Es ist eine gute Idee, die Verabredungen systematisch zu treffen, für die gleiche Zeit und Dauer jeden Tag – und für eine Mindestzeit von fünf Minuten und eine maximale Zeit von einer Stunde.

Eine Bedingung für den Erfolg ist, insbesondere am Anfang, einen Tagesplan mit Aktivitäten zu haben. Ein festes Muster erleichtert es den Hörern, die Stimmen auf ihre zugeordnete Zeit zu verweisen, und mit dem weiterzumachen, was sie gerade tun. Dabei kommen alle möglichen Aktivitäten in Frage, wie Vorbereiten einer Mahlzeit, Lesen der Zeitung, Musikhören, Spazierengehen, Fahrradfahren u. a., ebenso wie bei der Arbeit zu sein. Der Schlüssel ist, sich auf die Aktivitäten zu konzentrieren und klarzustellen, dass die Stimmen gezwungen sind, ihre Kommentare über die Aktivitäten nur zur vorbestimmten Zeit zu äußern. Hörer müssen dafür leider ihre Neugier unterdrücken. Sie müssen in der Durchsetzung der Vereinbarung beständig sein. Sobald dies geregelt ist, kann es sein, dass die Stimmen sich hin und wieder aufspielen, aber die Hörer müssen sich dann einfach an das Vereinbarte halten.

Jegliche Vereinbarung wird von den folgenden Faktoren abhängen:
- eine bestimmte Zeit und Dauer zur Verfügung haben;

- den Stimmen echte Aufmerksamkeit während »ihrer« Zeit geben;
- sich an die Vereinbarung halten, auch wenn es am Anfang noch nicht funktioniert;
- ein vernünftiges Gleichgewicht schaffen zwischen geschenkter Aufmerksamkeit und Ignorieren der Stimmen;
- vermeiden, mit den Stimmen außerhalb der vorbestimmten Zeiten zu tun zu haben;
- die Vereinbarung aufschreiben, und, falls notwendig, sie laut vorlesen.

Die Stimmen für eine bestimmte Zeit abweisen: Wenn die Stimmen ständig da sind, wird die obige Technik nicht funktionieren. Es kann jedoch möglich sein, die Stimmen für eine halbe Stunde wegzuschicken, während der Hörer sich in irgendeine Beschäftigung vertieft. Am Ende der vereinbarten Zeit muss den Stimmen erlaubt werden, zurückzukehren.

Es gibt eine Variation, wenn eine Stimme nicht sehr häufig, aber zu sehr ungünstigen Momenten kommt. Der Stimmenhörer kann sich dann kurz entschuldigen, zum Beispiel, weil er zur Toilette gehen muss, um mit den Stimmen dort für zwei Minuten zu reden oder ihnen zuzuhören. Danach kehrt der Hörer zu seiner Tätigkeit zurück.

Aufschreiben, was die Stimmen sagen und wollen: Manche Menschen sind so eingeschüchtert, dass sie den Stimmen nicht richtig zuhören können. Stimmenhörer können sich helfen, indem sie aufschreiben, was die Stimmen sagen, und dann hinterher darüber entscheiden, was sie tun wollen. Wenn die Stimmen etwas Nützliches gesagt haben, können die Hörer das Blatt Papier behalten. Wenn der empfangene Rat schlecht ist, können Hörer das Papier entweder zur Seite legen, es wegwerfen oder es sogar verschicken an unbekannt. Selbst wenn die Stimmen scheinbar Unsinn erzählen, lohnt es sich, es aufzuschreiben. Es kann mit zur Therapiegruppe oder Selbsthilfegruppe genommen werden oder zu jedem anderen, mit dem der Hörer über solche Dinge sprechen kann.

Prüfen, ob das, was die Stimmen sagen, auch wahr ist: Eine weitere ähnliche Technik regt die Formulierung der eigenen Meinung an und wirkt den Stimmen entgegen, indem sie prüft, ob es wahr ist oder nicht, was die Stimmen sagen. Hier sind zwei Beispiele:

Eine Stimme sagt: »Du lügst.« Es gibt mehr als eine Weise, darauf zu reagieren. Man kann verärgert sein oder sich schämen, aber man kann auch sagen: »Du hast recht, aber ich habe einen guten Grund« oder: »Du liegst falsch. Was du sagst, entspricht einfach nicht der Wahrheit, denn ich habe gar nichts gesagt.«

In einem zweiten Beispiel sitzt eine Hörerin allein in einem Innenhof ohne Fenster. Sie hört eine Stimme, die sagt: »Guck dir an, in welchem schlimmen Zustand die Frau ist«. Die Frau hat zwei Möglichkeiten. Sie kann entweder überwältigt von Selbstzweifeln über ihr Aussehen sein oder sie kann reagieren, indem sie sagt: »Du kannst mich ja noch nicht einmal sehen, denn es ist niemand hier. Also ist, was du sagst, Unsinn.« Für alle, die sich unsicher fühlen mit dem, was sie machen, wie sie aussehen oder was sie sagen wollen, ist dies eine ausgezeichnete Technik. Es ist eine Technik, die wir alle im täglichen Leben anwenden, wenn wir uns im Spiegel angucken. Wenn eine Stimme sich kritisch über das Aussehen eines Hörers äußert, braucht er sich nur für eine Minute vor den Spiegel zu stellen, um dies zu überprüfen. Der Hörer kann sich dann entscheiden, ob er irgendwelche Veränderungen vornehmen will, je nachdem, ob er mit der Stimme übereinstimmt oder nicht. Überprüft er das Aussehen nicht, wenn dies passiert, dann macht es ihn im Allgemeinen noch unsicherer, und die Beziehung zu der Stimme bleibt die gleiche. Die Überprüfung baut ein Gefühl der Sicherheit auf. Es ermutigt dazu, Entscheidungen zu treffen, und zwingt sowohl den Hörer als auch die Stimmen dazu, der Realität in der jeweiligen Situation mehr Aufmerksamkeit zu schenken.

Grenzen setzen: Dies ist etwas schwieriger umzusetzen. Sobald die Stimmen etwas sagen, was von jeder anderen Person inakzeptabel wäre, muss der Hörer sie sofort wegschicken. Es ist wichtig, dies nicht hinauszuzögern. Auf diese Weise können die Stimmen nur unter den Bedingungen des Hörers bleiben. Dies entspricht den Regeln in normalen Beziehungen, auf dieselbe Weise angewandt, wie man kleine Kinder erzieht, indem man schlechtem Verhalten gegenüber Grenzen setzt. Menschen, die dazu neigen, sich zu viel gefallen zu lassen, sowohl von ihren Stimmen als auch von anderen Menschen, sollten hiervon profitieren.

Anordnungen verschieben: Wenn Stimmen sehr beharrlich oder ungeduldig sind, und Hörer sich gezwungen fühlen, darauf zu reagieren oder sofort zu tun, was die Stimmen wollen, dann ist es eine gute Idee, einen Weg zu finden, wie dieser Druck reduziert werden kann und Emotionen, die durch die Stimmen hervorgebracht werden, herausgelassen werden können. Viele Emotionen halten sowieso nicht lange an, gewöhnlich nicht länger als eine halbe bis eine Stunde. Es lohnt sich deshalb, das einmal mit einer Uhr zu messen. Das Ziel dieser Technik ist, zu lernen, zunächst einmal abzuwarten und zu gucken, was passiert, wenn die Hörer gar nichts machen. Sie sollten nicht gegen die Stimmen vorgehen, aber auch nicht deren Wünschen nachkommen. In dieser Rolle des interessierten Beobachters werden Hörer herausfinden, dass es am Ende die Stimmen sind, die sich ärgern. Je länger Hörer warten können, wenn die Stimmen Anordnungen geben, desto besser. Sie sollten damit anfangen, dass sie eine Minute abwarten, bevor sie tun, was die Stimmen wollen, um zu schauen, was dann passiert. Wenn nichts passiert, kann das nächste Mal das Zeitintervall erhöht werden.

Verschiedene Anordnungen ersetzen und lernen, Ärger und Wut auszudrücken: Dies ist mehr oder wenig das Gleiche wie das Verschieben von Anordnungen, aber ist besonders nützlich, wenn Anordnungen sehr bedrohend oder aufwühlend sind und den Menschen dazu aufrufen, jemanden zu verletzen oder umzubringen. Dies hat viel mit der Unfähigkeit des Hörers zu tun, Ärger auszudrücken. Die Stimme drückt es im Prinzip für ihn aus, aber mit einer viel größeren Intensität.

Die Psychologie lehrt uns, dass sich unser Ärger nur noch steigert und wie ein Bumerang auf uns zurückkommt, wenn wir ihn nicht ausdrücken können. Wege und Möglichkeiten zu finden, seinen Ärger auszudrücken, ist deshalb absolut notwendig. Für Menschen, die dies nicht können, kann es einen Mittelweg geben, der niemandem wehtut. Ein Kissen oder einen Punchingball hart schlagen, Schlagzeug spielen oder einen Sport wählen, der völlig ermüdend ist – dies sind alles Möglichkeiten. Jeder muss für sich herausfinden, was am besten zu ihm passt.

Später wird es auch darum gehen, darüber nachzudenken, warum der Hörer so verärgert ist. Es kann besprochen werden, worauf der Ärger ausgerichtet sein sollte, dann eingestanden werden, dass man ein Problem mit Wut und Ärger hat, und schließlich kann herausgefunden werden, worum es bei dem ganzen Ärger eigentlich geht. Der letzte Teil ist der schwierigste von allen. Es braucht oft ein Zwischenstadium, in dem auf Punchingbälle u. a. eingeschlagen wird.

Hörer, die diese Technik anwenden wollen, sollten die folgenden Schritte unternehmen:

- genau zuhören, was die Stimmen sagen;
- einige Minuten abwarten, um sicherzugehen, dass man die Stimme richtig verstanden hat;
- aufschreiben, was die Stimmen sagen;
- darüber nachdenken und zehn Alternativen aufschreiben, wie der Ärger ausgedrückt werden könnte.

Stimmen erwarten: Hier wird eine Lösung für Situationen gefunden, bevor sie überhaupt auftreten. Janet zum Beispiel geht mit ihrem Freund zu einer Party. Um Mitternacht sagen ihr die Stimmen, dass sie nach Hause gehen soll. Das verursacht einen Streit mit dem Freund, der gern ein wenig länger bleiben möchte. Wenn Janet aber bleibt, dann werden die Stimmen in ihrem Kopf extra laut. Janet hat gelernt, dies vorherzusehen und im Vorhinein eine Vereinbarung mit den Stimmen darüber zu treffen, wann sie nach Hause geht. Wenn sie dann zur vereinbarten Zeit geht, wird sie nicht von den Stimmen belästigt und gerät nicht in einen Streit mit ihrem Freund. Situationen erfolgreich zu erwarten bedeutet, sich potenzieller Auslöser bewusst zu werden und eine Lösung dafür zu finden.

Mit jemandem über die Stimmen sprechen: Wenn Hörer mit jemandem über die Stimmen sprechen, können sie die Gefühle von Angst und Scham überwinden. Das funktioniert am besten, wenn die andere Person auch ein Stimmenhörer ist. Ein starkes Erkennungsgefühl und Gefühl der Erleichterung ist das Resultat, wenn man entdeckt, dass andere Menschen das gleiche Problem haben. Es kann Betroffenen auch mehr Einsicht in ihre Stimmen geben und wie sie auf sie reagieren, was wiederum eine tiefgreifende Auswirkung auf ihre Beziehung mit den Stimmen haben kann (siehe dazu auch Kapitel 15).

Klinische Praxis

Jack JENNER (1991, 1996, 1997) vom Lehrkrankenhaus in Groningen, Niederlande, ist verantwortlich für die Entwicklung einer neuen Ambulanz für Stimmenhörer, in der kurzfristige und mittelfristige Techniken genutzt werden. Er legt besonderen Wert auf angstreduzierende Techniken, die in einer Praxis eingebettet sind, die dem Ansatz »Stimmen akzeptieren« (ROMME/ESCHER 1993) folgt. Angstreduzierung ist ein wichtiger Bereich, der sich erfolgreich bei Evaluationen gezeigt hat (WILLIGE u. a. 1996). Jenners Ambulanz folgt den folgenden Behandlungsprinzipien:
Eine positive Einstellung: Das bedeutet, dass man die Stimmen der Menschen als real anerkennt. Dies kann man zeigen, indem man Klienten erlaubt, völlig frei über die Erfahrung in ihrer eigenen Sprache zu reden, sei es als eine »akustische Halluzination« (wenn der Klient es als Symptom einer Krankheit versteht) oder als eine »übernatürliche Erfahrung« (wenn der Klient glaubt, dass die Stimmen von jemandem kommen, der gestorben ist) o. a.
Zwei Realitäten akzeptieren: Sowohl der Klient als auch der professionell Tätige müssen akzeptieren, dass ihre Versionen der Realität unterschiedlich sein können – und dass jeder die Version des anderen anerkennen muss. Das erfüllt zwei Zwecke. Es bedeutet, dass die Erklärungen des Klienten ganz erforscht werden können, und es verhindert, dass entweder die Professionellen oder die Familie des Klienten zu viel Verantwortung auf sich laden. Wenn ein Hörer zum Beispiel draußen eine Person hört und ihren Partner bittet, nachzusehen, dann sollte der Partner das nur tun, wenn der Hörer auch mitkommt. Wenn es noch einmal passiert, sollte der Partner den Stimmenhörer allein nachschauen lassen. Sonst würde die Angst des Hörers über die angenommenen Gefahren sich nur erhöhen.
Registrieren: Dies bedarf der aktiven Beteiligung des Klienten. Er soll sofort registrieren, wenn die Stimmen aktiv sind, und ihre Häufigkeit, den Inhalt und Kontext jedes Mal beschreiben. Sollten die Stimmen ununterbrochen da sein, sollten Hörer dreimal am Tag eine Minute lang registrieren, was passiert.

Das Positive hervorheben: Wenn die Stimmen besprochen werden, dann heben Berater genauso wie auch die Stimmenhörer die positivste Interpretation des Verhaltens und der Emotionen des Klienten in allen Situationen hervor. Das heißt, anstatt zu sagen: »Ich bin schlecht«, sagt der Hörer: »Ich selbst habe keine bösen Absichten.« Das Ziel ist, den Klienten dahin zu führen, dass er sich seiner guten Qualitäten bewusst wird.

Motivation: Hier geht es darum, Stimmenhörer zu motivieren, ihre eigenen Ziele zu formulieren. Berater sollten Klienten immer erlauben, ihr eigenes Tempo zu bestimmen. Das garantiert ihre Freiheit und ihre Sicherheit. Es ist kontraproduktiv für Betroffene, wenn sie zu viel auf einmal auf sich nehmen.

Modelllernen: Angst kann dadurch vermindert werden, dass man jemanden mit Situationen und Emotionen konfrontiert, die für gewöhnlich Angst provozieren. Diese Technik wird ausführlich in der verhaltenstherapeutischen Literatur beschrieben.

Familien mit einbeziehen: Das erhöht das Verständnis und die Unterstützung durch Familie und Freunde. Es kann sein, dass sie eine schwere Last tragen; sie brauchen so viel Information und Hilfe wie möglich.

11 Interventionen in der Organisationsphase (mittelfristige Interventionen)

Die Interventionen in der Organisationsphase (mittelfristige Interventionen), die in diesem Kapitel beschrieben werden, haben verschiedene Ziele. »Normalisieren« bezieht sich auf die Einstellung den Stimmen gegenüber und ist eine bestimmte Form der Gesundheitsaufklärung durch Vermittlung von gezielten und positiven Informationen. »Fokussieren« zielt auf die Beziehung zwischen dem Inhalt der Stimmen und den Gedanken des Hörers. »Überzeugungen beeinflussen« richtet sich auf den Bezug zwischen dem Verhalten einer Person und den Erklärungen, die sie für ihre Stimmen hat. »Verbesserung der Bewältigungsstrategien« zielt auf die Mechanismen, die eine Person im Hinblick auf ihre Stimmen anwendet. Diese Techniken werden auch kognitive Verhaltensinterventionen genannt, da sie sich in erster Linie auf die »Denkweise« der Person über die Stimmen beziehen. Sie beeinflussen den Prozess zwischen dem Stimmenhören und der darauf folgenden Reaktion. Diese Interventionen sind detailliert in dem Buch von Haddock/Slade (1996) »Cognitive Behavioural Interventions with Psychotic Disorders« aufgeführt, aus dem wir ausführlich in diesem Kapitel zitieren werden.

»Das Leben neu schreiben« zielt nicht nur auf die individuelle psychologische Reaktion, sondern im weiteren Sinne auf eine Neustrukturierung der Beziehungen, die die Person mit anderen hat, um sie zu befähigen, erneut Kontrolle über ihr Leben zu gewinnen. Man könnte es ein sozialpsychologisches Interventionssystem nennen, da es sich auf die Interaktionen zwischen Menschen bezieht, für welche die Stimmen eine Metapher sind. »Stimmenhörer ermächtigen« zielt auf die Lösung der Probleme, die der Stimmenhörerfahrung zugrunde liegen, oder darauf, einen besseren Weg zu finden, mit diesen Problemen zu leben. Man kann dies auch ein »sozialpsychiatrisches Interventionssystem« nennen.

Normalisierung

Diese Technik (Kingdon/Turkington 1994, 1996) informiert Stimmenhörer über Umstände, in denen Stimmenhören nicht als Krankheit betrachet wird. Dies ist insbesondere für Menschen hilfreich, die ihre Stimmen als katastrophisch wahrnehmen (die Technik wird auch Entkatastrophisierung genannt).

Kingdon und Turkington sind Psychiater, die ihre Erfahrung mit 64 schizophrenen Patienten beschreiben. Sie veranschaulichen ihre Interventionen mit Fallstudien. Aus ihrer Sicht ist ein Grund, warum Stimmenhörer sich als machtlos empfinden und Angst haben, die Tatsache, dass sie sich selbst als verrückt einstufen, dass sie glauben, an einer unheilbaren, schweren psychiatrischen Krankheit zu leiden. Viel zu oft wird diese Sicht von den Menschen um sie herum verstärkt. Kingdon und Turkington entwickelten daher speziell für Stimmenhörer die Normalisierungstechnik. Sie beinhaltet, dem Patienten über verschiedene Situationen zu berichten, in denen Stimmenhören augenscheinlich ein verständliches Reaktionsmuster auf spezielle Erfahrungen ist. Wir zitieren KINGDON/ TURKINGTON (1996, S. 106 f.):

»1. **Schlafmangel**: Es gibt Belege dafür, dass Schlafmangel zu Illusionen, Halluzinationen und paranoiden Vorstellungen führen kann (OSWALD 1974); in einem Beispiel wird berichtet, wie medizinisches Personal, das lange Zeit ohne Schlaf gearbeitet hat, sich sehr seltsam (bizarr) und irrational verhält. Hier trifft auch wieder zu, dass Patienten am besten mit angemessener Literatur unterstützt werden, die ihnen gegeben wird. Da psychotische Patienten zum Zeitpunkt des Symptombeginns oft Schlafmangel hatten, kann dies als ein Teil der Erklärung für das gelten, was passiert. Dies kann zu einer Angstreduzierung führen und einer verbesserten Compliance hinsichtlich Neuroleptika.

2. **Posttraumatische Belastungsstörung**: Da oft sehr bedeutende Lebensereignisse der Entwicklung einer Psychose vorangehen, ist es von Nutzen, die Art der psychologischen Reaktionen anzusprechen, die Menschen in Bezug auf extreme Belastungen haben können. Dem Patienten kann wiederum Literatur gegeben werden, die aufzeigt, dass Halluzinationen unter Veteranen des Vietnamkrieges sehr normal waren (WILCOX et al. 1991). Das kann Patienten erneut helfen, sich weniger befremdet durch ihre Symptome zu fühlen.

3. **Stimulierungsmangel:** Bettruhe in einem verdunkelten Zimmer und der Verschluss in einem Wassertank können zur Entwicklung einfacher und schließlich komplexer Halluzinationen führen. Letztere und intensivere experimentelle Situation ist die bei weitem stärkere in der Herbeiführung von Halluzinose. Patienten sind oft sehr interessiert am Lesen des Materials (SLADE 1984), da sie ihre Langzeitisolation, obwohl viel weniger intensiv, mit solchen kurzzeitigen Situationen des Stimulierungsmangels identifizieren können.

4. **Geiselnahmesituationen:** Diese Arbeit wird durch SIEGEL (1984) beschrieben. Patienten finden es oft sehr hilfreich, dieses Material zu besprechen. Schizophrene Patienten identifizieren sich oft speziell mit den Kommunikationsproblemen und der Isolierung der Geisel.

5. **Einzelhaft:** GRASSIAN (1983) beschreibt das Auftauchen psychotischer Symptome bei Gefangenen, die lange Zeit vom Kontakt mit anderen abgeschnitten wurden. Schizophrene Patienten beschreiben oft ähnliche Zeiten der Isolierung vor ihrem psychotischen Zusammenbruch.

6. **Sexueller Missbrauch:** Neuere Arbeiten haben gezeigt, dass Halluzinationen überraschend häufig sind bei Patienten, die wiederholten oder besonders brutalen sexuellen Missbrauch erlebt haben (ENSINK 1992). Die meisten Patienten werden zu Beginn der Behandlung nicht dazu bereit sein, solche traumatischen Ereignisse mitzuteilen. Wenn sie sie aber schließlich mitteilen, dann kann dies helfen, die Symptomentwicklung zu erklären, indem die mögliche Verbindung zwischen psychotischen Symptomen und einer solchen Behandlung erklärt wird.«

Fokussieren

Der Name dieser Technik stammt von Bentall und Haddock. Sie hat nichts zu tun mit einer vor einigen Jahren durch Gendlin entwickelten Methode mit dem gleichen Namen. Das folgende Zitat stammt von HADDOCK u. a. (1996, S. 49–52):

»Im Kern dieses Ansatzes geht es für Patienten darum, sich auf ihre Stimmen zu konzentrieren. Die Zeit, die bei diesem Ansatz für bestimmte Strategien verwendet wird, variiert von Patient zu Patient und ist abhängig davon, wie wohl sie sich dabei fühlen. Patienten setzten sich allmählich dem Inhalt, der Bedeutung, relevanten Gedanken und Überzeugungen über ihre Stimmen aus. Es wurde ein abgestufter Ansatz geplant, damit eine Desensibilisierung gegenüber der durch die Stimmen verursachten Angst stattfinden konnte. Für einige Stimmenhörer war die mit den Stimmen verbundene Angst größer als für andere, sodass es keinen bestimmten Zeitpunkt gab, um zur nächsten Stufe fortzuschreiten. Die unten aufgezeigten Stufen wurden mit allen Stimmenhörern erarbeitet.

1. **Die körperlichen Eigenschaften der Stimmen**: Dies beinhaltet ein Fokussieren sowie das Diskutieren von körperlichen Eigenschaften der Stimmen, wie: Anzahl der Stimmen, Lautstärke, Tonfall, Akzent, Geschlecht und der Ort, an dem sie sind. Stimmenhörer werden gebeten, innerhalb einer Sitzung eine bestimmte Zeit damit zu verbringen, sich auf ihre Stimmen zu konzentrieren. So werden sie zum Beispiel gebeten, sich eine Minute lang darauf zu konzentrieren, wo die Stimme ist. Sollte es mehr als eine Stimme geben, dann werden sie gebeten, sich nur auf eine Stimme zur selben Zeit zu konzentrieren ... Stimmenhörer werden auch gebeten, eine bestimmte Zeit zu wählen, in der sie zu Hause eine Fokussierungsübung machen und die Eigenschaften der Stimmen zu einem bestimmten Zeitpunkt aufschreiben können. Dies wird dann am Beginn der nächsten Sitzung näher betrachtet und besprochen.

2. **Inhalt der Stimmen**: Wenn Stimmenhörer sich an das Fokussieren körperlicher Eigenschaften der Stimmen gewöhnt haben, werden sie gebeten, sich während und zwischen den Sitzungen auf den Inhalt der Stimme zu konzentrieren. Dies schließt das exakte schriftliche Wiedergeben dessen ein, was gesagt wird, gewöhnlich dadurch unterstützt, dass die Stimme genau beobachtet wird. In Sitzungen schreibt der Stimmenhörer entweder direkt den Inhalt der Stimmen auf oder wiederholt ihn laut, sodass der Therapeut ihn aufschreiben kann. Der Rest der Sitzung wird dann damit verbracht, den Inhalt zu untersuchen.

3. **Mit den Stimmen verbundene Gedanken:** Die Beziehung zwischen den Gedanken einer Person und dem Inhalt der Stimmen wird untersucht (z. B. welche Gedanken aus der Erfahrung einer Stimme resultieren und welche einer Stimme vorangehen). Dies schließt auch die nähere Betrachtung von mit den Stimmen verbundenen Emotionen ein, wie Depressionen, Angstzustände, Wut oder Furcht.

4. **Die Bedeutung der Stimmen:** Diese Phase beinhaltet den Versuch, dem Inhalt oder der Erfahrung der Stimme eine Bedeutung zuzuschreiben. Dies wird unweigerlich die Identifizierung der Überzeugungen des Stimmenhörers hinsichtlich der Stimmen mit einschließen und wenn nötig, auch Hilfe bei der Modifizierung dieser Überzeugung.

Während der Durchschreitung dieser Stadien werden Bedeutung und Funktion der Stimmen formuliert, unter Nutzung aller Daten der Überprüfungsübungen. Für manche Stimmenhörer ist dieser Prozess schon therapeutisch. Anderen erlaubt es, Gebiete zu identifizieren, in denen Veränderungen vorgenommen werden können. Manche Stimmenhörer werden sich zum Beispiel dessen bewusst, dass es nicht so sehr die Stimmen an sich sind, die ihnen so viel Leid bereiten. Es sind vielmehr die von den Stimmen hervorgerufenen Gefühle und Gedanken, die ihnen zusetzen. Für andere ist es von Nutzen, die Stimmen wie aufdringliche Gedanken zu behandeln und Techniken einzuführen, die darauf abzielen, sie abzumildern. Auf der anderen Seite gibt es auch einige Stimmenhörer, die in der Lage sind, Aspekte ihrer Umgebung zu identifizieren, die zu dem Leid beitragen, das durch die Stimmen verursacht wird. Manche erkennen zum Beispiel, dass der Inhalt der Stimmen die Sorgen widerspiegelt, die sie im Leben haben, und dass somit der Inhalt genutzt werden kann, um notwendige Veränderungen anzuzeigen ...

Die letzten Sitzungen werden für einen Rückblick und für Zukunftspläne genutzt. Stimmenhörer werden ermutigt, Aufzeichnungen, die sie während der Beratung gemacht haben, mitzunehmen und sie zu nutzen, um die weitere Arbeit zu planen. Soweit angebracht, können Treffen mit Therapeuten arrangiert werden. Stimmenhörer können an andere Professionelle überwiesen werden, um zu weiteren Fortschritten anzuregen.«

In ihrer Forschung verglichen Bentall und Haddock ihren Ansatz mit einer anderen Strategie – sich Ablenkung zu suchen (durch Radiohören, Lesen oder eine geistige Aktivität, wie z. B. Berechnungen anstellen). Sie maßen wöchentlich die Häufigkeit der Halluzinationen. Diese Häufigkeit nahm mit beiden Behandlungsarten ab. Dies war nicht der Fall in der Kontrollgruppe. Sie maßen außerdem das Selbstwertgefühl, aber nur vor und nach der Behandlung. Beide Behandlungsgruppen hatten vor der Behandlung niedrige Ergebnisse. Nach der Behandlung hatte sich das Selbstwertgefühl in der Fokussierungsgruppe gesteigert, hatte aber bei denen abgenommen, die die Ablenkung nutzten.

Obwohl dies nur eine kleine Pilotstudie mit wenigen Teilnehmern war, ist es offensichtlich, dass die verschiedenen Arten psychologischer Behandlung, die die Forscher ausprobierten, eine Wirkung auf die Stimmenhörer hatten. Neuroleptika hatten diesen Patienten nicht geholfen, die schon seit langer Zeit Stimmenhörer waren (im Durchschnitt 14 Jahre). Obgleich es nicht möglich ist, eine allgemeingültige Schlussfolgerung daraus zu ziehen, scheint es so, als ob Fokussieren eine Anzahl von Vorteilen mit sich bringt.

Zwei Mustersitzungen

Gillian Haddock hat ein Video aufgenommen, das den Fokussierungsansatz demonstriert. Die folgenden Auszüge zeigen auf, dass die Stärke dieses Ansatzes in seiner nicht direktiven und nicht bedrohenden Weise liegt, die die Stimmenhörer ermutigt, sich mehr auf ihre Stimmen einzulassen. Dieser Ansatz hat sich als erfolgreich bei der Angstreduzierung gegenüber den Stimmen und ihrem Auftreten erwiesen. Er war weniger erfolgreich dabei, Stimmenhörer dazu zu bringen, falsche Interpretationen ihrer Erfahrungen zu korrigieren oder die Stimmen als ihre eigenen Gedanken anzuerkennen.

Auszug aus der zweiten Sitzung

Beraterin: Wir haben gerade die erste Hälfte unserer Sitzung damit verbracht, Ihr Tagebuch durchzuschauen und darüber zu sprechen,

wie es so in der letzten Woche mit Ihren Stimmen gelaufen ist. Während der verbleibenden Zeit hätte ich gerne, dass wir uns darauf konzentrieren, wie die Stimmen gerade sind, sodass ich mir vorstellen kann, wie Sie sie erleben. Beginnen möchte ich mit der Frage, wie Sie sich damit fühlen.
Stimmenhörerin: Ich denke mal, dass das in Ordnung ist. Aber ich mache mir Sorgen, falls die Stimmen etwas über Sie sagen.
Beraterin: Okay. Denken Sie, dass es wahrscheinlich ist, dass das passiert?
Stimmenhörerin: Ja, das könnte passieren.
Beraterin: Gut. Ich werde Sie später bitten, darüber zu sprechen, was die Stimmen denn heute sagen. Dabei achten Sie bitte darauf, wie die Stimmen sich anhören. Aber zu Beginn möchte ich Sie bitten, darauf zu achten, wie laut die Stimme ist. Hören Sie also jetzt bitte einige Sekunden lang der Stimme zu, hören Sie, wie laut sie ist, ob sie lauter oder leiser als meine Stimme ist und ob die Lautstärke sich ändert, wenn Sie auf sie hören. Können Sie das einige Sekunden lang tun?
Stimmenhörerin: Sie ist lauter als Ihre Stimme, aber schreien tut sie, glaube ich, nicht.
Beraterin: Sie ist also ein wenig lauter als meine Stimme. Ist sie normalerweise so; ist sie gewöhnlich so?
Stimmenhörerin: Meistens schon, sie kann aber auch lauter werden.
Beraterin: Können Sie sich an einen Moment in letzter Zeit erinnern, als sie lauter war?
Stimmenhörerin: Als ich ins Krankenhaus eingeliefert wurde, war sie viel lauter, sie hat fast geschrien.
Beraterin: Gut. Wie war es, als die Stimme das erste Mal da war, können Sie sich daran erinnern, wie laut sie da war?
Stimmenhörerin: Ungefähr so laut, wie sie jetzt ist. Das konnte sich allerdings ändern; sie konnte lauter werden.
Beraterin: Änderte sich das, wenn sie ihr zuhörten?
Stimmenhörerin: Nein.
Beraterin: Sie ist also etwas lauter als meine Stimme und es hört sich so an, als wenn die Lautstärke sich nicht viel verändert hat. Nur als Sie

eingewiesen wurden, war sie um einiges lauter. Gut, ich möchte Sie nun bitten, sich nicht auf die Lautstärke zu konzentrieren, sondern darauf, wo die Stimme herzukommen scheint. Was ich damit meine, ist, ob die Stimme aus ihrem Kopf oder von außerhalb ihres Kopfes zu kommen scheint. Wenn sie von außerhalb ihres Kopfes kommt, haben Sie den Eindruck, dass sie aus einer bestimmten Richtung kommt? Bitte konzentrieren Sie sich nun für einige Sekunden darauf, wo die Stimme herkommt.
Stimmenhörerin: Sie ist definitiv außerhalb meines Kopfes, aber sehr nah an meinen Ohren.
Beraterin: So, als ob jemand neben Ihnen steht und Ihnen in die Ohren spricht?
Stimmenhörerin: Ja, sehr nahe.
Beraterin: Gut. Ist es manchmal schwierig festzustellen, ob sie innerhalb oder außerhalb Ihres Kopfes ist?
Stimmenhörerin: Vielleicht; vielleicht ja.
Beraterin: Gut. Soweit Sie sich erinnern können, kommt die Stimme immer von knapp außerhalb Ihrer Ohren?
Stimmenhörerin: Ja, sie ist immer schon sehr nahe gewesen.
Beraterin: Wie war es, als Sie aufgenommen wurden, können Sie sich daran erinnern?
Stimmenhörerin: Na, da hat sie sich noch näher angefühlt, weil sie so viel lauter war.
Beraterin: Alles klar.
Stimmenhörerin: Und da war auch mehr als eine Stimme, als ob da in meinem Kopf viele Menschen wären, die herumschrien.
Beraterin: Alles klar, so wie eine Menge von Leuten?
Stimmenhörerin: Ja.
Beraterin: Gut, aber im Moment ist da nur eine Stimme und es scheint, als ob sie von außerhalb Ihrer Ohren kommt, nahe an ihrem Kopf, und manchmal ist es vielleicht etwas schwierig zu wissen, ob sie von innerhalb oder außerhalb Ihres Kopfes kommt. Ist das richtig? Gut, ich würde Sie jetzt gerne darum bitten, sich auf den Tonfall der Stimme zu konzentrieren, wie die Stimme sich anhört, ob es eine sehr

tiefe oder hohe Stimme ist. Aber bevor wir damit anfangen: Können Sie mir sagen, ob es eine männliche oder eine weibliche Stimme ist?
Stimmenhörerin: Es ist eine männliche Stimme.
Beraterin: Gut. Können Sie ihr einen Moment lang zuhören und sich auf den Tonfall konzentrieren, wie tief er ist und ob er sich ändert, ob es eine melodische Stimme ist oder eine monotone, flache Stimme. Können Sie das tun?
Stimmenhörerin: Sie ist sehr tief und ändert sich nicht groß.
Beraterin: Gut, ist sie tiefer als meine Stimme oder eine Männerstimme? Würden Sie sagen, dass sie tiefer als meine Stimme ist?
Stimmenhörerin: Ja, ja. Und es hört sich an, als wenn sie sehr monoton wäre.
Beraterin: Ist sie so, wie sie gewöhnlich ist?
Stimmenhörerin: Ja, außer wenn sie sehr schlimm ist und lauter wird.
Beraterin: Aha.
Stimmenhörerin: Dann ist sie nicht so monoton; sie ist dann ein wenig wütend.
Beraterin: Alles klar. Also der Tonfall verändert sich zu einer wütenden Stimme.
Stimmenhörerin: Ja.
Beraterin: Wann ist das das letzte Mal passiert?
Stimmenhörerin: Als ich aufgenommen wurde, ist es das letzte Mal passiert; seitdem vielleicht ein paar Mal.
Beraterin: Gut. Jetzt noch einmal zur Klarstellung: Die Stimme ist zurzeit etwas lauter als meine Stimme. Es scheint, als wenn sie von knapp außerhalb der Ohren kommt. Es ist eine Männer- und eine tiefe, monotone Stimme. Der Tonfall oder die Tonhöhe verändert sich nicht sehr. Gut, hat die Stimme einen Akzent?
Stimmenhörerin: Nein, ganz und gar nicht.
Beraterin: Alles klar, sie hört sich also an, wie Sie sich anhören, oder hat sie eine Art BBC-Ton (Nachrichtensprecher-Ton)?
Stimmenhörerin: Nein, sie spricht im Grunde genommen so, wie ich spreche.
Beraterin: Alles klar, also ist der Akzent vielleicht der gleiche wie Ihrer.

Stimmenhörerin: Ja.
Auszug aus der zehnten Sitzung
Beraterin: Wie sind Sie zurechtgekommen in Bezug auf den Inhalt Ihrer Stimmen? Sollen wir uns kurz Ihr Tagebuch anschauen, damit wir sehen können, wie es Ihnen die letzte Woche über damit ging?
Stimmenhörerin: Nun, ich fand es ziemlich schwierig, da es schwierig war, mich auf die Stimmen zu konzentrieren, während sie da waren.
Beraterin: Okay.
Stimmenhörerin: Also habe ich versucht, mich hinterher daran zu erinnern und sie aufzuschreiben.
Beraterin: Gut, und hatten Sie den Eindruck, dass Sie sich daran erinnern konnten, was die Stimmen gesagt haben?
Stimmenhörerin: Ja, meistens schon, ja.
Beraterin: Ja, es muss schwierig gewesen sein, sich genau daran zu erinnern, was die Stimmen gesagt haben. Haben Sie es geschafft, die Themen aufzuschreiben?
Stimmenhörerin: Ja, und manchmal auch ganz genau, was sie gesagt haben.
Beraterin: Alles klar, das hört sich gut an. Können Sie dann einmal durchblättern und mir über eine bestimmte Zeit in dieser Woche erzählen?
Stimmenhörerin: Ja, letzte Nacht war eine schlimme Nacht.
Beraterin: In welcher Weise, können Sie mir davon erzählen?
Stimmenhörerin: Die Stimmen waren sehr schlimm und laut und ziemlich verletzend. Sie haben mich dazu gebracht, einen Streit mit meinem Mann zu haben.
Beraterin: Okay. Waren Sie in der Lage, ein wenig davon aufzuschreiben, was die Stimmen gesagt haben?
Stimmenhörerin: Ja. Sie erzählten mir, dass mein Mann John besessen sei und mir und meinem Sohn wehtun würde.
Beraterin: Alles klar. Waren Sie in der Lage, genau aufzuschreiben, was die Stimmen sagten?
Stimmenhörerin: Manchmal schon, ja.
Beraterin: Können Sie mir einige Beispiele geben?

Stimmenhörerin: Ja: »John ist besessen; er wird dir wehtun; er wird David wehtun«.
Beraterin: Alles klar. Und wie haben Sie sich dabei gefühlt?
Stimmenhörerin: Nun, mir war richtig zum Heulen zumute und ich habe ihm von den Stimmen erzählt.
Beraterin: Aha. Sie haben Ihrem Mann John davon erzählt?
Stimmenhörerin: Ja, und er ist sehr wütend geworden. Das hat die ganze Sache für mich noch schlimmer gemacht.
Beraterin: Was glauben Sie, warum er darüber wütend wurde?
Stimmenhörerin: Nun, ich denke mir, dass es ihn verärgert hat. Er hat gesagt: »Du bist wieder krank, du musst ins Krankenhaus gehen« und: »Ich werde mich am Morgen mit dem Arzt in Verbindung setzen.«
Beraterin: Alles klar. Ist es oft so, dass er so reagiert, wenn Sie versuchen, mit ihm über die Stimmen zu sprechen?
Stimmenhörerin: Ja. Ich versuche auch wirklich, mit ihm nicht über die Stimmen zu sprechen, weil seine Reaktionen immer so schlimm sind.
Beraterin: Alles klar, also Sie versuchen, es im Allgemeinen für sich zu behalten. Okay. Und wenn wir noch einmal auf gestern Abend zurückschauen, auf den Inhalt der Stimmen, auf das, was die Stimmen genau sagten – glaubten Sie es zu dem Zeitpunkt selbst? Waren Sie davon überzeugt, dass John besessen war? Glaubten Sie dem, was die Stimmen sagten?
Stimmenhörerin: Ja, ich nehme an, zu dem Zeitpunkt schon, oder zumindest hatte ich Angst davor, dass es wahr sein könnte.
Beraterin: Alles klar, die Stimmen machten Ihnen also Angst. Und was glaubten Sie, auf welche Weise Ihr Mann Ihrem Sohn wehtun würde?
Stimmenhörerin: Nun, in dem Moment schien es so, als ob die Stimmen sagen würden, dass er ihm körperlich wehtun würde, aber ich weiß, dass das nicht wirklich wahr sein kann.
Beraterin: Hat er jemals ihrem Sohn körperlich wehgetan?
Stimmenhörerin: Nein.
Beraterin: Ist dies überhaupt etwas, was Ihnen Sorgen macht?
Stimmenhörerin: Nein, ich mache mir keine Sorgen darüber, dass John David schlagen würde.

Beraterin: Wie kommen John und David miteinander klar?

Stimmenhörerin: Nun, im Moment nicht so gut. John ist nicht sehr geduldig mit David und schreit ihn ein bisschen an, wenn er etwas falsch macht, was David wiederum nicht verstehen kann.

Beraterin: Wie alt ist David?

Stimmenhörerin: Vier Jahre alt.

Beraterin: Und was denken Sie, wenn John sich so verhält?

Stimmenhörerin: Nun, ich bin bestürzt und stehe mitten zwischen den beiden.

Beraterin: Alles klar. Ist ihr Mann mit Ihnen auch manchmal so? Oder ist es nur mit David so, dass er so ungeduldig sein kann?

Stimmenhörerin: Natürlich ist er ziemlich ungeduldig mit mir, wenn ich die Stimmen höre, aber das kann ich auch gut verstehen.

Beraterin: Okay. Sind Sie manchmal wütend auf ihn, wenn er so reagiert, wenn Sie über die Stimmen sprechen?

Stimmenhörerin: Ich bin eigentlich mehr bestürzt, als dass ich wütend bin.

Beraterin: Machen Sie sich darüber Sorgen, dass die Art und Weise, wie John gegenüber David reagiert, Ihnen irgendeinen Schaden zufügt?

Stimmenhörerin: Ja, manchmal tue ich das.

Beraterin: Gut. Also auf eine bestimmte Weise ist das, worüber Sie sich Sorgen machen, das, was die Stimmen sagen, obwohl es eine sehr extreme Version dessen ist.

Stimmenhörerin: Ja genau. Denn ich glaube nicht, dass er ihn wirklich schlagen würde.

Beraterin: Auf bestimmte Art und Weise spiegelt das, was die Stimmen in Bezug auf John und David sagen, das wieder, worüber Sie selbst sich Sorgen machen.

Stimmenhörerin: Vielleicht schon.

Beraterin: Alles klar. Gut, vielleicht können wir ein wenig später darauf zurückkommen, aber worauf ich mich in dieser Sitzung gerne konzentrieren würde, ist, was die Stimme im Moment sagt. Können Sie im Moment eine Stimme hören?

Stimmenhörerin: Ja, kann ich.
Beraterin: Worum ich Sie gerne bitten würde, ist, dass Sie sich auf den Inhalt der Stimme konzentrieren, also darauf, was die Stimme jetzt gerade sagt, und dass Sie versuchen, mir zu erzählen, was die Stimme sagt. Können Sie das tun?
Stimmenhörerin: Ja, das kann ich, wenn ich mich stark genug konzentriere. Sie sagt, dass ich schlecht bin, besessen.
Beraterin: Alles klar.
Stimmenhörerin: Und dass ich meinem Sohn wehtun könnte.
Beraterin: Die Stimme sagt also ähnliche Sachen, wie sie gestern Abend über John gesagt hat. Können Sie mir sagen, was genau die Stimme sagt? Wiederholen Sie einfach, was die Stimme sagt.
Stimmenhörerin: »Sie ist schlimm. Sie wird David wehtun. Sprich nicht mit ihr.«
Beraterin: Was glauben Sie, was das bedeutet, »Sprich nicht mit ihr«? Auf wen bezieht sich das?
Stimmenhörerin: Das bezieht sich auf Sie.
Beraterin: Woher wissen Sie das?
Stimmenhörerin: Das ist, was es zu sein scheint.
Beraterin: Die Stimme versucht also, Sie dazu zu bringen, nicht mit mir zu sprechen. Was denken Sie, warum das so ist?
Stimmenhörerin: Ich bin mir nicht sicher, aber es ist ziemlich schwer für mich, mit Ihnen über die Stimmen zu sprechen.
Beraterin: Stimmen Sie also mit den Stimmen überein?
Stimmenhörerin: Ja, ich denke schon.
Beraterin: Wie fühlen Sie sich bei dem Gedanken daran, heute hier weiterzumachen?
Stimmenhörerin: Nun, ich spreche nicht wirklich gerne drüber, aber ich denke, dass ich weitermachen sollte.
Beraterin: Gut. Um darauf zurückzukommen, was die Stimme sagt: Sie ermutigt Sie oder sagt Ihnen, Sie sollen nicht mit mir sprechen, und Sie stimmen damit zu einem gewissen Grad auch überein. Und dann wollen Sie aber schon weitermachen, und die Stimmen spiegeln etwas wider, was Ihnen im Kopf herumgeht, oder spiegeln etwas wider,

was Sie fühlen. Das ist dem ähnlich, wie Sie sich ihrem Mann John gegenüber gefühlt haben.
Stimmenhörerin: Ja.
Beraterin: Es gibt da also einige Ähnlichkeiten. Die Stimme sagt wieder vielleicht etwas sehr Extremes, aber es ist ein Stückchen Wahrheit darin. Es gibt eine gewisse Ähnlichkeit zu dem, was Sie denken.
Stimmenhörerin: Vielleicht ein wenig.
Beraterin: Wenn wir darauf zurückkommen, was Sie erwähnt haben: Das erste, was die Stimme zu Ihnen sagte, war, dass Sie schlecht sind und Ihrem Sohn wehtun könnten. Was halten Sie davon?
Stimmenhörerin: Nun, das macht mir wirklich Angst, weil ich in der Vergangenheit mir schon Sorgen darüber gemacht habe, dass ich so lange Zeit im Krankenhaus verbracht habe und krank war, dass ich ihn ein wenig vernachlässigt haben könnte.
Beraterin: Glauben Sie, dass sich die Stimme darauf bezieht, wenn sie sagt, dass Sie schlecht sind?
Stimmenhörerin: Ich bin mir nicht sicher, vielleicht ist es ein Teil dessen. Die Stimme scheint aber mehr als das zu sagen.
Beraterin: Okay, können Sie mir sagen, was Sie damit meinen?
Stimmenhörerin: Dass ich ihm nicht wirklich wehtun würde.
Beraterin: Glauben Sie, dass Sie ihm wehtun werden?
Stimmenhörerin: Nein, das glaube ich nicht.
Beraterin: Alles klar. Haben Sie manchmal Angst, dass die Stimme Sie so weit bringt, dass Sie ihm wehtun könnten?
Stimmenhörerin: Das habe ich lange Zeit wirklich gefühlt, vielleicht habe ich kurz, bevor ich das letzte Mal aufgenommen wurde, mich ein wenig davor gefürchtet.
Beraterin: Alles klar. Und dachten Sie, dass Sie ihn wirklich schlagen könnten?
Stimmenhörerin: Ja, damals dachte ich das.
Beraterin: Alles klar. Aber im Moment haben Sie nicht das Gefühl.
Stimmenhörerin: Nein, nein, definitiv nicht.
Beraterin: Obwohl Sie auf eine gewisse Weise sagen, dass Sie ihm wehgetan haben könnten, nicht indem Sie ihm körperlich wehtun, son-

dern indem Sie nicht für ihn als Mutter da waren. Sie scheinen das Gefühl zu haben, dass Sie David vernachlässigt haben durch das Stimmenhören und dadurch, dass Sie im Krankenhaus waren.
Stimmenhörerin: Ja, das habe ich.
Beraterin: Warum glauben Sie, dass es ihm geschadet haben könnte, dass Sie nicht bei ihm waren?
Stimmenhörerin: Nun, ich denke einfach, dass es sehr wichtig ist, dass er bei seiner Mutter ist, solange er noch sehr klein ist.
Beraterin: Glauben Sie, dass Sie eine gute Beziehung zu ihm haben, wenn Sie mit ihm zusammen sind?
Stimmenhörerin: Ja, ich denke schon.
Beraterin: Das ist also etwas, was ziemlich wichtig ist: dass die Beziehung gut ist, wenn Sie zusammen sind, obwohl Sie von ihm getrennt sein mussten.
Stimmenhörerin: Ja.
Beraterin: Gut. Kommen wir noch einmal darauf zurück, dass Sie erwähnten, Ihr Sohn sei sehr klein gewesen und Sie hörten damals auch Stimmen; fingen die Stimmen an, bevor Sie Ihren Sohn bekamen?
Stimmenhörerin: Ja, sie fingen davor an.
Beraterin: Wie lange davor?
Stimmenhörerin: Vielleicht ein Jahr davor.
Beraterin: Das heißt, Sie waren ungefähr wie alt – 16?
Stimmenhörerin: Richtig.
Beraterin: Und Ihren Mann John? Wann trafen Sie ihn das erste Mal?
Stimmenhörerin: Das war auch so ungefähr in der Zeit; ein bisschen davor.
Beraterin: Und können Sie sich erinnern, obwohl es schwer ist, so weit zurückzublicken, können Sie sich an den Inhalt oder die Dinge erinnern, die die Stimmen damals sagten?
Stimmenhörerin: Manches sind die gleichen Dinge.
Beraterin: Welche Art von Dingen?
Stimmenhörerin: Dinge über mich und John und: »Du bist böse und schlecht«, und dass John mir wehtun würde, und manchmal sagten sie mir, dass ich bestimmte Dinge tun könnte, wie vor ein Auto laufen.

Beraterin: Und das ist etwas, was immer noch passiert, oder?
Stimmenhörerin: Ja, manchmal schon.
Beraterin: Damals sprachen die Stimmen aber noch nicht über David.
Stimmenhörerin: Nein.
Beraterin: Was Sie also sagen, ist, dass die Stimmen ähnliche Dinge sagten, wie sie es jetzt tun. Im Laufe der Veränderungen in Ihrem Leben, mit der Geburt von David, hat sich das Repertoire der Stimmen erweitert.
Stimmenhörerin: Ja.
Beraterin: Am Anfang der Sitzung haben wir über den Inhalt Ihrer Stimmen gesprochen. Die Stimmen schienen in gewisser Weise, bis zu einem bestimmten Grad, obwohl sie sehr extrem im Inhalt waren, Ihre gegenwärtigen Sorgen widerzuspiegeln.
Stimmenhörerin: Ja.
Beraterin: Glauben Sie, dass das schon immer der Fall gewesen ist?
Stimmenhörerin: Nein, das glaube ich nicht, weil es schon ziemlich oft so war, dass ich angefangen habe, mir aufgrund der Stimmen über etwas Sorgen zu machen.
Beraterin: Okay.
Stimmenhörerin: Sie haben diesen Gedanken in meinen Kopf gelegt.
Beraterin: Ich verstehe. Wenn die Stimmen nicht gewesen wären, dann hätten Sie sich über diese Dinge keine Sorgen gemacht. Gut, wenn die Stimmen also nie etwas davon erwähnt hätten, dass John David wehtun könnte oder dass er besessen sei, dann meinen Sie, dass Sie sich niemals darüber Sorgen gemacht hätten, dass er ungeduldig sein oder David anschreien könnte. Dies wäre nicht passiert.
Stimmenhörerin: Ich denke mal, dass ich mir trotzdem ein bisschen Sorgen gemacht hätte, aber ich denke, wenn ich niemals krank gewesen wäre, dann wäre John nicht so, wie er heute ist.
Beraterin: Alles klar. Sie haben also das Gefühl, dass John zum Teil aufgrund Ihrer Stimmen so ist.
Stimmenhörerin: Ja.
Beraterin: Ich denke mal, dass es schwierig ist, zu unterscheiden, was als erstes da war, oder?

Stimmenhörerin: Ja.

Beraterin: Wenn wir zu der Zeit zurückgehen, als Ihre Stimmen anfingen: Sie haben John getroffen, es ging einige Zeit lang gut, und dann fingen Ihre Stimmen an, nachdem Sie John getroffen hatten. Glauben Sie, dass Sie sich bereits vor dem Beginn der Stimmen über Ihre Beziehung Sorgen gemacht haben?

Stimmenhörerin: Es ist schwer, mich daran zu erinnern – nicht wirklich, ich denke daran zurück als eine gute Zeit.

Beraterin: Ja. Okay. Können Sie sich daran erinnern, ob er jemals ungeduldig mit ihnen war?

Stimmenhörerin: Wütend, ja.

Beraterin: Hat Ihnen das zu dem Zeitpunkt Sorgen gemacht?

Stimmenhörerin: Nicht wirklich; vielleicht habe ich mir hinterher manchmal darüber Sorgen gemacht, dann habe ich aber einfach nicht mehr daran gedacht.

Beraterin: Alles klar. Hat es das schwierig gemacht, irgendwelche Sorgen mit ihm zu besprechen, die Sie hatten?

Stimmenhörerin: Ja, das hat es. Ich versuchte es irgendwie für mich zu behalten.

Beraterin: Als die Stimmen angefangen haben, haben Sie da mit John darüber gesprochen?

Stimmenhörerin: Nein, nicht sofort.

Beraterin: Nun, ich stelle mir vor, dass es für Sie ganz schön schwierig gewesen sein muss, das die ganze Zeit allein zu bewältigen.

Stimmenhörerin: Ja, das war es.

Beraterin: Gut, ich würde gerne bald Schluss machen, aber davor würde ich gerne einfach zusammenfassen, worüber wir heute geredet haben. Es ging um den Inhalt der Stimmen von gestern Abend, als Sie einen Streit mit Ihrem Mann hatten. In der Folge schien das, worüber die Stimmen gestern Abend und heute sprachen, einige gemeinsame Themen zu haben. Ist das richtig? Und dann haben wir auch darüber gesprochen, dass gemäß Ihren Stimmen Ihr Mann John besessen oder böse sei, und die Stimmen sprechen auch darüber, dass Sie besessen oder böse seien. Und darüber, dass Sie beide Ihrem Sohn David Schaden zufügen könnten. Und Sie haben auch gesagt, dass die Stimmen manchmal sagen, dass John auch Ihnen Schaden zufügen würde. Nun ist es so, dass die Stimmen zu einem gewissen Grad Ihre gegenwärtigen Sorgen und Ängste widerspiegeln, die Dinge, über die Sie sich Gedanken machen, obwohl das, was die Stimmen sagen, sehr extrem und unangenehm ist. Sie sagten zum Beispiel, dass Sie sich Gedanken über die Beziehung zwischen John und David machen und dass John manchmal sehr ungeduldig mit Ihrem Sohn sein kann, und Sie machten sich Sorgen, dass das in gewisser Weise schädlich sein könnte, natürlich nicht körperlich, aber in gewisser Weise schädlich für David. Und Sie machen sich auch Sorgen darüber, wie Sie sich David gegenüber in den letzten Jahren verhalten haben, in Bezug darauf, dass Sie oft im Krankenhaus waren und dass das schädlich für Ihren Sohn gewesen ist. Sie haben das Gefühl, dass Sie ihn in gewisser Weise vernachlässigt haben.

Stimmenhörerin: Ja, das habe ich.

Beraterin: Okay. Die Stimmen scheinen also Ihre Ängste und Sorgen, die Sie haben, auf sehr extreme Art und Weise widerzuspiegeln, und ein weiteres Beispiel dafür war, als die Stimmen sagten: »Sprich nicht mit ihr, bleib still!« Hier hatten Sie wieder das Gefühl, dass da ein Stückchen Wahrheit drin war, dass Sie sich wirklich unwohl gefühlt haben und es schwierig fanden, mit mir zu sprechen, also sagten die Stimmen wiederum ähnliche Sachen über Ihre Ängste. Denken Sie, dass der Inhalt der Stimmen Ihnen auf gewisse Art helfen könnte, herauszufinden, was Ihre wirklichen derzeitigen Ängste und Sorgen sind?

Stimmenhörerin: Möglicherweise, ja. Die Stimmen sind oft sehr extrem und es ist auch oft schwer zu sagen, ob es die Stimmen sind, die mich dazu bringen, mir Sorgen zu machen.

Beraterin: Ja, ich kann das verstehen. Es ist möglich, dass die Stimmen auf eine Art ziemlich nützlich sein können, indem sie uns dabei helfen, herauszufinden, was Ihre Ängste im Moment sind, unabhängig davon, ob die Stimmen oder Ihre Reaktionen sie verursacht haben. Und wenn das der Fall ist, wenn wir in der Lage sind, mit diesen Ängsten umzugehen und etwas an ihnen zu machen, glauben Sie, dass das den Inhalt der Stimmen ändern würde?

Stimmenhörerin: Ich denke, vielleicht schon.
Beraterin: Vielleicht ist das etwas, worauf wir uns in Zukunft konzentrieren sollten. Dass wir uns diese Ängste angucken und die Dinge, die Sie tun könnten, um Ihre Ängste zu vermindern. Gut, ich würde hier jetzt gerne Schluss machen. Bis nächste Woche. In Ordnung?
Klientin: Ja.

Überzeugungen beeinflussen

Chadwick, Birchwood und Lowe bemerkten, dass jeder Stimmenhörer eine andere Beziehung zu seinen Stimmen hat und dass ein spezieller Teil des Problems ist, wie sie sich in Bezug auf ihre Stimmen verhalten. Wir zitieren (das folgende und andere Zitate in diesem Abschnitt sind von CHADWICK / BIRCHWOOD übernommen (1996, S. 71–73):

»Gewisse Menschen erleben Stimmenhören zum Beispiel als extrem leidvoll und furchteinflößend und sie schreien sie an und beschimpfen sie. Im Gegensatz dazu finden andere Menschen ihre Stimmen beruhigend und witzig und suchen sogar den Kontakt ... Diese Unterschiedlichkeit in der Art und Weise, in der Individuen sich auf ihre Stimmen beziehen, verdeutlicht den Punkt, dass Stimmen nicht notwendigerweise ein Problem für die betroffene Person darstellen; es ist in der Tat ziemlich häufig so, dass Individuen ihre Stimmen als Lösung für ein Problem ansehen. Das zieht wiederum die Aufmerksamkeit auf den Punkt, dass die schwerwiegende Störung, die mit Stimmen assoziiert wird, genauso wie mit vielen anderen Symptomen, eher damit zu tun hat, in welcher Weise sich ein Individuum fühlt und verhält. Menschen, die Stimmen hören, werden typischerweise an unsere Dienste überwiesen, weil sie verzweifelt, depressiv, wütend, suizidal, hilflos sind, sich selbst verletzen, isoliert, gewalttätig sind etc. ... Die Forschung hat gezeigt, wie Stimmen mit einem ähnlichen Inhalt unterschiedliches Bewältigungsverhalten hervorrufen können (TARRIER 1992). Eine geniale Studie von Romme und ESCHER (1989) hat außerdem aufgezeigt, wie Stimmen häufig eine nicht ausreichend starke Reaktion hervorrufen, damit die Hilfsdienste auf das Individuum aufmerksam werden, selbst wenn der Inhalt extrem schwerwiegend ist. Es scheint so, dass die Art und Stärke der Reaktion eines Individuums auf Stimmen durch psychologische Prozesse vermittelt wird ... Es ist möglich, dass der Grad der Angst, Akzeptanz und Fügsamkeit gegenüber den Stimmen durch Überzeugungen über die Macht und Autorität der Stimmen vermittelt wird, über die Folgen von Ungehorsam und so weiter ... Mit anderen Worten: Stimmen können aus einer kognitiven Perspektive gesehen werden. Das definierende Merkmal des kognitiven Modells innerhalb der klinischen Psychologie ist die Annahme, dass die Gefühle und das Verhalten der Menschen durch Überzeugungen vermittelt werden und daher nicht unbedingt Folgen von vorhergehenden Ereignissen sind.«

Der intermediäre Punkt zwischen Wahrnehmung und Verhalten wird gewöhnlich in der Behandlung ignoriert, womit der eigene Einfluss des Individuums verneint wird. An diesem intermediären Punkt spielen die Überzeugungen eine wichtige Rolle, sodass Chadwicks, Birchwoods und Lowes Studie mit der Hypothese anfängt, dass die Unterschiede bei den instinktiven Bewältigungsreaktionen mit Blick auf die Unterschiede bei den Überzeugungen über die Stimmen zu verstehen sind.

Um dies weiterzuentwickeln, verfassten sie einen »Beliefs About Voices«-Fragebogen (Überzeugungen hinsichtlich der Stimmen, siehe Anhang 3), der die Böswilligkeit und Gutwilligkeit der erlebten Stimmen durch eine Reihe von Ja / Nein-Aussagen untersuchte, wie:

- »Meine Stimme bestraft mich für etwas, das ich getan habe.« = böswillig
- »Meine Stimme hilft mir, ein Ziel in meinem Leben zu erreichen.« = gutwillig

Sie boten den Teilnehmern eine Liste von böswilligen und gutwilligen Sätzen an, unter denen sie wählen konnten. Um die Verhaltensreaktion zu messen, formulierten sie Sätze, die beschrieben, wie die Person gewöhnlich auf die Stimmen reagierte:

»Die Verhaltensreaktionen auf die Stimmen wurden in drei Kategorien organisiert: **Sicheinlassen** wurde als freiwilliges Zuhören, bereitwillige Kooperation und Dinge tun, um die Stimmen hervorzurufen (z. B. fernsehen, allein sein, die Stimmen aufrufen), definiert.

Widerstand wurde als Streiten und Anschreien (offen oder verdeckt), sich nicht oder nur widerwillig fügen, wenn der Druck extrem ist, Vermeiden von Schlüsselszenen, die die Stimmen auslösen, sowie Ablenkung definiert. **Gleichgültigkeit** wurde als sich nicht auf die Stimmen einlassen definiert.

Ohne Ausnahme ließen sich die Menschen, die die Stimmen für gutwillig hielten, auf sie ein, und die Menschen, die ihre Stimmen für böswillig hielten, setzten ihnen Widerstand entgegen. Die Menschen, die sich über ihre Stimmen nicht sicher waren, zeigten kein klares Muster des Zusammenhangs zwischen Überzeugungen und Verhalten.«

Die Forscher schlossen daraus, dass persönliche Überzeugungen die Verhaltensreaktionen der Menschen auf ihre Stimmen beeinflussen können. Chadwick und andere entwickelten daher ein System, um die Überzeugungen der Menschen zu beeinflussen. Diese Art der Intervention ist besonders angebracht, wenn Hörer glauben, dass ihre Stimmen allmächtig sind, oder wenn ihre Handlungsfreiheit völlig beschnitten ist. Die Interventionen bestehen aus neun Schritten, die alle darauf abzielen, das Selbstvertrauen zu erhöhen und den Einfluss des Stimmenhörers zu erweitern:

Neun-Schritte-Interventionsplan

»1. Nutzen Sie Ihr Verständnis der Beziehung zwischen Böswilligkeit, Gutwilligkeit, Widerstand und Auseinandersetzung, um einzuschätzen, wie sich ein Individuum wahrscheinlich in Bezug auf die Stimmen fühlt, wie es denkt und sich verhält. Dieses Verständnis scheint den Menschen ein Gefühl der Erleichterung zu geben.

2. Informieren Sie den Klienten darüber, dass er/sie sich jederzeit ohne Nachteil von der Beratung zurückziehen kann. Auch dies kann die Angst reduzieren und das Mitmachen erleichtern.

3. Organisieren Sie ein Treffen mit anderen Stimmenhörern oder lassen Sie den Klienten ein Video über Menschen anschauen, die erfolgreich ihre Erfahrung erörtert haben. Die Entdeckung, dass andere ein ähnliches Problem haben (Yalom 1970), ist ein wichtiger therapeutischer Prozess.

4. Betonen Sie, dass es Ihrem Klienten freigestellt ist, seine Überzeu-

gungen zu behalten, da eine Atmosphäre von kooperativem Empirismus herrschen sollte (BECK et al. 1979), in der Überzeugungen als Möglichkeiten betrachtet werden, die vernünftig, aber auch nicht vernünftig sein können.

5. Jede Überzeugung muss nun zusammen mit den Beweisen herausgearbeitet werden, die zur Unterstützung herangezogen werden, um zu zeigen, wie jegliches Leid und jegliche Störung, die den Stimmen zugesprochen wird, in Wahrheit eine Folge der Überzeugungen ist, die das Individuum hat.

6. Die Beweise für jede Überzeugung werden hinterfragt. Dieser Prozess fängt mit dem Beweisstück an, das das Individuum als am wenigsten wichtig einschätzt, und fährt fort bis zu dem, was am wichtigsten eingeschätzt wird.

7. Als Nächstes hinterfragt der Therapeut die Überzeugungen direkt. Dies schließt ein, dass Beispiele hervorgehoben werden, die inkonsistent und irrational sind. Es werden alternative Erklärungsmöglichkeiten für die Ereignisse angeboten. Dabei wird immer deutlich gemacht, dass die Überzeugungen eine verständliche Reaktion auf die Stimmen sind, ein Versuch, sie zu begreifen. Damit hat die Person die Möglichkeit, nach der persönlichen Bedeutung der Halluzinationen zu suchen und die mögliche Verbindung zwischen dem Stimmeninhalt und der individuellen Lebensgeschichte zu erforschen. Dieser Schritt beinhaltet zwei verschiedene Ansätze, um Überzeugungen empirisch zu testen:

a. Als erstes werden Überzeugungen in Bezug auf die Kontrolle des Klienten über die Stimmen getestet. Dies ist ein Verfahren, um die pauschale Überzeugung ›Ich kann meine Stimmen nicht kontrollieren‹ zu testen. Zunächst wird diese neu formuliert als: ›Ich kann meine Stimmen nicht ein- und ausschalten.‹ Der Therapeut schafft dann Situationen, um die Wahrscheinlichkeit des Stimmenhörens zu erhöhen und dann zu verringern. Eine gründliche kognitive Ersteinschätzung sollte die Schlüsselszenen identifizieren, die die Stimmen hervorrufen. Eine Technik mit einer hohen Wahrscheinlichkeit des zeitweiligen Ausschaltens der Stimmen ist die der gleichzeitigen Verbalisierung

(BIRCHWOOD 1986). Die Person erweckt und unterdrückt die Stimmen mehrere Male, um einen vollständigen Test zu machen.

b. Bei allen anderen Überzeugungen wird der empirische Test zwischen Klient und Therapeut ausgehandelt. Es ist wesentlich, dass im Vorfeld die Implikationen für den Fall geprüft werden, dass der Test die Überzeugung nicht bestätigt: ob die Überzeugung modifiziert oder angepasst wird oder ob der Patient eine Erklärung für den Ausgang bereit hat, der die Überzeugung unangerührt lässt.« (CHADWICK/ BIRCHWOOD 1996, S. 78f.)

Verbesserung der Bewältigungsstrategien (CSE: Coping-strategy enhancement)

CSE ermutigt Hörer, erfolgreiche Bewältigungsmechanismen vermehrt zu nutzen, die sie bisher nicht systematisch angewendet haben. Es geht auch darum, das Repertoire der Hörer an Strategien zu erweitern. CSE ist sehr nützlich, um die Herangehensweise von Hörern an ihre Stimmen zu systematisieren.

CSE, durch Yusupoff und Tarrier entwickelt, zeichnet sich durch individuell zugeschnittene Trainingsprogramme aus, die kognitive oder Verhaltensstrategien anwenden, um die Erfahrungen zu bewältigen, entweder indem sie die Häufigkeit der Stimmen reduzieren oder indem die Stimmen akzeptiert werden. Es geht dabei vor allen Dingen darum, diese Techniken zu üben. Soweit nicht anders vermerkt, sind die Zitate in diesem Abschnitt von YUSUPOFF/TARRIER übernommen (1996, S. 86–102. Wir haben ihre sehr fachliche Sprache an die Zwecke unseres Buches angepasst):

»Der CSE-Ansatz ist ein pragmatischer Ansatz. Stimmen und ihre zugehörigen Überzeugungen kommen in einem subjektiven und sozialen Kontext vor und auf diese Weise nehmen Erfahrungen nur Bedeutung und Sinn an, wenn es eine begleitende emotionale Reaktion mit kognitiven, physiologischen, behavioralen und affektiven Komponenten gibt ... Die emotionale Reaktion definiert sowohl die Erfahrung und zur gleichen Zeit schafft sie Bedingungen, die in deren Aufrechterhaltung resultieren. Eine starke physiologische Reaktion kann zum

Beispiel eine Bestätigung für eine Wahnvorstellung und die damit assoziierte Gefahr repräsentieren. Selbst kleine Verhaltensänderungen, wie etwa seinen Körper zu beugen als Reaktion auf unangenehme Stimmen, kann die Überzeugungen, die mit ihnen assoziiert werden, zusätzlich zementieren; die nachträgliche Rationalisierung dieses Verhaltens durch den Patienten nach dem Auftreten von Symptomen könnte Aussagen beinhalten wie: ›Mein Körper beugt sich, deshalb müssen die Stimmen mächtiger als ich und gefährlich sein‹.«

Im CSE geht es darum, klarzustellen, was in dem Moment passiert, in dem jemand die Stimmen hört, und folgende Komponenten zu analysieren: Was die Person tut, bevor sie die Stimmen hört; wie ihre Reaktion auf die Stimmen ist; was sie über die Stimmen denkt und ob es vor oder nach dem Stimmenhören körperliche Reaktionen gibt.

Erste Phase: Einschätzung

Wenn es mehr als eine Erfahrung gibt (zum Beispiel Stimmen und Überzeugungen), dann wählt der Berater zunächst jene aus, die fokussiert werden soll. Die Wahl muss in Übereinstimmung mit dem Klienten geschehen, um Verwirrung zu vermeiden. Die Erfahrungen werden mithilfe des speziell dafür geschaffenen »Antecedent and Coping Interview« (Interview zu vorhergehenden Ereignissen und zur Bewältigung; Tarrier 1992) im Detail erfasst. Das Interview fragt nach den folgenden Aspekten:

- Art der Erfahrung;
- begleitende emotionale Reaktionen;
- vorhergehende Ereignisse: wann, wo, externe Stimuli;
- Langzeitauswirkungen, zum Beispiel Verhaltenseinschränkungen;
- das aktive Bewältigen: unterteilt in körperliche, kognitive und Verhaltenseinschränkungen;
- Effektivität der Bewältigungsmechanismen, indem deren Wechsel und Stetigkeit überprüft werden.

Diese Einschätzung braucht viel Zeit, formt aber die Grundlage einer erfolgreichen Intervention. Genau wie unser Maastrichter Interview (siehe Kapitel 5) hilft auch dieses Interview dabei, den interaktiven Prozess in Gang zu setzen. Klienten haben gewöhnlich ihre Symptome bereits wiederholt im Laufe verschiedener Therapien besprochen und sind darauf programmiert, ihre Erfahrung in einer mehr oder weniger vorgefertigten Weise zu beschreiben. Mit diesem Ansatz jedoch »ist das Sammeln von Informationen ein höchst interaktiver Prozess, sodass Aussagen, die durch Individuen über ihre Überzeugungen oder Erfahrungen gemacht werden, einem viel weitreichenderen Erkunden ausgesetzt sind, als für gewöhnlich durch Fachleute und vielleicht auch durch die Patienten selbst zugestanden wird.

Wenn der Patient zum Beispiel beschreibt, wie gegen ihn eine Verschwörung im Gange ist, kann der Therapeut Fragen über die Organisation(en) stellen; die Motive; die Gründe dafür, warum die Verfolgungsagenten bisher nichts haben ausrichten können; ihre Finanzierungsquelle; Machthierarchien innerhalb der Organisation; Mechanismen, durch die die Gruppe ungewöhnliche Fähigkeiten kreiert etc. Dieser Prozess kann respektvoll ausgeführt werden und ist konzipiert, um des Stimmenhörers gewohnheitsmäßiges Verarbeiten von Überzeugungen zu unterbrechen, um die Regeln festzustellen, die in der alternativen Realität des Stimmenhörers bestimmen, was möglich und was nicht möglich ist, sowie um die Wirklichkeit zu erschließen und ›Verhalten zu befreien‹ (BREHM 1976), welches therapeutischen Wert haben könnte. Den Patienten zu bitten, auf diese Weise mit neuem Material aufzuwarten und neue beschreibende Aussagen zu treffen, wird später in der Beratung potenziell von Nutzen sein, wenn die Beweise für und gegen die Überzeugungen überprüft werden ...
Um die emotionalen Reaktionen hervorzurufen, welche die Symptome begleiten, wird der Patient gebeten, die Phänomene in vivo zu erzeugen, und wo dies nicht möglich ist, kann der Therapeut Visualisierung nutzen, indem er symbolisch ein vor kurzem vorgekommenes Symptom reaktiviert. Unter solchen Umständen werden ›heiße Kognitionen‹ leichter zur Verfügung gestellt und der Therapeut ist außerdem in einer Position, von der aus er dem affektiven Zustand des Patienten, den beobachtbaren physiologischen Veränderungen und kleineren Verhaltens- und Haltungsänderungen ›nachspüren‹ kann ...
Diese können auf einer Kassette aufgenommen (durch den Patienten,

durch den Therapeuten oder durch beide) und für eine detailliertere Einschätzung abgespielt werden, oder um mit alternativen Reaktionen zu experimentieren und sie zu erproben ...
Wo Bewältigungsstrategien vorhanden sind, können ihre Wirksamkeit, die Konsistenz, mit der sie angewandt werden, wie auch ihre Grenzen analysiert werden.«

Es wird eine Unterscheidung vorgenommen zwischen adaptiven und maladaptiven Bewältigungsmechanismen:

»Eine maladaptive Strategie wird als solche definiert, wenn sie vom Individuum als Schutz vor drohender Gefahr oder inakzeptablem persönlichem Risiko genutzt wird. Mit anderen Worten, dem Symptom wird unter allen Umständen widerstanden und der Patient ist von daher niemals in einer Position, von der aus er das wahre Risiko einschätzen kann. Ein Patient, der seine Stimmen ständig anschreit, als ob deren Anschuldigungen und Aufforderungen ein wirkliches Potenzial hätten, seine körperliche Integrität zu gefährden oder wirklichen körperlichen Schaden anzurichten, kann vielleicht zeitweise Erleichterung verspüren, indem er auf diese Weise einen Gegenangriff startet, insbesondere wenn seine Reaktion mit dem Pausieren der Symptome einhergeht. Die therapeutische Intervention kann die Ermutigung zum Nichtreagieren und dessen Trainieren beinhalten, um einen Wirklichkeitstest zu ermöglichen. Dies ist ein Ansatz, der Parallelen mit der kognitiven Verhaltenstherapie für Zwangsneurosen hat (SALKOVSKIS 1989) ...

Die Entwicklung einer vom Patienten geteilten psychologischen Formulierung ist ein Schlüsselaspekt dieses Ansatzes. Der Grad der Komplexität, der Zeitpunkt der Weitergabe an den Patienten oder ob der Bericht gemeinsam entwickelt wird – dies wird variieren je nach der Art des Falles. Im Allgemeinen kann eine Formulierung ein individualisiertes kognitiv-behaviorales Aufrechterhaltungsmodell enthalten sowie edukative Aspekte in Bezug auf psychologische Prozesse, wie die ›bestätigende Voreingenommenheit‹ (CHADWICK 1992). Eine weitere Komponente könnte sein, Symptomerklärungen anzubieten, die mit dem historischen Narrativ des Patienten übereinstimmen, wie vorhe-

rige Beziehungskonflikte, psychologische Traumata, Verluste und bedeutende Lebensereignisse um die Zeit des ersten Auftretens der psychotischen Erfahrung.«
Dies wird auf eine Art und Weise getan, die der Erfahrung einen Sinn gibt. Yusupoff und Tarrier sehen dies als besonders wichtig für die beraterische Beziehung an. Sie zitieren das folgende Beispiel:
»Ein Patient, der Ende 50 war, hatte häufig das Gefühl, dass Fremde über ihn redeten. Er glaubte, dass sie über seine Diagnose der Schizophrenie Bescheid wussten und insbesondere darüber, dass er ein ›gefährlicher Schizophrener‹ war, und dass sie ihn deswegen wahrscheinlich verfolgen würden. Während des ersten kognitiv-behavioralen Interviews wurde das Thema der Gefährlichkeit weiter untersucht und er enthüllte auf kognitiver Ebene einen starken Zusammenhang mit einem Erlebnis aus der Vergangenheit; die historische Schlüsselverbindung war sein Bericht über das erstmalige Auftreten seiner Psychose vor 30 Jahren, als er in der Marine war. Er beschrieb, wie er einen Kollegen gewalttätig angriff, weil er dachte, dieser Mann habe angedeutet, eine Affäre mit seiner Freundin gehabt zu haben. Dieses Vergehen bedeutete, dass er daraufhin in die Psychiatrie eingewiesen und von der Marine entlassen wurde ... Als er noch weiter zurückging, erinnerte er sich an den Terror, mit einem gewalttätigen Vater gelebt zu haben, der die Mutter häufig des Fremdgehens bezichtigte und sie auch körperlich angriff. Diese Verbindungen erleichterten im Anschluss schnelle klinische Veränderungen, sodass der Patient mehr als gewillt war, bei Realitätsaufgaben mitzumachen, um festzustellen, in welchem Ausmaß seine Interpretationen interpersonaler Ereignisse durch die Reaktivierung von Erinnerungen an vergangene Ereignisse beeinflusst worden waren.«

Zweite Phase: Motivation

»Motivation ... bezieht sich nicht auf den amotivierten Zustand, der mit den negativen Symptomen der Schizophrenie assoziiert wird, sondern eher darauf, ob ausreichender Anreiz vorhanden ist, um therapeutische Ziele zu erreichen ... Das Erleben von Leid an sich mag keine

ausreichende Bedingung für therapeutisches Engagement sein. Es kann durchaus wahrgenommene Vorteile (des Stimmenhörens) geben: Entspannungsgefühle, ein Gefühl der Kameradschaft, Schutzfunktionen und Steigerung des Selbstkonzeptes.«
Einstellungen zu der Erfahrung sollten daher am Beginn der Beratung geklärt werden. Yusupoff und Tarrier haben für diesen Zweck ein Motivationsinterview entwickelt. Fragen sind unter anderem: Welche Vor- und Nachteile hat die Erfahrung für den Klienten? Wie sind die Erwartungen des Klienten in Bezug auf das Ende des Stimmenhörens – Verlust des Sozialhilfegeldes, Verlust der Unterstützung durch die psychiatrischen Dienste?

»Die Chronizität (des Stimmenhörens) einiger Individuen kann außerdem so stark sein, dass sie sich ein Leben ohne dieses nicht vorstellen können.«
Was sind die Auswirkungen des Verlustes der Stimmenhörerfahrung? Welche Folgen hat der Verlust für das Selbstbild (die Erfahrung haben, im Gegensatz zu: die Erfahrung sein)? Welche Folgen resultieren daraus, dass man sich der verlorenen Jahre, die man als psychiatrischer Patient verbracht hat, bewusst wird, eingeschlossen das Bedauern über unterbrochene Karrieren und Beziehungen sowie den Mangel an materiellem Gewinn?

»Der Wandel im Verantwortungsbereich für früher Erlebtes könnte auch zu Schuldgefühlen in Bezug auf Handlungen / Verhalten führen, die mit den Überzeugungen zu der Zeit einhergingen, die aber im Rückblick nicht akzeptabel sind. Was hier erforderlich sein mag, ist eine Relegitimierung des psychotischen Erlebens des Individuums, indem der Patient befähigt wird, zu verstehen, dass er oder sie nicht in der Lage war, die eigene Geschichte und die Faktoren, die zur Entwicklung und Aufrechterhaltung der Psychose beigetragen haben mögen, zu wählen.

Das vielleicht deutlichste Beispiel für die Nachteile, die mit dem Symptomverlust einhergehen, sind Menschen, deren Symptome mit ihren Überzeugungen über sich selbst vermischt sind.«

Dritte Phase: Intervention

»Behandlungsmethoden variieren beträchtlich und sind abhängig davon, ob das Zielsymptom das Stimmenhören ist, die dazugehörige Überzeugung oder beides und ob das therapeutische Ziel die bloße Reduzierung des Leides ist oder das Ändern grundlegender Aspekte der Erfahrung und ihrer aufrechterhaltenden Faktoren ... Die Intervention wird unter klar definierten Trainingsbedingungen durchgeführt, ob dies nun das Trainieren von Bewältigungsstrategien, das Beeinflussen von emotionalen Reaktionen oder Reaktionsprävention mit einschließt.«

Wesentliche Schritte im Training sind:

- Als erstes wird die ausgewählte Strategie losgelöst von den Stimmen geübt. Es wird zum Beispiel etwas laut gesagt, Aufmerksamkeit weggelenkt oder eine Entspannungsübung gemacht. Der Berater macht dies vor (steht Modell).
- Danach übt man mit der Erfahrung des Stimmenhörens. Dies beinhaltet die Aufforderung, dass die Stimmen während einer Sitzung durch den Klienten hervorgerufen werden. Eine alternative Methode beinhaltet die Stimmensimulation. Sobald zum Beispiel ein Bericht über die typischen Inhalte der Stimmen mit ihren körperlichen Eigenschaften erstellt wurde, kann er auf einer Kassette abgespielt werden, um mit den Stimmen zu experimentieren und alternative Reaktionen zu proben. Die Stimme im Rollenspiel zu spielen oder eine Zusammenfassung der Überzeugungen zu lesen, die der Stimme zugeschrieben werden, ist eine weitere Methode, die flexibel angewandt werden kann; mit umgekehrten Rollen wo nötig.
- Dies wird geübt, bis der Klient anzeigt (auf einer Ergebnisskala), dass es für ihn nicht mehr schwierig und die Art des Umgangs mit der Stimme wirkungsvoll ist.
- Wenn eine Strategie während der Sitzungen nicht eingeübt werden kann, wird diese als Hausaufgabe gestellt. Hierfür müssen klare Vorgehensweisen für Verhalten und Bedingungen festgestellt und vereinbart werden.

Das Leben neu schreiben

So nennt Michael White (in STEWART 1995), die Methoden, die er nutzt, um Stimmenhörern zu helfen. Es zeigt das Ziel seiner Interventionen klar auf, nämlich Stimmenhörer zu befähigen, Kontrolle über ihr Leben wiederzuerlangen, statt den Stimmen unterworfen zu sein (siehe auch Kapitel 15, Abschnitt »Power to our Journeys«).

Gemäß der Methode werden Fragen in einer Weise gestellt, dass der Hörer anfängt, die Stimmen wie Persönlichkeiten zu sehen. Persönlichkeiten, die nicht nur ständig ihre Meinung mitteilen müssen, sondern deren Ansichten Ausdruck eines bestimmten Hintergrundes sind. Es ist ihre Geschichte, die den Stimmen Identität gibt. White bemerkte, dass die Stimmen Kontrolle ausüben, indem sie so tun, als wären sie »Experten«. Experten sprechen unpersönlich. Sie enthüllen weder ihre Motive noch den Zweck dessen, was sie sagen, noch wie sie zu ihren Informationen gekommen sind. Sie schließen alle persönlichen Details aus, die ihre Meinung oder Version der Wirklichkeit beeinflusst haben. Sie enthüllen nicht ihren Status, wie sie ihn erreicht haben und welchen Einfluss ihr Geschlecht, ihre Rasse, Kultur, Klasse, Arbeit oder sexuelle Vorliebe dabei hatten. Sie offenbaren auch keine Kontroversen. Dies ist ganz und gar entmächtigend für die, die diesen »Experten« unterstellt sind. Die Art und Weise der Sprache begrenzt mögliche Reaktionen.

Damit der Hörer eine Stimme »aufdecken« kann, muss er sie über ihre Motive und Zwecke befragen, über ihre persönlichen Erfahrungen, ihren Status und wie sie ihre vermeintlich objektiven Informationen über den Hörer erhalten hat. Im Folgenden werden die Fragen genannt, die Hörer den Stimmen stellen können:

Motive und Zweck: »Du hast eine feste Meinung zu dem, was ich tun sollte. Sag mir mal, welche Wirkung erhoffst du auf das, was ich tue?« »Wenn du bei dieser Gelegenheit erfolgreich beeinflussen solltest, was ich tue, wie würde das mit deinem Gesamtplan für mein Leben zusammenpassen?«

Erfahrungen: »Könntest du mir etwas über deine persönlichen Erfahrungen erzählen, die bei der Bildung dieser Meinung eine zentrale Rolle gespielt haben? Das wäre hilfreich für mich, da ich dann mehr darüber wüsste, wie ich deine Meinung einschätzen soll, und ich wäre in der Lage, die Aspekte deiner Ansicht herauszufinden, die für mich angebracht sein könnten. Vielleicht kann ich dann auch ein wenig über meine eigenen Erfahrungen im Leben sprechen und mit dir über einige meiner Schlussfolgerungen reden, die ich aus all dem gezogen habe.«

Persönliche Position: »In welchen Kreisen wird diese Meinung vor allem vertreten? Stimmen alle Menschen in diesem Kreis mit dieser Meinung überein? Wenn einige von ihnen hier bei uns wären, wie würden sie deine Meinung unterstützen? Was denkst du, was passieren würde, wenn du nicht durch sie unterstützt würdest? Was denkst du, welchem Druck und welchen Konsequenzen du ausgesetzt wärst, wenn du nicht mit ihnen übereinstimmst?«

Der Zweck dieser Personifizierung der Stimmen ist ihre Entautorisierung. White sagt darüber:

»Stimmen, die Schwierigkeiten machen, sprechen auf beeindruckende Weise, mit Autorität, und sie sind aufdringlich. Zu den Zeiten, in denen sie am meisten Schwierigkeiten bereiten, haben sie Erfolg damit, ihre Subjekte davon zu überzeugen, dass sie mit Autorität sprechen, mit objektivem Wissen; dass sie über die wahre Identität ihres Untergebenen sprechen, über die wahren Motive anderer und so weiter. Diese beeindruckenden Stimmen haben oft Erfolg damit, ihre Untergebenen einzufangen und das Wissen ihrer Untergebenen über das Leben zu disqualifizieren. Und das ist gewöhnlich für jeden Betroffenen traumatisierend und entmächtigend.«

Die Entautorisierung der Stimmen durch Personifizierung rückt die Stimmen ins rechte Licht, indem ihr spezieller Hintergrund bekannt gemacht wird. Das bietet den Stimmenhörern dann Raum, um ihre eigenen Entscheidungen auf der Grundlage ihrer Lebenserfahrungen zu fällen. Um dies zu erreichen, schlägt White einige Fragen für Berater vor, die im Vorfeld gestellt werden können:

- »Wovon versuchen die Stimmen Sie dieses Mal zu überzeugen?«
- »Wie passt das mit ihrem Gesamtplan für Ihr Leben zusammen?«
- »Was erwarten die Stimmen, wie ihre Behauptungen das, was Sie machen, beeinflussen?«

- »Wenn die Stimmen damit Erfolg haben sollten, Ihrem Leben ihren Willen aufzuzwingen, was stellen Sie sich vor, wie das Ihre Lebensrichtung beeinflussen könnte?«
- »Wissen die Stimmen, was Sie wollen, was Ihre Meinung ist?«
- »Haben die Stimmen etwas dagegen, dass Sie Ihre eigene Meinung haben?«
- »Ich verstehe, dass die Stimmen Sie in Verwirrung bringen. Wem erweist diese Verwirrung einen Dienst?«
- »Trägt das Verhalten der Stimmen zu deren Zielen für Ihr Leben bei oder hilft es Ihnen, Ihre eigenen Ziele zu erreichen oder zu klären?«

Wenn die Stimmen in Persönlichkeiten verwandelt werden, macht das es auch leichter, dem Stimmenhörer zu helfen, seine Beziehung zu den Stimmen zu verändern. In diesem Prozess ist Opposition von Seiten der Stimmen wahrscheinlich und dem muss einige Aufmerksamkeit geschenkt werden. White gibt folgende Beispiele, was Berater dazu fragen können:

- »Wie kommen die Stimmen gerade mit dieser Offenlegung klar?«
- »Was für Auswirkungen hat es auf die Stimmen, dass wir über sie auf diese Weise sprechen, dass wir sie bei vollem Tageslicht entlarven?«
- »Glauben Sie, dass dies eine Rolle spielt bei der Reduzierung ihres Einflusses oder bewirkt es im Gegenteil eine Steigerung ihres Einflusses?«
- »Protestieren die Stimmen gegen dieses Gespräch? Hat es sie unruhig gemacht? Bedroht es sie? Wie reagieren sie auf die Gefahr? Versuchen sie, sich aufzuspielen?«
- »Was glauben Sie, was es bedeutet, dass sie sich durch dieses Gespräch bedroht fühlen?«
- »Wie ist es für die Stimmen, dass Sie zur Abwechselung einmal Ihren Gedanken zuhören müssen?«
- »Wie ist es für die Stimmen, zu wissen, dass Sie Respektlosigkeit ihnen gegenüber entwickeln, weniger abhängig von ihnen werden und ihnen weniger vertrauen?«
- »Wie finden die Stimmen es, dass Sie ihren Überzeugungstricks auf der Spur sind? Welche Auswirkungen hat dies auf Ihre Position in Ihrem eigenen Leben?«

In Whites Arbeit geht es nicht darum, die Stimmen loszuwerden, sondern eine andere Beziehung zu ihnen zu entwickeln und ihren Einfluss zu reduzieren. Das verbindet Whites Arbeit mit unserer. Er ermutigt Hörer dazu, eine objektivere und reflektiertere Position gegenüber ihrem eigenen Leben einzunehmen. Sobald sich ein Hörer aus der Opferhaltung befreit, kann sich die Qualität seines Lebens verbessern. Er kann nun sich selbst und das, was ihm passiert ist, in einem neuen Licht sehen. Möglicherweise erkennt er dann, dass das, was er als Versagen betrachtet hat, eigentlich ein Protest oder ein Sträuben gegen Ansichten war, die ihm aufgedrängt wurden.

Die Absicht ist nicht, zur direkten Konfrontation der Stimmen zu ermutigen. Wann immer die Stimmen viel Lärm machen oder sich sehr bemerkbar machen, wird Hörern geraten, Fragen zu stellen oder die Anmerkungen zu lesen, die sie über sich selbst und ihre Beziehung zu den Stimmen geschrieben haben (siehe unten).

White betont außerdem die Wichtigkeit, Hörer über ihre positiven Stimmen sprechen zu lassen. Es wird dann möglich, eine intensivere Beziehung zu den positiven Stimmen zu entwickeln, sie klarer zu unterscheiden und eine engere Verbindung mit ihnen einzugehen. Der Vorteil dabei ist, dass die Betroffenen besser darüber informiert werden können, was in ihrem eigenen Interesse ist und was nicht. Eine gute Allianz kann eine bedeutende Rolle spielen, Unterstützung und ein Gefühl der Solidarität bieten. Das macht Hörer den schädlichen, negativen Stimmen gegenüber weniger anfällig.

White merkt an, dass es sehr hilfreich sein kann, wenn Stimmenhörer über sich selbst schreiben. Der Hörer schreibt einen Bericht über seine eigenen Qualitäten mit verschiedenen Beispielen. Dieses Dokument kann allmählich erweitert werden. Es kann hilfreich sein, wann immer die Stimmen Schwierigkeiten bereiten, und um die eigene Meinung über das Leben besser davon unterscheiden zu können. Dies geht in dieselbe Richtung wie unsere eigene Arbeit (ROMME/ESCHER 1993).

Ein sozialpsychiatrisches Interventionsschema

In der Sozialpsychiatrie ist das Symptom zwar wichtig, aber nicht so wichtig, dass sich die ganze Aufmerksamkeit exklusiv darauf konzentrieren muss. Das Symptom ist schließlich nur eine Reaktion auf ein ungelöstes Problem; es ist Ausdruck einer Unfähigkeit, in der Gesellschaft zu funktionieren aufgrund sozialer Probleme, mit denen die Person nicht umgehen kann. Die Psychose unterbricht die Kontinuität des Lebens eines Menschen, indem sie den Zusammenhang der Ereignisse und Emotionen, Zeit und Ort zertrennt.

In der Organisationsphase geht es uns deshalb darum, dem Klienten zu helfen, eine größere Klarheit über das Muster der Wechselwirkungen von Symptomen, sozialem Funktionieren, Lebensgeschichte, Lebensbedingungen und Zukunftsplänen zu erlangen. Um dies auf systematische Art zu fördern, gehen wir folgende Schritte:

- Wir dekonstruieren die Erkrankung in ihre Teilsymptome – die Symptome, wegen derer die Person ja letztlich Hilfe sucht –, Behinderungen wie Ängste, Depressionen, Stimmenhören, soziale Isolierung, unkontrollierte Impulse. Wir analysieren, wie sie sich aufeinander, auf die Lebensgeschichte und auf die gegenwärtigen Umstände beziehen.
- Wir benutzen Instrumente (siehe Kapitel 3), um diese Beschwerden einzuschätzen, und unterstützen die Person sowohl medizinisch, psychologisch wie auch sozial.
- Dann wählen wir zwei verschiedene Herangehensweisen. Eine nimmt die Person als Ganzes in den Blick, die andere fokussiert auf die Hauptsymptome (die Symptome, die sich auf bedeutende Lebensprobleme beziehen).

Die ganze Person in den Blick nehmen

In der Sozialpsychiatrie geht es für Fachleute vor allen Dingen darum, sich in die Lage des anderen zu versetzen und zu fragen: »Könnte ich so leben?« Das wirft dann Fragen auf, über die der Professionelle und der Stimmenhörer gemeinsam reflektieren sollten:

- Sind die grundlegenden Lebensbedingungen wie Wohnen, Finanzen, Arbeit und Freizeit gesichert?

- Gibt es eine Struktur im täglichen Leben, die dem Leben des Stimmenhörers eine Form gibt?
- Wie steht es mit Interaktionen mit Menschen aus dem Umkreis? Inwieweit stehen sie zur Verfügung? Sind sie es wert, dafür zu leben, oder sind sie diskriminierend und sogar bedrohlich?
- Gibt es ein Netzwerk von Menschen, die die Betroffenen Freunde nennen können, mit denen sie reden können und die ihnen Unterstützung anbieten?
- Gibt es irgendwelche sozialen Rollen, in denen die Betroffen von anderen wertgeschätzt werden?

In der Erschreckens- sowie Organisationsphase werden als oberste Priorität zunächst einmal die grundlegenden Lebensbedingungen berücksichtigt, um eine Struktur zu schaffen und Sicherheit zu garantieren. Psychologische Interventionen sind sinnlos in gesellschaftlicher Isolierung oder wenn persönliche Beziehungen ziemlich überwältigend sein können.

Auf die Hauptsymptome fokussieren

Hier geht es darum, einen Dialog zu beginnen auf der Grundlage des Maastrichter Fragebogens (siehe Kapitel 5). Dieses Interview sollte in einer eher informellen Art und Weise gestaltet werden. Es sollte jedoch kein bedrohlicher, in die Länge gezogener Prozess über mehrere Stunden sein mit vielen Ablenkungen. Es soll dem Berater Informationen über die möglichen Verbindungen zur Lebensgeschichte geben. Der Interviewer beginnt, indem er zeigt, dass er die Realität der Erfahrung des Stimmenhörers anerkennt und dass es sich lohnt, darüber zu sprechen. Danach schreibt der Interviewer einen Bericht und in einer folgenden Sitzung bespricht er das Interview mit dem Stimmenhörer.

Der Stimmenhörer wird eingeladen, am Prozess der Rückgewinnung des eigenen Lebens teilzunehmen, durch:
- Besprechen der Wirkung der ausgesuchten Medikamente (in der Erschreckensphase), um Gründe für die Weiternahme oder das Absetzen zu finden;
- Führen eines Tagebuches;
- Lektüre über das Phänomen Stimmenhören, die Erfahrungen anderer

Menschen, über völlige Genesung etc. An Literatur steht u. a. zur Verfügung: Ron COLEMAN (1999): »Recovery – an Alien Concept«; Paulo COELHO (2002): »Veronika beschließt zu sterben«; Alison REEVES (1997): »Recovery – a Holistic Approach«; Michael WHITE (1996): »Power to our Journeys« (siehe Kapitel 15) und Julian JAYNES (1988): »Der Ursprung des Bewusstseins durch den Zusammenbruch der bikameralen Psyche« sowie Michaela AMERING / Margit SCHMOLKE (2007): »Recovery. Das Ende der Unheilbarkeit«;

- Kontakt mit Stimmenhörern in Selbsthilfegruppen suchen;
- Besprechen verschiedener in diesem Kapitel beschriebener Interventionsmöglichkeiten, um die am meisten behindernden Aspekte zu überprüfen und zu beeinflussen.

Der Interviewer erstellt ein Konstrukt über die mögliche Beziehung zwischen den Stimmen und der Lebensgeschichte der Person, aber nutzt dies nur als eine Richtlinie. Er sollte dem Stimmenhörer erklären, dass es viele mögliche Beziehungen gibt, von denen dies nur eine ist. Das Konstrukt sollte dann in eine Reihe von Möglichkeiten gestellt werden, um dem Stimmenhörer zu ermöglichen, diese zu diskutieren und darunter frei zu wählen. Dies mag kompliziert erscheinen, ist aber sicherer, effektiver und auch notwendig, da die Stimmen als ein Abwehrmechanismus funktionieren gegen alles, was bedrohlich ist (siehe Kapitel 4).

In dieser Art des Gespräches leitet der professionell Tätige den Stimmenhörer auf dessen persönlicher Selbstentdeckungsreise. Es gibt ausreichend Gelegenheiten, die Auswirkungen von Traumata und die Schwierigkeiten, denen sich ein Hörer ausgesetzt sieht, zu besprechen, sobald sich dessen Identität festigt und entwickelt. Diese Identität wird ausgedrückt durch die Fähigkeit des Hörers, Entscheidungen zu treffen, durch die Beziehung zu seinen Eltern, durch Sexualität, Religion u. a. Diskussionen regen Menschen dazu an, über sich selbst nachzudenken. Dies ist wichtig, da eines der Hauptprobleme bei schwerwiegenden psychiatrischen Problemen ist, dass Menschen sich selbst ablehnen und auch von anderen abgelehnt werden.

Entscheidungen zu treffen ist ein Teil der Organisationsphase. Stimmenhörer entscheiden darüber, was sie tun können, um sich selbst zu helfen.

Dies schließt die Einnahme von Medikamenten, kognitive Verhaltensinterventionstechniken, Selbsthilfe und soziale Tätigkeiten ein. Dies wird Hörern dabei helfen, ihren Platz in der Gesellschaft einzunehmen und mit den Folgen ihrer Probleme umzugehen.

Stimmendialog – oder: direkt mit den Stimmen sprechen

Die Methode des »Stimmendialogs« wurde durch die Psychologen Hal Stone und Sidra Winkelman (1985) entwickelt. Die Bezeichnung der Methode bezieht sich auf die innere Stimme, von der angenommen wird, dass wir alle sie haben. Die Theorie basiert auf der Annahme, dass die Persönlichkeit nicht aus einem Ganzen besteht, sondern sich aus einer Reihe von Unterpersönlichkeiten zusammensetzt. Diese Unterpersönlichkeiten gehen aus unseren Erfahrungen während unserer Lebensgeschichte hervor. Stone und Winkelman unterscheiden diese Unterpersönlichkeiten in primäre und abgelehnte Anteile.

Die primären Anteile sind die Anteile, die am stärksten hervortreten, da sie sich als am erfolgreichsten für die Person erwiesen haben, den zwischenmenschlichen Beziehungen des täglichen Lebens zu begegnen. Ein Beispiel für eine solche primäre Unterpersönlichkeit könnte der »Rechtmacher« sein. Dieser Anteil mag es, es anderen Leuten recht zu machen, da das Individuum am erfolgreichsten in seinen Beziehungen war, wenn es anderen Menschen es recht machte. Dadurch wurde seine Anpassung an angenommene Normen reguliert.

Abgelehnte Teile sind die Anteile, die von der Person nicht geschätzt werden, da sie als nicht wertvoll für die Beziehungen der Person angesehen und so erlebt werden, dass sie negative Auswirkungen darauf haben. Sie können auch innere Konflikte mit den primären Anteilen verursachen. Ein Beispiel für einen abgelehnten Anteil kann das »Kind« sein, das sich nicht offen ausdrücken kann, wenn es abgelehnt wird. Dies kann zu einer Hemmung der Kreativität führen, da es schwierig ist, ohne unser inneres Kind kreativ zu sein. In unserer Gesellschaft wird besonders das »aggressive« Kind abgelehnt, sodass es Schwierigkeiten hat, sich auszudrücken, was wiederum zu Schwierigkeiten der Person führt, sich zu wehren.

Vom Sinn und Zweck des Stimmendialogs mit Stimmenhörern

Die Methode des Stimmendialogs ist bis jetzt wenig in der Beratung von psychiatrischen Patienten genutzt wurden. Der Psychiater Dirk Corstens, der an der Stimmenhörerforschung in Maastricht beteiligt war, wurde durch die Methode inspiriert: Nachdem er darin ausgebildet worden war, hatte er die Idee, sie bei Stimmenhörern zu nutzen, um direkt mit den Stimmen zu reden und eine Veränderung in der Beziehung des Hörers zu den Stimmen zu fördern. Nach praktischen Erfahrungen damit kam er zu der Schlussfolgerung, dass es sehr wohl möglich ist, diese Methode anzuwenden und dass manchmal nur wenige Sitzungen anhaltende Veränderungen in der Beziehung zwischen Stimme und Stimmenhörer erreichen können. Dazu kam, dass die meisten Stimmenhörer, mit denen er die Methode anwendete, sehr zufrieden damit waren.

Die Methode ist nicht systematisch erforscht worden, sondern basiert auf einigen Jahren der Praxis in der Ambulanz für Stimmenhörer im Gemeindepsychiatriezentrum in Maastricht.

Die Methode wird nur genutzt, wenn der Stimmenhörer in völliger Freiheit zustimmt. Die Person ist auch frei, zu jeder Zeit während der Sitzung aufzuhören, wenn sie sich nicht mehr sicher fühlt. Für Stimmenhörer ist es eine naheliegende Methode, da sie selbst auch mit ihren Stimmen sprechen. Allerdings ist es befremdend für sie, dass sich jemand anderes direkt mit den Stimmen unterhalten will.

Es ist deshalb wichtig, den Sinn und Zweck der Methode zu erklären, der nicht darin besteht, die Stimmen loszuwerden, sondern im Gegenteil, sie besser kennenzulernen und von ihnen zu hören, warum sie bei der Person sind und was sie in ihrer Beziehung mit dem Stimmenhörer erreichen wollen.

Der Vorteil ist, dass die Person eine bessere Beziehung zu der Stimme erreichen kann, weil sie versteht, warum sie bei ihr ist, was oft viel positiver ist, als ihre Erfahrung sie hat denken lassen. Stimmen versuchen, der Person zu helfen, aber das wird oft nicht verstanden oder geglaubt. Der Nachteil ist, dass die Methode nicht in der ersten Phase des Stimmenhörens angewandt werden kann, wenn die Person noch von der Angst vor ihren Stimmen überwältigt ist. Der Grund ist, dass der Stimmenhörer neugierig und den Stimmen gegenüber einigermaßen offen sein muss. Grundsätzlich muss bei dem Stimmenhörer und dem Berater eine akzeptierende Einstellung vorhanden sein. Diese Methode kann auch nicht von einem Berater angewandt werden, der die Stimmen kontrollieren will oder der denkt, dass der einzige sinnvolle Zweck der Beratung das Loswerden der Stimmen ist. Das Ziel ist zu lernen, mit den Stimmen umzugehen, und ein besseres Verständnis ist daher von Vorteil. In dieser Methode werden die Stimmen sehr ernst genommen und der Berater muss sie als eine (psychologische) Realität akzeptieren. Dies ist eine »conditio sine qua non« (unabdingbare Voraussetzung), da es sonst nicht möglich ist, mit ihnen in Kontakt zu treten. Genauso wie die Unterpersönlichkeiten sind sie nur zur Kommunikation bereit, wenn sie vom Berater nicht kontrolliert oder kritisiert werden. Deshalb kommt dem Berater bei dieser Methode auch die Rolle des »Vermittlers« zu, da er die Kommunikation vermittelt. Beruhigende Informationen sind daher von Bedeutung. Wenn der Berater zum Beispiel nicht respektvoll gegenüber den Stimmen ist, werden sie nicht mit ihm sprechen wollen. Wenn sie reden wollen, ist es außerdem gut, ihnen zu sagen, dass das Ziel nicht ist, sie zu unterdrücken, sondern im Gegenteil, sie besser kennenzulernen. Es ist nicht möglich, mit ihnen ohne ihre Erlaubnis zu reden. Der Stimmenhörer kontrolliert den Prozess und kann die Sitzung anhalten, wann immer er oder sie es will.

Dirk CORSTENS (2004) sagt:

> »Es gibt jedoch Stimmenhörer, die auf jede erdenkliche Weise vermeiden werden, zu ihren Stimmen zu sprechen. Sie geraten in Panik bei dem Gedanken daran, dass andere Menschen sich mit ihren Stimmen unterhalten könnten. Es kann gut sein, dass sie sich dafür schämen, was die Stimmen sagen, oder dass sie immer noch zu viel Angst haben. Wenn jemand nicht möchte, dass ich mit seinen Stimmen rede, dann versuche ich es auch nicht. Es kann sein, dass ich in einer späteren Phase es noch einmal anbiete oder dass es gar nicht mehr notwendig ist, da ich auch andere Techniken nutzen kann. Stimmendialog ist ein Mittel, kein Ziel. Wenn ich ein Ziel formulieren will, dann ist es, die Kommunikation zwischen dem Stimmenhörer und den Stimmen anzuregen,

um ihre Beziehung zu verbessern. Ich würde diese Methode nicht empfehlen, wenn die Leute noch sehr verwirrt sind, da es zu noch mehr Verwirrung führen kann. Wenn jemand in der ersten akuten Phase einer Psychose ist und die Angst vor den Stimmen noch sehr dominant ist, würde ich entschieden davon abraten. Sicherheit zu schaffen ist ein wichtigeres Ziel. Die Diagnose einer Schizophrenie in sich selbst ist kein Grund, die Methode nicht zu nutzen. Die Praxis hat gezeigt, dass diese Methode für Menschen mit der Diagnose Schizophrenie auch nützlich sein kann.«

Anwendung der Methode – eine Einführung

Begonnen wird damit, dass der Stimmenhörer gefragt wird, was die Stimmen davon halten würden, sich mit dem Berater zu unterhalten. Danach wird die Methode und deren Zweck ausführlich erklärt (siehe oben). Am wichtigsten ist es, zu betonen, dass das Ziel nicht die Unterdrückung der Stimmen ist, sondern sie besser kennenzulernen. Die Stimmen müssen außerdem einverstanden sein. Positive Beispiele zu dieser Methode sind hilfreich, um das Interesse des Stimmenhörers und der Stimmen zu wecken. Es ist wichtig, sie neugierig zu machen, damit sie die Herausforderung dieses Prozesses annehmen. Manche Stimmenhörer wollen gerne die Kontrolle behalten. Hier ist es möglich, indirekt mit den Stimmen zu arbeiten. Der Stimmenhörer stellt den Stimmen dann die Frage des Beraters und teilt diesem die Antwort der Stimmen mit. Andere Stimmenhörer wiederum können sich leicht in ihre Stimmen versetzen und die Stimmen nehmen dann direkten Kontakt auf, wie in der normalen Stimmendialogsitzung. Die Stimme spricht dann direkt mit dem Berater (dem Ermöglicher).

Nach einem Austausch mit dem Stimmenhörer darüber, welche Stimme mit ihm sprechen will, fängt das Gespräch an. Da der Therapeut, nachdem er ein Stimmeninterview durchgeführt hat (Kapitel 5), über die verschiedenen Stimmen Bescheid weiß, kann er vorschlagen, dass er gerne mit »der oder dem« sprechen würde (viele Stimmen haben Namen oder erkennbare Eigenschaften). Es ist aber vielleicht besser, die Initiative bei dem Stimmenhörer und den Stimmen zu lassen. Wenn der Entscheidungsprozess sich lange hinzieht, kann man vorschlagen, dass die Stimme eingeladen wird, vor der der Stimmenhörer am wenigsten Angst hat, an der er am meisten interessiert ist oder die die positivste Stimme ist. Es ist zu empfehlen, mit der am wenigsten bedrohlichen Stimme anzufangen.

Fragen, die es zu stellen gilt: Wenn es eine Vereinbarung über die Stimme gibt, die sich mit dem Berater unterhalten möchte, dann begrüßt der Berater diese Stimme. Er drückt aus, dass er es zu schätzen weiß, dass die Stimme (nennen Sie sie beim Namen) sich mit ihm unterhalten möchte, und er erklärt noch einmal den Sinn und Zweck der Unterhaltung. Dann beginnt er das Gespräch, indem er Fragen stellt. Dies sind offene und klärende, praktische Fragen. Es geht nicht darum, eine Diskussion über sie anzufangen, sondern Informationen über die Stimme und ihre Beziehung zu dem Stimmenhörer zu sammeln. Beispiele für Fragen, an die man sich am Anfang am besten halten kann, sind:

- Wer sind Sie?
- Haben Sie einen Namen? (wenn die Stimme keinen Namen angibt)
- Wie alt sind Sie?
- Kennt der Stimmenhörer Sie?
- Wann sind Sie in das Leben von (Name des Stimmenhörers) getreten?
- Was war der Grund oder das Motiv dafür, dass Sie zu (Name des Stimmenhörers) gekommen sind?
- Was für Umstände herrschten damals im Leben von (Name des Stimmenhörers)?
- Worum mussten Sie sich kümmern?
- Was haben Sie gerne für (Name des Stimmenhörers) gemacht?
- Was wollen Sie gerne für (Name des Stimmenhörers) erreichen?
- Was würde passieren, wenn Sie nicht da wären?
- Was für eine Beziehung hat (Name des Stimmenhörers) mit Ihnen?
- Auf welche Schwierigkeiten stoßen Sie in der Beziehung mit (Name des Stimmenhörers)?
- Wie würden Sie die Beziehung zwischen Ihnen und (Name des Stimmenhörers) beschreiben?
- Hätten Sie gerne, dass sich etwas in der Beziehung zu (Name des Stimmenhörers) ändert?

Wenn solche Fragen gestellt werden, ergibt sich daraus ein Dialog, in dem die Stimme klärt, wie sie ihre Funktion sieht. Diese bezieht sich oft auf Verletzlichkeiten und emotionale Themen des Stimmenhörers. Es klärt, welche Art des Schutzes die Stimme anbieten will und in welcher Art von Abwehr oder von Interaktionen der Stimmenhörer zu versagen scheint. Ein Beispiel ist eine Stimme, die dem Stimmenhörer ständig sagt, dass er sich besser umbringt. Im Gespräch erklärt die Stimme, dass sie will, dass der Hörer sich besser wehrt, dass er bei anderen Menschen klarer protestieren sollte, wenn diese ihn nicht ernst nehmen und ihn ausnutzen. Die Stimme sagt dem Stimmenhörer, dass er genauso gut tot sein könnte, wenn er nicht lernt, sich zu verteidigen. Auf diese Weise wird die emotionale Logik der Stimme klar und verwandelt sich von bedrohend in schützend: ein Schutz, der auf altmodische, elterliche Weise formuliert wird und die Person herausfordert.

Schließen des Gesprächs mit der Stimme: Wenn die Fragen gestellt und Antworten gegeben worden sind, kann das Gespräch beendet werden, indem der Stimme für ihre Klarstellung der Dinge gedankt wird, die vormals nicht ganz verstanden wurden. Der Berater fragt dann, ob die Stimme nichts dagegen hat, wenn das Gespräch beendet und vielleicht ein anderes Mal fortgesetzt wird. Dann grüßt er die Stimme, um ihr Auf Wiedersehen zu sagen. Als Nächstes bittet er den Stimmenhörer, sich in seine ursprüngliche Position zurückzubegeben. Dann redet er mit dem Stimmenhörer noch einmal über das Gespräch mit der Stimme, da es oft vorkommt, dass Stimmenhörer sich nicht darüber bewusst sind, was die Stimme alles gesagt hat. Dies kann als ein Ausdruck von Dissoziation gesehen werden, was es nötig macht, das Gespräch mit der Stimme zu besprechen. Der Berater kann dann auch mit dem Stimmenhörer darüber reden, was dieser über das von der Stimme Gesagte denkt und fühlt. Konnte er es verstehen oder war es fremd und hat er so noch nie darüber gedacht? Dies stellt Gesprächsmaterial für die folgenden Sitzungen zur Verfügung und eröffnet die Möglichkeit, anders auf die Stimmen zu blicken und anders auf sie zu reagieren. Es kann ein Ausgangspunkt für die Veränderung der Beziehung zu der Stimme sein oder ein Grund, der Stimme in der nächsten Sitzung weitere Fragen zu stellen.

12 Recovery oder Interventionen in der Stabilisierungsphase (langfristige Interventionen)

Die Rückgewinnung des Lebens oder auch der Gesundungsprozess (Recovery) bedarf eines persönlichen Weges der Wiedereingliederung in die Gesellschaft. Diese Wiedereingliederung, die einen Teil der Stabilisierungsphase darstellt, ist wohl der schwierigste Aspekt der drei Phasen, die Stimmenhörer durchmachen müssen. Ron Coleman (COLEMAN/SMITH 2007) drückt es so aus: Es geht um die »Entwicklung vom Opfer zum Sieger«. Die Gesellschaft kann ein Schlachtfeld sein und es braucht Energie und Mut, damit sich Menschen »berappeln« und ihre Position wiederherstellen können, wenn sie verloren ist. Für Menschen, die Stimmen hören, ist dies doppelt schwierig: Die Stimmen entspringen nicht nur oft sozialen Problemen, sie verursachen sie auch. Dies ist durch unsere Forschung und in anderen Publikationen demonstriert worden.

Diese Probleme sind emotional überwältigend und zerstören das Identitätsgefühl der Menschen (COLEMAN 1999). Sie verändern die Beziehung und Interaktion der Person mit der Gesellschaft und verhindern deren Integration. Die Stimmen verursachen soziale Probleme, indem sie Hörer dazu bringen, antisoziale Anordnungen auszuführen, oder indem sie sie verwirren und auf diese Weise ihre Funktionstüchtigkeit einschränken. Die Menschen um sie herum beginnen, sie abzulehnen: Es wird als ein isoliertes Phänomen betrachtet, losgelöst von dem Lebenszusammenhang des Hörers. Es wird als ein Symptom einer Krankheit gebrandmarkt, die aus einer Störung der Gehirnfunktion hervorgeht. Intoleranz und ein Mangel an Verständnis entfremden Hörer noch weiter von der Außenwelt und erfüllen sie mit Selbstzweifeln. Bei jungen Leuten wird dies von ihrer sozialen Entwicklung ablenken, da die Aufmerksamkeit dem Phänomen geschenkt wird und nicht der traumatischen Erfahrung, die es hervorgerufen hat. Traditionelle psychiatrische Behandlungen verstärken diese Isolation, indem sie sich auf das Phänomen konzentrieren. Verschriebene Medikamente hemmen die Lebendigkeit und hinterlassen Menschen, die noch weniger Energie haben, mit den Problemen umzugehen, die ihnen Schwierigkeiten bereiten.

Rehabilitation

Rehabilitation heißt wörtlich, jemanden wieder zu seiner eigentlichen gesellschaftlichen Position zurückzuführen, seine Ehre wiederherzustellen. In dieser Definition impliziert ist das Gefühl des Verletztseins und der Ungerechtigkeit, das in Menschen durch eine schlechte Behandlung hervorgerufen wird (Loenen 1997). In der medizinischen Rehabilitation geht es nicht um Wiederherstellung, sondern nur um Verhaltensänderung. Dies könnte erklären, warum die Behandlung nicht so effektiv ist, wie wir sie gerne hätten, denn ohne Selbstrespekt gibt es kaum eine Chance auf Wiederherstellung. Deshalb müssen wir das sozial-emotionale Problem hinter den Stimmen analysieren, um »die Ehre einer Person wiederherzustellen«.

Der zweite Schritt auf dem Weg zur Rückgewinnung des Lebens ist deshalb die Steigerung der Unabhängigkeit des Menschen. Dies kann nur geschehen, indem die Perspektive des Stimmenhörers als Ausgangspunkt für die Arbeit genommen wird, nicht die des Beraters. Es geht nicht darum, ob jemand ein produktiver Bürger werden kann, sondern darum, ihm die Kontrolle über sein Leben zurückzugeben. Sollte dies erfolgreich sein, kann der Klient anfangen, seine Unabhängigkeit wertzuschätzen, und vorausgesetzt, dass Raum für die Umsetzung dieses Ideals besteht, sie sogar erweitern. Diejenigen, die nicht in der Lage sind, völlige Kontrolle über ihr Leben zurückzuerlangen, brauchen eine sichere Umgebung, wenn sie sich verletzlich fühlen. Die folgenden Fallstudien verbildlichen die zwei Alternativen.

Fallbeispiel 1

Eine 24-jährige Frau fing an, Stimmen zu hören, nachdem ihr Freund sie verlassen hatte. Sie lebte weiterhin in einer Nachbarschaft, die für alleinstehende Frauen gefährlich war, und, um die Sache noch schlimmer zu machen, sie verlor ihre Arbeit. Sie wurde von staatlicher Hilfe abhängig. Sie hatte einmal die Ambition gehabt, ihre eigene Modeboutique zu leiten, aber das stand nunmehr außer Frage. Ihre bedrohliche Umgebung und der Mangel an Perspektiven fielen mit dem Beginn des Stimmenhörens zusammen.

Die Stimmen kritisierten sie auf verschiedene Art und Weise. Sie wur-

12 Recovery oder Interventionen in der Stabilisierungsphase (langfristige Interventionen)

de ganz verwirrt und blieb mehr und mehr allein. Ihre Mutter schaffte es mithilfe ihres Hausarztes, sie an einen Psychiater zu überweisen. Aber statt die plötzliche Veränderung ihrer Lebensumstände und ihre verständliche Reaktion darauf näher zu betrachten, stopfte man sie mit Neuroleptika voll. Dies hatte keine Wirkung auf die Stimmen, dafür aber schwerwiegende Auswirkungen auf ihr Energieniveau. Die Behandlung dauerte zwei Jahre und führte zu nichts.

Ihre Mutter war genauso unzufrieden wie sie selbst und nahm Kontakt zu einem anderen Psychiater auf, der sich mit all den Problemen auseinandersctzte. Zu diesem Zeitpunkt hatte die junge Frau auf ihre eigene Initiative hin ihre Medikamente abgesetzt und sie hatte ein wenig mehr Energie.

Sie absolvierte ein Interview über die Stimmen. Das daraus resultierende Konstrukt ergab, dass die Stimmen vorkamen, wenn sie unsicher war, und dass sie ihre Unsicherheit verstärkten. Es gab eine Reihe von Gründen, warum sie sich vielleicht unsicher fühlte – ihre Wohnbedingungen, die Abhängigkeit von staatlicher Hilfe und keine Hoffnung darauf, ihre Ambitionen zu verwirklichen, den eigenen Laden zu führen. Glücklicherweise wollte sie daran etwas ändern. Ihre Mutter besaß ein eigenes Haus, und sie waren in der Lage, das Dachgeschoss in eine Wohnung zu verwandeln, in der die Tochter sich sicher fühlte und Privatsphäre hatte. Aufgrund der Stimmen wagte sie nicht, die nötige Ausbildung anzufangen, um einen Modeladen zu führen. Allerdings fand sie nach einiger Zeit eine Arbeit als Friseurin, für die sie ausgebildet war. Immer wenn die Stimmen anfingen, ging sie zur Toilette und hörte ihnen dort zu. Sie sagte ihren Stimmen, ob sie recht hatten oder nicht, und ging dann zu ihren Kunden zurück.

Da sie nunmehr die Gründe für ihre frühere Krise verstand, sich sicher fühlte und auch Privatsphäre hatte, war sie allmählich in der Lage, den Mut aufzubringen, ihre Ambitionen zu verwirklichen. Sie fing die Ausbildung an, um ihr eigenes Geschäft zu eröffnen. Sie absolvierte sie zwei Jahre lang erfolgreich, und dann, voller Gefühle des Zweifels und der Unsicherheit, eröffnete sie ihr eigenes Geschäft.

Sie war gänzlich resozialisiert und nun in der Lage, ihre gesellschaftliche Position aufzubauen und völlig unabhängig zu werden – alles in der richtigen Reihenfolge (wenn man es andersherum macht, ist es viel schwieriger). Hin und wieder hört sie immer noch Stimmen, insbesondere wenn sie durch bestimmte Dinge verunsichert ist. Sie hat die Stimmen als einen Teil von sich akzeptiert und versteht, dass sie als Alarmsignal funktionieren.

Fallbeispiel 2

Ein 28-jähriger Stimmenhörer war seit einiger Zeit durch am Stimmenhörerprojekt kooperierende psychiatrische Dienste behandelt worden. Er führte eine ziemlich einsame Existenz, lebte zur Untermiete und aß bei seinen Eltern. Er nahm Neuroleptika, die ihm im Hinblick auf die Stimmen nicht halfen.

Wir führten ein Interview mit ihm und entwickelten ein Konstrukt. Das führte uns zunächst dazu, zu glauben, dass die Stimmen mit einem tödlichen Autounfall verbunden waren. Der Unfall war nicht die Schuld des Klienten gewesen. Als er passierte, saß er neben seinem Freund, der das Auto fuhr. Als wir jedoch darüber sprachen, kam nichts Bedeutsames dabei heraus und wir kamen zu der Ansicht, dass diese Erfahrung nicht das Problem war.

Eines Tages behauptete der Klient, dass Napoleon sein Problem verursacht hätte. Früher hätte ich (Marius Romme) vermutet, dass dieser Kommentar einfach nur ein Symptom war, und ich wäre deshalb nicht näher darauf eingegangen. Aber so dachte ich mittlerweile nicht mehr, deshalb fragte ich ihn, was er damit sagen wolle, da ich keine Verbindung erkennen konnte. Er erklärte mir dann, dass Napoleon ein Rechtssystem entwickelt hatte – den napoleonischen Kodex. Davor wäre sein Problem keine strafbare Sache gewesen, nun war es das aber. Nach einigen Gesprächen wurde klar, dass sein Problem etwas mit seiner Sexualität zu tun hatte – er war ein Pädophile. Die Schwierigkeit in diesem Fall war natürlich, dass es nicht möglich sein würde, seine Resozialisierung dadurch zu erreichen, dass er sich mit seiner inakzeptablen Sexualität versöhnte. Die Wahl, seine Stimmen als Gefahrensignal anzuerkennen in Verbindung mit der Einnahme von Medikamenten für die Reduzierung seiner Libido, könnte sehr wohl eine realistische

Strategie darstellen. In einer Situation wie dieser ist Recovery ein sehr schwieriger Prozess und es kommt dem Klienten zu, sich zu entscheiden, welchen Weg er einschlagen möchte.

Fallbeispiel 3
Alex war ein 42-jähriger Mann, der seit seinem elften Lebensjahr Stimmen hörte. Er sagte darüber:
»Ich erinnere mich, dass ich die Stimmen hörte, als ich noch sehr jung war, aber es war immer in Verbindung mit einem verschmitzten, lächelnden Gesicht. Als ich 11 Jahre alt war, wurden die Stimmen plötzlich aggressiv und ich konnte nicht mehr damit umgehen. Als ich 14 Jahre alt war, wurde ich zu einem Kinderpsychiater gebracht und dann in ein großes Krankenhaus eingeliefert, das eine spezielle Kinderstation hatte. Leider wurde ich aber auf der Männerstation untergebracht. Ich wurde als schizophren diagnostiziert und mir wurden Neuroleptika injiziert. Dies machte es sogar noch schwieriger, die Stimmen unter Kontrolle zu halten. Dazu kam noch, dass die Medikamente meine ganzen Gefühle neutralisierten. Ich wurde mehrere Male in verschiedene Krankenhäuser verfrachtet. Ich wurde nirgends gefragt, was ich dachte oder fühlte. Wenn ich sagte, dass ich Stimmen hörte, wurde mir entweder gesagt, dass ich angab, oder ich bekam noch einen weiteren Medikamentencocktail. Erst nach 15 Jahren psychiatrischer Hilfe, als ich 29 Jahre alt war, fand ich jemanden, der gewillt war, mir zuzuhören. Im Rückblick war dies ein Wendepunkt in meinem Leben. Diese Krankenschwester nahm sich Zeit, meinen Erfahrungen und Gefühlen zuzuhören. Sie saß neben mir anstatt am anderen Ende des Schreibtisches. Sie schaltete ihr Telefon ab und war dann für andere Menschen nicht erreichbar. Langsam entstand zwischen uns ein Gefühl des Vertrauens. Ich schaffte es, ihr von dem sexuellen Missbrauch durch meinen Vaters zu erzählen, und erzählte ihr auch von meinen Stimmen. Manchmal, wenn ich ihr erzählte, was mir passiert war, sagte sie mir, dass es ihr wehtäte und dass sie eine kurze Pause bräuchte. Ich hatte endlich jemanden gefunden, der meinen Schmerz anerkannte, den ich fühlte. Sie half mir zu erkennen, dass die Stimmen ein Teil von mir waren und dass sie einen Sinn hat-

ten. In sechs Monaten war ich in der Lage, eine Umgehensweise mit den Stimmen zu entwickeln. Das wichtigste bei dieser Frau war, dass sie aufrichtig in ihren Motiven und Reaktionen in Bezug auf das war, was ich ihr erzählte.

Ich brachte mir selbst mehrere (kurzfristige) Techniken bei. Eine dieser Techniken war, jeden Tag einige Zeit für die Stimmen zu reservieren. Eine Zeit, wenn sie sich frei entfalten konnten und ich mich mit ihnen auseinandersetzen konnte. Eine andere Technik für eine andere Stimme (ich hatte vier Stimmen) war, mir zu erlauben, Angst zu haben – dann verschwand die Stimme. Die Schwester ermutigte mich, mir Stellenanzeigen anzugucken. Sie war sehr kreativ bei der ganzen Sache und brachte Anzeigen an meinem Spiegel an, auf meinem Teller – wo immer ich auch hinguckte – sodass ich mich nicht entziehen konnte. Sie gab mir allerdings die freie Wahl und veranlasste mich dazu, mein anfängliches Zögern zu überwinden, und unterstützte mich darin, diese Wahl zu treffen. Sie sagte mir, dass ich es könnte, und ich glaubte ihr. Ich bewarb mich für eine Arbeit und bekam eine in den psychiatrischen Diensten. Ich arbeite hier mittlerweile seit einigen Jahren. Ich organisiere Kurse, Kongresse sowie ein Programm für Werkzeugverleih, und ich habe ein Arbeitsbuch für Patienten gemacht. Ich höre immer noch Stimmen, und das ist nicht sehr einfach.«

In diesem Fall war die Wiederherstellung des Selbstrespektes dieses Mannes die Grundlage für seine wiederhergestellte Unabhängigkeit, nicht andersherum.

Fallbeispiel 4

Ein Mann Anfang 30 hörte bereits sieben Stimmen, und die Anzahl erhöhte sich allmählich. Als er das erste Mal eine Stimme hörte, arbeitete er gerade allein in seinem Büro. Zunächst glaubte er, dass es seine Sekretärin war, aber sie war bereits nach Hause gegangen. Er war müde und die Stimme machte ihm Angst, deswegen ging er in eine Kneipe und betrank sich. Die Stimme verschwand nicht. Er ging zu seinem Arzt und wurde zu einem Psychiater überwiesen, der ihn in ein psychiatrisches Krankenhaus einlieferte. Im Folgenden redet er über seine Krankenhauszeit:

12 Recovery oder Interventionen in der Stabilisierungsphase (langfristige Interventionen)

»Ich war völlig machtlos im Krankenhaus. Ich hatte keine Kontrolle und doch hatte ich zur gleichen Zeit die totale Kontrolle. Es wurde immer meine Krankheit beschuldigt. Es war eine Verantwortungsverschiebung. Sie erzählten mir, dass mein Verhalten auf eine Krankheit zurückzuführen sei, aber ich dachte mir, dass ich nicht krank war.«

Nach vielen Jahren der Zwangseinweisungen ins Krankenhaus, in dem er als schizophren diagnostiziert worden war, wurde er mit einer Selbsthilfegruppe für Stimmenhörer bekannt gemacht. Er entdeckte dort, wie seine Stimmen mit seiner persönlichen Geschichte verbunden waren, und er fing langsam an, seine Gefühle über das, was passiert war, herauszulassen.

Seine 23-jährige Freundin beging Suizid, als sie sechs Monate schwanger war. Wegen des Babys wurde sie durch eine Maschine am Leben erhalten. Das Baby starb aber dennoch drei Tage später. Er war damals 17 Jahre alt und nach diesem Suizid versuchte er, all seine Gefühle auszulöschen. Er trat in die Armee ein, und um mit den anfänglich überwältigenden Emotionen umzugehen, benutzte er die »kontrollierte Aggression«, eine Taktik, die er vom Rugbyspielen gelernt hatte. Er lernte außerdem sehr fleißig.

Durch einen Headhunter (Abwerber) bekam er eine Arbeit außerhalb der Armee, wo er sich die gleiche alte Selbstdisziplin auferlegte: »Arbeite hart und sei zäh.« Er war gnadenlos. Menschen vermieden ihn und er wurde nicht auf Partys eingeladen. Eines Tages, als er Rugby spielte, lief ein sehr starker Gegner in ihn hinein und brach seine Hüfte, wodurch er im Krankenhaus landete. Zu seinem Erstaunen musste er mit der Anteilnahme seiner Mannschaftskollegen klarkommen – eine neue Erfahrung für ihn, mit der er nicht umzugehen wusste.

Danach fing er an, von seiner toten Freundin zu träumen und merkte, wie sehr er sie vermisste. Zurück bei der Arbeit, versuchte er, seine Emotionen in Schach zu halten, was ihm aber nicht gelang. Er fing an, Stimmen zu hören, verlor seine Arbeit und verfing sich in dem bereits erwähnten psychiatrischen Schlachtfeld.

Erst, als er über die Selbsthilfegruppe stolperte, fing er an, Einsicht in die Beziehung zwischen seinen Gefühlen und seinen Stimmen zu bekommen. Als wir ihn fragten: »Wer gab dir die Macht zurück?«, erwähnte er ein kleines Netzwerk von Menschen, die ihn außerhalb des Krankenhauses unterstützten, die Selbsthilfegruppe und zwei Sozialarbeiter. Was sie machten, war, ihn wie eine Person zu behandeln, ihn zu akzeptieren und ihn so, wie er war, zu respektieren.

Im Laufe eines Jahres erlangte er eine große Menge an Expertenwissen über das Stimmenhörphänomen, indem er mit anderen Menschen darüber sprach und darüber las. Er baute ein nationales Netzwerk in Großbritannien auf und bildet jetzt Psychiatriefachleute aus.

Anhand dieser Beispiele wird deutlich, wie die Wiederherstellung von Selbstrespekt durch das Anerkennen der Person mit ihren Erfahrungen und Wahrnehmungen einen Weg für eine unabhängige Existenz öffnen kann.

Wir wissen von vielen Fällen, in denen die geänderten sozialen Umstände sich im Rückblick als weit wichtiger erwiesen als irgendwelche der Interventionen, die sich auf das Stimmenhören konzentrierten. Es zeigt, dass es vielleicht nicht so sinnvoll ist, sich an die Vorstellung zu klammern, dass die Symptome geheilt werden müssen, bevor der Versuch unternommen wird, die sozialen Umstände einer Person zu verbessern.

Bedeutung enger Beziehungen

Fast jeder uns bekannte Stimmenhörer, der gelernt hat, mit seiner Erfahrung zu leben, hat beschrieben, wie wichtig es für ihn war, einen Freund, Partner oder ein Familienmitglied zu haben, das zuhörte, ihn akzeptierte und ihm ein Gefühl der Sicherheit gab. Der Schlüssel dabei ist Qualität und nicht Quantität. Es braucht nur eine Person, der man vertrauen kann, um Menschen das Gefühl zu geben, dass sie sicher sind, selbst wenn die Stimmen ständig auf sie einreden.

Die richtige Unterstützung zu finden kann eine ganz schöne Kunst sein. Ohne sie ist aufgrund des Einflusses der Stimmen auf das Verhalten das Risiko einer Hospitalisierung viel größer. Wenn die Stimmen am stärksten sind, brauchen Stimmenhörer Erleichterung und Unterstützung anstatt Behandlung. Die Organisation »Lambeth Link« in London (für Kunden und Nutzer der psychiatrischen Versorgungsdienste) bietet Mit-

12 Recovery oder Interventionen in der Stabilisierungsphase (langfristige Interventionen)

gliedern die Gelegenheit, für einige Tage in einer ihrer Wohnungen unterzukommen und von anderen Mitgliedern, die auch Stimmenhörer sind, unterstützt zu werden. In Deutschland bietet die Krisenpension in Berlin ähnliche Unterstützung an. Nicht jeder hat allerdings das Glück, an eine solche Einrichtung zu gelangen. Eine gute Lösung wäre ein flexibles Gesundheitsversorgungssystem, das dem Klienten erlauben würde, eine Vereinbarung über die Art und Länge der Behandlung zu treffen (JONG 1997a).

Rehabilitation konzentriert sich nicht nur auf die Person, sondern auch auf ihre Umgebung. Es kann sein, dass jemand nicht in der Lage ist, seine Umstände zu beeinflussen oder zu verändern. Deshalb muss Resozialisierung auch heißen, den Partnern, Familienmitgliedern und Bekannten, die der Klient oft sieht, umfassende Informationen zu vermitteln. Die Menschen, die im direkten Kontakt stehen, müssen darüber informiert werden, wie wichtig es für Hörer ist, dass jemand beruhigend auf sie einwirkt, damit sie sich sicher fühlen können. Sie müssen auch verstehen, wie viel Leid und Not die Stimmen für den Hörer verursachen.

Fallbeispiel
Eine Frau, die unsere erste Stimmenhörerkonferenz 1987 besuchte, machte uns erstmals deutlich, wie wichtig ein Gefühl der Sicherheit und ausreichende Beruhigung sind. Sie brachte ihre Mutter und ihren Freund mit. Die Gegenwart einiger 100 anderer Stimmenhörer, die offene Atmosphäre und der Respekt, den jeder Stimmenhörer für die Erfahrung anderer hatte, verwandelte die Einstellung ihrer Mutter und ihres Freundes. Sie gingen mit einem viel besseren Verständnis für das Verhalten der Frau und die Dominanz der Stimmen nach Hause.

Die Frau heiratete nicht lange nach dieser Konferenz. In der Vergangenheit waren ihre Beziehungen immer gescheitert, da ihre Partner die Erfahrung nicht verstehen konnten oder sie ablehnten und die Stimmen die Partner nicht akzeptierten. Die Stimmen sagten aber nichts über den Mann, den sie schließlich heiratete.
Liebe ist extrem wichtig im Leben der Stimmenhörer. Obwohl wir sie nicht anordnen oder verschreiben können, können wir dennoch ihren Beitrag anerkennen.

Schlussfolgerung

Zum Abschluss dieses Kapitels fassen wir die wichtigsten Schritte im Rehabilitations- und Wiedereingliederungsprozess zusammen, die zur Wiedergewinnung des Lebens führen. Dies sind Schritte, die nicht nur auf das Stimmenhören zutreffen, sondern auch auf viele andere schwerwiegende psychiatrische Beschwerden:

- Dekonstruieren Sie die diagnostische Kategorie auf die ursprünglichen Beschwerden und Reaktionsmuster.
- Akzeptieren Sie die Beschwerden als wirkliche Erfahrungen – so, wie die Stimmen als wirkliche Erfahrungen akzeptiert werden.
- Begreifen Sie das ursprüngliche Leid (z. B. die Stimmen), indem Sie sie auf die Lebenserfahrungen der Person beziehen. Dadurch kann das Gefühl der Kontinuität – unterbrochen durch die Erfahrung der Psychose – wiederhergestellt werden.
- Rehabilitieren Sie die Person; das heißt, stellen Sie ihre Ehre wieder her, indem Sie ihr wirkliches Leid und Trauma anerkennen. Die Schwierigkeit in diesem Prozess besteht darin, die Schuldgefühle und Aggressionen zu verarbeiten – ein Teil der Zurückweisung, die in traumatischen Erlebnissen involviert ist –, dadurch werden die Ereignisse der Vergangenheit übergeben (siehe auch HERMAN 1992).
- Ermutigen Sie dazu, Entscheidungen für die Zukunft und im Hier und Jetzt zu treffen, um Menschen dazu zu verhelfen, sich in ihrem sozialen Netzwerk auszudrücken, bei ihrer Arbeit o.a., und um sie in die Lage zu versetzen, erneut Risiken im Leben und in der Liebe einzugehen.

13 Die Theorie des Stimmenhörers nutzen

Wir haben uns bisher mit dem Stimmenhören im Rahmen der Psychiatrie und Psychologie innerhalb des Gesundheitssystems befasst. Stimmenhörer, genauso wie andere Menschen auch, ziehen es vor, ihre Erfahrung mit ihren eigenen Begriffen zu erklären. Das führt zu vielen verschiedenen Theorien, je nach der Sicht der Menschen auf das Leben, ihrer Religion und ihrem kulturellen Hintergrund.

Die Psychiatrie und die Psychologie sehen die Stimmen als Teil der Person, und doch zur gleichen Zeit als ihr fremd. Das ist es, was eine akustische Halluzination definiert: Sie ist »nicht zu mir gehörig«. Für die Stimmenhörer ist es ihrer Erfahrung und ihren eigenen Beobachtungen gemäßer, die Stimmen als völlig außerhalb ihrer eigenen Persönlichkeit zu beschreiben. Sie sagen etwa: »Die Stimme spricht über Dinge, von denen ich nichts weiß, benutzt Wörter, die ich nie benutze, darum kann die Stimme nicht von mir selbst kommen. Es muss jemand anderes sein.« Oder: »Ich höre mehr als eine Stimme zur gleichen Zeit. Es ist unmöglich, dass sie alle von mir kommen.« In unserer Umfrage von 1987 beantworteten 190 Stimmenhörer die Frage nach dem Ursprung der Stimmen:

- 41 Prozent schrieben die Stimmen Geistern oder Göttern zu.
- 16 Prozent interpretierten sie als positive Lebensführer.
- 24 Prozent nahmen sie als eine besondere Gabe wahr.
- 26 Prozent erkannten die Stimmen als einer Person aus dem täglichen Leben zugehörig (entweder tot oder lebendig).

Tabelle 7 (siehe Anhang 2) zeigt die Ergebnisse aus unserer späteren vergleichenden Studie (siehe auch Kapitel 2). Sie gehören zu verschiedenen konzeptionellen Rahmen. Wir werden einige dieser Überzeugungen behandeln und ihre Nützlichkeit in Bezug auf die Analyse der Beziehung zwischen Stimmen und Stimmenhörer untersuchen. Keine dieser Überzeugungen ist uns völlig fremd. Sie beziehen sich vielmehr auf Subkulturen – neue Interpretationen breit akzeptierter Philosophien, die unter Umständen nicht mehr erkennbar sind. Wir beschreiben verschiedene Überzeugungssysteme und zeigen anhand von Beispielen, wie Stimmenhörer sie nutzen, um mit ihren Stimmen umzugehen.

Mystische Erfahrung und Religion

Bei einer Reihe von Menschen beginnt das Stimmenhören mit einer mystischen Erfahrung. Einige Stimmenhörer interpretieren es als eine religiöse und andere als eine kosmische Erfahrung. Das Wesentliche beider Interpretationen ist das Gefühl, in Verbundenheit oder in Gemeinschaft zu sein. Diese Verbundenheit kann die Last unerträglicher Einsamkeit erleichtern. Stimmenhörer berichten oft über ein Gefühl des völligen Einsseins mit der Welt.

In diesem Abschnitt beschreiben wir mystische Erfahrung und Religion (basierend auf STAP / MARRELO 1997, S. 96–100, wenn nicht anders vermerkt). Die spirituelle, nichtreligiöse Erfahrung wird unter »Transpersonale Psychologie« behandelt (siehe unten). Stap und Marrelo schreiben:

»Der Mystizismus ist vor allem eine Erfahrung. Obwohl die Schilderungen dieser Erfahrung, wo verfügbar, zwangsläufig zeit- und kulturgebunden sind, ist ihnen allen eine zentrale Behauptung gemeinsam: nämlich dass das Objekt der Erfahrung nicht nur ein Teil der Wirklichkeit ist, sondern Wirklichkeit in ihrer Ganzheit, als Einheit. Das Subjekt der mystischen Erfahrung sieht sich in einer Beziehung zu einer Welt, die alles Existierende umfasst, eine Welt, die nicht von der Wirklichkeit getrennt ist, jedoch auch nicht in der alltäglichen Wahrnehmung gänzlich erkennbar ist. Diese Welt scheint dem Subjekt eine offenkundige Wahrheit zu offenbaren, jenseits des Zugriffs der Logik und der Sinne, eine Wahrheit, die den höchsten Punkt repräsentiert.«

Die mystische Erfahrung ist die Grundlage aller Formen von Religion, zum Beispiel:

»Der Buddhismus wurde im Augenblick der Erleuchtung Buddhas geboren; das Christentum ging aus Begegnungen Einzelner mit Gott in menschlicher Gestalt, Jesus von Nazareth, hervor. In jedem Fall steht die Erfahrung an erster Stelle: Erst später folgen das Dogma, die Struktur innerhalb einer gegebenen Gesellschaft und ein kohärenter Moralkodex …

Doch aus welcher Kultur sie auch stammen mögen, alle Mystiker betonen, dass die Erfahrung selbst der Logik entzogen und dass sie sowohl

unerklärlich wie auch unvermittelbar sei. Das bedeutet, dass der Inhalt solch einer Erfahrung notwendig unverifizierbar bleibt und nur von den Personen mit ähnlichen Wahrnehmungen, die mystischer Erfahrung gegenüber offen und empfänglich sind, gewusst werden kann.«
»Obgleich die mystische Erfahrung selbst ... rationaler Erklärung nicht zugänglich ist, steht sie nicht per se in Widerspruch zu logischem Denkvermögen.«
Es gibt keinen Zweifel, dass Menschen in der Bibel Stimmen hörten. Es wird auf fast jeder Bibelseite erwähnt. Im Alten, aber auch im Neuen Testament spricht Gott mit den Menschen, Gott hat eine Stimme: »Überall in der jüdischen Bibel wendet Gott sich mit dem gesprochenen Wort an die Menschen: Er verlangt Rechenschaft von ihnen, tritt in einen Dialog mit ihnen ein und hört auf ihre Fragen.«

Fallbeispiel
Der britische Psychologe P. Chadwick behandelte die folgende Patientin: Eine 59 Jahre alte Frau beschwerte sich darüber, dass sie seit ca. 20 Jahren Stimmen hörte und Visionen sah. Die Stimmen trugen zu mehreren Suizidversuchen bei. Medikamente hatten keine Wirkung auf die Stimmen und die Visionen gehabt. Sie hörte eine Stimme, die sich als Gott vorstellte. Diese Stimme hatte ihr befohlen, sich selbst, ihre Familie und mehrere Bürokollegen zu töten. Zur gleichen Zeit sah Sie Visionen ihrer Tochter und ihres Hundes, die sie zu überzeugen versuchten, auf die Stimme Gottes zu hören und mit ihnen im Himmel wieder vereinigt zu sein.
Die bedeutsamsten Überzeugungen dieser Frau waren:
»Gott spricht mit mir.«
»Wenn ich es ablehne zu gehorchen, dann werde ich bestraft.«
»Ich habe keine Kontrolle über meine Stimmen.«
Diese Überzeugungen wurden in der Behandlung hinterfragt und Therapeut und Patientin suchten gemeinsam nach Beweisen für diese Überzeugungen. Die Frau war eine erklärte Katholikin. Deshalb konnte der Therapeut ihr die folgenden Fragen stellen:
»Kann es wahr sein, dass Gott einem Menschen befehlen würde, jemanden zu töten?«

»Sind Sie jemals dafür bestraft wurden, dass Sie Anordnungen nicht gefolgt sind?«

So sollte überprüft werden, ob die Anordnungen, die sie erhielt, sich auch mit dem katholischen Glauben verbinden ließen.

Schlussfolgerung

Wenn jemand in einem religiösen Kontext Stimmen hört, sollte sich die Diskussion zwischen Hörer und Berater darauf konzentrieren, welche Werte die Stimme repräsentiert. Ist ihre Rolle die eines alttestamentlichen Anklägers, der die Menschen zur Umkehr und zum Bund mit Gott und den Geboten aufruft? Wenn ja, kann es durchaus sein, dass die Stimmen dem Gewissen dienen, indem sie den Stimmenhörer dazu aufrufen, die Welt zu retten. Dies bezieht sich auf einen Lebensraum, der über den des Individuums hinausreicht und sich auf andere Menschen und die Gesellschaft als Ganzes bezieht. Sollten die Werte neutestamentliche Werte sein, ist es wahrscheinlicher, dass die Stimme sich auf Regeln für den alleinigen Nutzen des Hörers beschränkt.

In beiden Fällen nimmt die Stimme eine Gewissensfunktion ein, eines Gewissens allerdings, das über das Persönliche hinausgeht und mit den Geboten einer höheren Autorität verbunden ist, deren Anordnungen weitreichende Konsequenzen haben können. Das Gewissen ist in ein religiöses Dogma eingebettet, das innerhalb eines sozialen und kulturellen Kontextes besteht. In dem Beispiel bezweifelt Chadwick nicht die Authentizität der Stimmen, nur die Rechtmäßigkeit der Befehle, die sie geben.

Transpersonale Psychologie

Transpersonal (das bedeutet jenseits des Personalen) ist ein Begriff, der mit der Arbeit und dem Denkmodell von Abraham Maslow verbunden wird. Transpersonale Psychologie strebt nach spirituellem Wachstum. Roberto Assagioli (1988), ein italienischer Psychiater und bekannter Forscher in diesem Feld, beschreibt die Erfahrungen, um die es geht:

»... jegliche Erfahrungen, die mit dem Bewusstsein des Inhalts des Überbewussten verbunden sind und die Erfahrungen des Selbst mit einschließen können oder auch nicht. Dies ist nicht als eine außergewöhnliche Gabe zu verstehen, die nur für einige wenige reserviert ist, sondern als ein Reservoir an höheren Kräften, die, obwohl zunächst verborgen, all jenen zur Verfügung stehen, die gewillt sind, sie abzurufen und sie durch bewusste Anstrengung sowie durch gezielten Einsatz ihrer eigenen Energien, unter Nutzung passender Techniken und Ausbildung, zu entwickeln.«

Die Berührung dieser Bewusstseinszustände nennt Assagioli »spirituelle Erweckung«:

»Seit frühesten Zeiten hat es Menschen gegeben, die behaupteten, einen Bewusstseinszustand erlebt zu haben, der sich in Qualität, Intensität und Wirkung deutlich von den Zuständen unterschied, die normalerweise ihre Bilder des Lichts und der Dunkelheit auf den Bildschirm des menschlichen Bewusstseins projizieren. Das Prinzip der transpersonalen Psychologie ist deshalb das der Realität des Überbewusstseins, weil diese normalerweise nicht anerkannt wird, insbesondere auf den Gebieten der Wissenschaft und der Psychologie, auf denen es eine unbekannte Größe ist. Die Wirklichkeit des Überbewusstseins muss aber nicht demonstriert werden, es ist eine Erfahrung, und wenn wir uns ihrer bewusst werden, kann es als eine der ›Tatsachen des Bewusstseins‹ gesehen werden. Es gibt einen kontinuierlichen Austausch zwischen dem bewussten Geist und dem Überbewussten.«

Es hat viele aktive Wissenschaftler in diesem Feld gegeben, die alle zu der Debatte über die Existenz und die Art der verschiedenen Bewusstseinszustände beigetragen haben. Zu ihnen gehören unter anderen Richard Maurice BUCKE (1901), William JAMES (1902), Carl Gustav JUNG (1962), Ronald David LAING (1965), Abraham MASLOW (1968), Roberto ASSAGIOLI (1988), Stanislav GROF (1989) und Ken WILBER (1995).

Assagioli hat Daten von Interviews, Autobiografien und Korrespondenzen gesammelt. Davon ausgehend definierte er die folgenden Charakteristika höherer Bewusstseinszustände:

- »Ein Eindruck der Tiefe; des Hinunterreichens zu den Ursprüngen unseres Wesens.
- Ein Fortschreiten vom Äußeren zum Inneren, von der Peripherie zum Zentrum unseres Wesens.

- Erhebung auf eine höhere Ebene (die Symbole des Bergsteigens oder des Erreichens einer Spitze kommen oft vor).
- Ein Pfad oder ein Weg, der beschritten werden muss.
- Erweitertes Bewusstsein, manchmal sehr verwirrend; die Grenzen des ›Ichs‹ sind kurzzeitig weggefallen.
- Ein Gefühl des Wachstums und der energetischen Stimulierung; ein Gefühl des Befreitwerdens von den Wirrungen und Hindernissen, die uns gefangen halten, sodass wir in der Lage sind, zu erblühen oder aufzutauchen.
- Ermächtigung: das Gefühl eines größeren Energieflusses, das den Menschen stärkt und ihn dynamischer macht.
- Eine Erweckung, beschrieben als ›ich erwachte zu einer höheren Realität‹, ›meine Sinne wurden von der Dunkelheit erlöst‹. Es erhellt die innere Welt, wirft Licht auf Probleme und Zweifel und zerstreut sie. Dies wird oft von einem Gefühl der Freude oder des Glücks begleitet, das in einen Zustand der inneren Glückseligkeit resultieren kann.
- Ein Gefühl der Erneuerung oder der Regenerierung; die Geburt eines neuen Wesens von innen.
- Ein Gefühl der Auferstehung, des Aufsteigens zu einem Zustand, der verloren und vergessen war; ein Gefühl der Befreiung, der inneren Freiheit.«

Maslow identifizierte 14 Charakteristika, die er »die Werte des Bewusstseins des Seins« nannte. Er betrachtet sie als Aspekte und nicht als Teile des Seins:

- »Das Gefühl der Fülle, Integration, Totalität, das Gefühl der Perfektion, Ganzheit, Lebendigkeit und Intensität des Lebens; das Gefühl der Schönheit, Bewusstsein des Guten, Abwesenheit von Anstrengung; Spontaneität, Freude, Fröhlichkeit, Humor; das Gefühl der Wahrheit oder der Realität des Erlebnisses.«

Assagioli nennt fünf Motive, warum Individuen in Berührung mit »der Flut höherer Elemente in die Sphäre des Bewusstseins« kommen wollen:

- Eine unwiderrufbare Bestätigung individueller Kraft bei der Überwindung extremer Schwierigkeiten unter hohem Risiko, exemplarisch dargestellt durch eine Leidenschaft für das Bergsteigen.

- Ein Hunger nach übermenschlichen oder magischen Dimensionen. Dieser Hunger ist im Kern egoistisch, selbst wenn er in pseudospirituellen Begriffen ausgedrückt wird.
- Ein Drang dazu, das Ungewöhnliche zu erleben, zu erforschen, nach dem zu suchen, was auch immer da draußen ist; eine Faszination durch das Außergewöhnliche und Mysteriöse.
- Die Verlockung durch das Abenteuer, durch Schwierigkeiten und durch das Risiko um seiner selbst willen. Ein jüngeres Phänomen ist das des »allein auf sich gestellten Navigators«, der den Ozean in einem kleinen Boot überquert.
- Die Faszination durch etwas wahrhaft Überlegenes, etwas, das einen höheren Wert und eine echte spirituelle Qualität hat: »Die Gipfel um uns herum sind die Altäre, auf denen man in der Lage ist, mystische Rituale auszuführen, weit entfernt von den Augen anderer Menschen; Rituale, die manchmal Angst machen können. Es gibt sogar Momente, in denen sie die angsterfülltesten und heiligsten Aspekte annehmen.«

Assagioli stellt fest, dass die spirituelle Entwicklung ein langer und mühsamer Weg ist, der von Schwierigkeiten und Gefahren gezeichnet ist. Im Laufe dieses Prozesses kann es passieren, dass Menschen aus dem Gleichgewicht geraten. Nach Maslow kann dies durch die Angst vor der Erfahrung und das Bedürfnis, sie zu bekämpfen, hervorgerufen werden. Die Psychologin Myrtle HEERY (1989) aus Kalifornien hat diesen Punkt aufgegriffen und eine ausführliche Studie in einer Gruppe von 30 Stimmenhörern durchgeführt, in der sie nach möglichen Erklärungen für die Stimmen in Bezug auf die persönliche Entwicklung des Stimmenhörers suchte. Sie unterschied drei Erlebniskategorien:
- Erfahrungen, die fragmentierte Teile des Selbst offenbaren;
- Erfahrungen, die als Teil eines Dialogs Rat in Bezug auf persönliches Wachstum geben;
- Erfahrungen, die Kanäle zu einem höheren Selbst und über das Selbst hinaus öffnen.

Diese Ergebnisse sprechen von einem fortwährenden didaktischen Prozess, mit der inneren Stimme als Lehrer.

In der Folge einer Studie über religiöse Persönlichkeiten, die Stimmen hörten, vertritt A. ALSCHULER (1987) die These, dass es einen inneren Lehrplan geben müsse:

»Der Kontakt mit der inneren Stimme stellt zunächst einmal die Annahme des Individuums über die Realität in Frage. Als Nächstes geht er oder sie durch einen Prozess intensiver Anleitungen, die auch Zeiten der Isolation mit einschließen können. Schließlich findet dieser innere Lehrplan seinen Höhepunkt in einem Vereinigungszustand, der durch eine starke Identifikation mit der anderen Welt charakterisiert wird, durch eine Reise durch Himmel und Hölle und eine spirituelle Hochzeit mit dem inneren Lehrer.«

In der traditionellen Psychiatrie werden Erfahrungen unterschiedlicher Bewusstseinsstufen im Allgemeinen als Krankheit behandelt. Im Großen und Ganzen benutzt die Psychiatrie Medikamente und zieht alternative Realitäten gar nicht in Erwägung. Die Transpersonale Psychologie sieht diese Erfahrungen allerdings als spirituelle Krisen, die völlig anders angegangen werden müssen.

GROF (1989) macht eine Reihe von Vorschlägen:

- »Die Erfahrung sollte in einem positiven Kontext verstanden werden. Stimmenhören ist keine Krankheit, sondern ein Schritt in einem Entwicklungsprozess.
- Betroffene sollten über den Prozess, den sie erfahren, aufgeklärt werden mit besonderer Aufmerksamkeit für die Heilungsaspekte einer Krise.
- Es sollte Literatur über diesen Prozess zur Verfügung gestellt werden.
- Es sollten für Stimmenhörer Gelegenheiten geschaffen werden, sich mit anderen auszutauschen, die ihre Erfahrung verstehen, vorzugsweise mit Menschen, die bereits ähnliche Erfahrungen durchgestanden haben.
- Unterstützung sollte sowohl für, aber auch durch ein Netzwerk von Familienmitgliedern und Freunden zur Verfügung stehen.«

Zusammenfassung

Transpersonale Psychologie erkennt die Existenz verschiedener, interkommunizierender Bewusstheitsstufen an. Mystiker wissen oft von einer solchen Aushandlung der verschiedenen Stufen zu berichten. Aus einer höheren Perspektive gesehen nehmen Probleme und Fragen eine andere Dimension an. Diese Erfahrung kann so intensiv sein, dass Menschen ihr psychologisches Gleichgewicht verlieren und entweder in eine Krise oder auf eine höhere Bewusstseinsebene gelangen, die ihre Lebensperspektive für immer verändert.

Was lehrt uns der transpersonale Rahmen darüber, wie Menschen geholfen werden kann, mit ihren Stimmen umzugehen?

- Das Hören der Stimmen wird akzeptiert und dem Inhalt wird Aufmerksamkeit geschenkt.
- Es wird davon ausgegangen, dass die Stimmen ein Mittel sind, um zwischen verschiedenen Bewusstseinsebenen zu kommunizieren.
- Stimmenhören wird als ein möglicher Weg betrachtet, nach individueller Erfüllung zu streben.
- Es wird angenommen, dass Stimmenhören eine (zeitbegrenzte) Krise in der Entwicklung eines Menschen anzeigen kann.
- Die Kommentare der Stimmen werden auf Lebensgebiete bezogen, die Probleme bereiten.

Metaphysische Perspektiven

Manche Stimmenhörer erzählten uns bei Interviews, dass sie glaubten, ihre Stimmen seien fremde Entitäten, Kreaturen aus einer anderen Dimension oder Menschen, die gestorben sind. Während dies in der Welt des Science-Fiction akzeptabel ist, kann es schwierig sein, es mit dem täglichen Leben zu vereinbaren. Die Forschung auf diesem Gebiet ist immer noch marginal, und wenn Berater solch eine Prämisse annehmen, steht dies im Gegensatz zu ihrer professionellen Ausbildung.

Die Gerontologin Ingrid ELFFERICH (1997, S. 100–108) beschreibt, warum sie anfing, sich für dieses Gebiet zu interessieren:

»Alles begann, als ich am College zu den Wegen forschte, wie Menschen, die einen schweren persönlichen Verlust erlitten hatten, es schaffen, einen neuen Lebenssinn zu finden. Diejenigen mit dem größten Erfolg schienen Menschen zu sein, die – wie sie es ausdrückten – Kontakt zu einer höheren Instanz hergestellt hatten. Es war verblüffend zu sehen, wie viel leichter diese Menschen mit ihren Problemen zurechtkamen, nachdem sie eine Erfahrung gemacht hatten, die man als transzendental umschreiben könnte. Ich hatte in meiner Arbeit auch die Aufgabe, Menschen zu beraten, die bald sterben würden. Im Laufe dieser Arbeit entdeckte ich, dass die Sterbenden oft durch das, was man als Todesnähe-Erfahrung bezeichnet, Erleichterung und Frieden fanden. Manche dieser Leute sagten mir, dass sie Stimmen hörten. Gewöhnlich erkannten sie die Stimme einer Person wieder, die vor ihnen gestorben war, eine Person, die sie gekannt und geliebt hatten ... die Stimmen (übermittelten) in einigen Fällen zumindest eine konkrete, vernünftige Botschaft ..., die in Übereinstimmung mit den Tatsachen unserer sichtbaren Welt steht und sogar neue Informationen zu dieser Welt beisteuert.«

»Diese Erfahrungen veranlassten mich, nach einem Bezugsrahmen zu suchen, der jenen, die zwar Stimmen hören, jedoch seelisch bei vollkommener Gesundheit sind, gerechter wird – gerechter als orthodoxe psychologische Bezugsrahmen ... Im Laufe der Begegnungen mit den Betroffenen und der Untersuchung dieser Fragen wurde mir zunehmend bewusst, dass unsere konventionelle Sicht auf die Welt und die Menschen schlicht zu begrenzt ist.«

Elfferich stellt nun eine metaphysische Perspektive vor:

»Die metaphysische Hypothese beinhaltet eine in Schichten unterteilte Wirklichkeit: eine Wirklichkeit, die aus mehreren miteinander verbundenen Raum-Zeit-Dimensionen besteht, die nicht mit unseren normalen Alltagssinnen verstanden werden können.«

Sie benutzt auch eine weitere Hypothese, die sich auf die Arbeit Poortmans beruft, einem niederländischen Philosophen. Er legte den Gedanken nahe, dass unser Geist oder unsere Seele ihre eigene Energie haben könnte, die in gewissem Sinne körperlich ist. Sollte dies der Fall sein, dann kann es sein, dass es Existenzdimensionen und -ebenen gibt, die unser Leben auf Weisen umgeben, durchdringen und beeinflussen, die wir bisher nicht verstehen. Wir können dann nicht nur mit den Lebenden, sondern auch mit den Toten, die vielleicht in einer anderen Dimension existieren, in Kontakt stehen. Auf diese Weise kann Stimmenhören als ein Mittel der Kommunikation zwischen verschiedenen Wirklichkeitsebenen verstanden werden, so wie Hellseher beanspruchen, Metaphysisches wahrzunehmen.

Es gibt die Annahme, dass emotionale Traumata Grenzen durchbrechen können, sodass Stimmen aus einer anderen Dimension erlaubt wird, in einen Menschen einzutreten. Diese Sicht wird von der niederländischen Vereinigung der Naturheiler vertreten. Es ist wohlbekannt, dass Menschen, die einen großen Verlust wie den Tod eines Partners oder eines Kindes erlitten haben, berichten, dass sie deren Stimme danach hören. Das ist ziemlich normal; es braucht Zeit, jemanden loszulassen, und die Stimme hört gewöhnlich nach einigen Monaten auf. Die Stimme zu hören ist ein Teil des Trauerrituals. In gewissen afrikanischen Kulturen wird angenommen, dass die Geister der Toten sich noch eine Zeitlang auf der Erde aufhalten. Um dies zu regulieren, gibt es mehrere Rituale. In westlichen Kulturen werden regelmäßig Gottesdienste zum Gedenken an die Verstorbenen gehalten.

Manche Stimmenhörer werden Medien. Jane Roberts und Eva Pierrakos sind sehr bekannte Medien in den USA. Sie empfingen Nachrichten für die Weitergabe an andere. Sie initiierten ein Aufklärungsprogramm für die Entwicklung eines höheren Bewusstseins. Dieses Programm steht in besonderen Zentren in den Niederlanden, wie dem Seth Zentrum (Jane Roberts) und der Pathworkschule (Eva Pierrakos), zur Verfügung. Die empfangenen Nachrichten werden so formuliert, dass eine Suche des Selbst sowie persönliche Entwicklung gefördert werden.

Fallbeispiel 1

Eine 48-jährige Frau beschreibt (in ROMME/ESCHER 1999), wie sie ein Medium wurde. Ihre erste visuelle Halluzination hatte sie, als ihr Sohn sterbenskrank war und sie sah, wie der Tod sich ihm näherte. Nach seinem Tod fing sie an, seine Stimme zu hören, die ihr Nachrichten übermittelte. Sie beschreibt dies als einen Lernprozess: »Zu meiner eigenen großen Verwunderung befand ich mich in einer Situation, in der ich

Nachrichten aus einer anderen Welt empfing, in der mein Sohn nunmehr verweilte.«
Der Weg, den sie einschlug, war ein langer und schwieriger Prozess des Lernens und der Entwicklung: »Ich lernte, meine Aura so zu verschließen, dass nur höhere Entitäten mich erreichen konnten; das hieß, dass ich nicht niedrigeren, erdverbundenen Einflüssen ausgesetzt war, die ihre eigenen spirituellen Bedürfnisse und Ansprüche haben und somit auch keine Einsichten oder Ratschläge anzubieten haben.«
Hier sehen wir das Beispiel einer Frau, die es geschafft hat, ihren Verlust zu überwinden, indem sie Fähigkeiten als Medium entwickelte. Im Ergebnis hat ihr Leben eine völlig neue Perspektive angenommen.

Fallbeispiel 2
Der Sohn einer 51-jährigen Frau, die Mitglied unserer Patientengruppe war, hatte sich erhängt nach einer Reihe schlimmer Auseinandersetzungen mit seinem Vater. Mutter und Sohn waren sich sehr nahe gewesen. Sie begann, die Stimme ihres Sohnes zu hören, die sie einlud, sich ihm anzuschließen. Die Beratung half ihr, mit ihrem Mann und ihrer Familie darüber zu sprechen, sie war allerdings nicht erfolgreich hinsichtlich der Veränderung ihrer Haltung.
In beiden Fällen war Stimmenhören ein Aspekt des natürlichen Trauerprozesses. Der Unterschied in der Art, wie mit den Verlusten umgegangen wurde, war allerdings abhängig von den Auswirkungen auf das Leben der Menschen und davon, ob sie einen neuen Sinn finden konnten.

Zusammenfassung

Der metaphysische Ansatz hat eine breite philosophische Grundlage, auf der Phänomene wie das Stimmenhören, die nicht in unser normales Verständnis von Raum und Zeit passen, akzeptiert werden können. Dies gibt Menschen Raum, um einen großen Verlust zu verarbeiten, indem sie ihn als Mittel für persönliches Wachstum und Entwicklung eines höheren Bewusstseins nutzen, oft für den Dienst an anderen Menschen. In afrikanischen und asiatischen Kulturen ist dies nicht unbekannt. Dort kann Stimmenhören Menschen dazu führen, Heiler zu werden (Jong 1987). Im Westen ist dies gesellschaftlich nicht so anerkannt und weniger häufig.

Die Trennung zwischen Gut und Böse ist integraler Bestandteil der Metaphysik, sie schafft einen Kontext und die Mittel für die Konstruktion eines Schutzes vor unwillkommenen Erfahrungen. Menschen, die Nichtpatienten bleiben, verstehen, dass Selbstakzeptanz das Beste für das psychische Gleichgewicht ist und der beste Schutz gegen negative Entitäten oder Energien.

Der metaphysische Ansatz bietet die folgenden Konzepte und Strategien, um Stimmenhörern zu helfen:

- Die Stimmen können Äußerungen von verstorbenen Menschen sein.
- Die Stimmen können positive und negative Kräfte haben.
- Ein Verständnis für die eigene (spirituelle) Kraft kann Menschen helfen, mit persönlichen Verlusten klarzukommen.
- Die Entwicklung ihrer eigenen psychischen Ressourcen kann den negativen Stimmen entgegenwirken.
- Eine positive Identifizierung mit den Stimmen kann zu einer neuen Perspektive über das Leben führen.

Reinkarnation

Die Vorstellung, die der Reinkarnation zugrunde liegt, ist die, dass alle Menschen durch einen Geist belebt werden, der den Körper besitzt. Wenn der Körper stirbt, kehrt der Geist an einen besonderen Ort zurück, an dem er so lange verweilt, bis er in einen neuen Körper eintritt. Eine individuelle Seele kann deshalb viele Erinnerungen während ihrer verschiedenen Leben sammeln. Nach dieser Vorstellung kann es sehr belastend sein, wenn ein unverarbeitetes Trauma aus einem vorigen Leben die Gegenwart beeinflusst. Vergangene Leben können aber auch eine Weisheitsquelle sein. (Siehe auch den Abschnitt über Reinkarnationstherapie in Kapitel 14.)

Fallbeispiel

Eine 29-jährige Frau bat mich (Marius Romme), eine Einleitung zu ihrem Buch zu schreiben. Das Buch bezog sich auf die lange Zeit, in der sie von drei Stimmen verfolgt worden war. Dies war für sie eine desaströse Zeit. Sie hatte Befehlen gehorchen müssen und sogar ein Messer genommen, um sich ins Gesicht zu schneiden. Sie war lange Jahre hospitalisiert gewesen. Sie glaubte allmählich, dass die Psychiatrie ihr nichts zu bieten hatte, und jemand empfahl ihr einen alternativen Therapeuten, der Reinkarnationstherapie praktizierte.

Nachdem ich ihr Buch gelesen hatte, hatte ich ein längeres Gespräch mit der Autorin und ihrem Therapeuten. Sie erklärten, dass die Therapie der Frau die Chance gegeben hatte, die negative Beziehung zu ihren Stimmen zu beenden. Der Therapeut hatte sie in ein vergangenes Leben zurückkehren lassen, in dem sie die Stimmen als Personen traf. Die aggressivste Stimme (und auch die letzte, die verschwand) gehörte jemandem, der einmal ein sehr guter Freund gewesen war. Eine schlimme Auseinandersetzung hatte die Freundschaft in Hass verwandelt, aber die Frau hatte dessen Ursprung nicht verstanden. Dieser vormalige Freund schwor auf seinem Sterbebett Rache. In den nachfolgenden Sitzungen fand die Frau heraus, was den Konflikt verursacht hatte. Beide Seiten entwickelten Verständnis für die Perspektive des anderen und versöhnten sich miteinander. Sie konnten dann voneinander Abschied nehmen und ihrer eigenen Wege gehen. Die Stimmen der Hörerin verschwanden.

Für mich war klar, dass diese Frau all die Symptome und Folgen eines schwerwiegenden Traumas aus der Jugend zeigte, obwohl dies in ihrem Buch kein einziges Mal erwähnt wurde. Während eines unserer Gespräche erzählte sie mir von einem erlittenen Trauma, das bei ihr sehr viele negative Emotionen hervorrief. Meiner Meinung nach hatte die Therapie ihr zu einem Verständnis für diese Emotionen verholfen und eine neue Lösung für den unterschwelligen Konflikt entwickelt.

Parapsychologie

Die Parapsychologie befasst sich mit dem Studium der extrasensorischen oder paranormalen Wahrnehmungen – Wahrnehmungen außerhalb unserer normalen Sphäre, jenseits unserer fünf Sinne. Nach Douwe Bosga (1997, S. 108–114, worauf dieser Abschnitt basiert) werden diese gewöhnlich in zwei Gruppen unterteilt: Telepathie und Hellsehen. Telepathie bedeutet, Informationen über die Bewusstseinsinhalte eines anderen Lebewesens – Mensch oder Tier – zu erwerben. Telepathische Botschaften können große Entfernungen überwinden. Hellsehen ist ähnlich, bezieht sich aber auf Ereignisse und kann sich auf die Gegenwart, die Vergangenheit und manchmal auch auf die Zukunft beziehen. Diese beiden Phänomene sind so eng miteinander verwandt, dass es oft unmöglich ist, zwischen ihnen zu unterscheiden. Gewöhnlich werden solche Wahrnehmungen kollektiv als extrasensorische oder außersinnliche Wahrnehmungen (ASW) bezeichnet.

Paranormale Information kann in eine Reihe von verschiedenen sensorischen Wahrnehmungen in verschiedenen Formen unterteilt werden. Dies schließt mit ein:

- Hellhören: eine innere Stimme kommuniziert eine Botschaft in Bezug auf die Wirklichkeit;
- Hellsehen (die bekannteste Form): eine visuelle Wahrnehmung;
- Paranormales Schmecken: ein Geschmack, der sich auf ein Ereignis oder eine Emotion bezieht;
- Paranormales Gefühl: eine Körperempfindung;
- Paranormales Riechen: ein plötzlicher Geruch, der mit einem Tier, einer Person oder einem Ereignis verbunden wird;
- Paranormales Wissen: eine Botschaft, die irgendwie das Bewusstsein durchdringt, aber nicht in einen Sinneseindruck verwandelt wird. Stattdessen kann es sein, dass der Empfänger mit einem Mal ein Gefühl bekommt, ohne dessen Bedeutung zu kennen, oder er fühlt, dass etwas passiert.

Studien (SCHMEIDLER 1988) haben gezeigt, dass bestimmte Bedingungen für extrasensorische Wahrnehmungen förderlich sind. So kommen Hellsehen und Hellhören häufiger vor während eines Zustands der Bewusstseinserweiterung (Hypnose, Träume, tiefe Entspannung oder extremer Stress). Zwischen Menschen, die sich emotional nahestehen, also Partnern, Verwandten sowie Therapeuten und ihren Klienten, tritt es besonders häufig auf (SCHWARTZ 1980; BRUIJN 1997). Bei Kindern und anderen Individuen, die noch keine stabile Identität entwickelt haben, ist ein häufigeres Auftreten wahrscheinlich (SPINELLI 1987).

Stimmenhörer, die regelmäßig telepathische Erfahrungen machen, können eine Umgehensweise damit entwickeln, indem sie es mit der Person, deren Stimme sie hören, überprüfen. Wenn Freunde und Verwandte sich dieser Möglichkeit bewusst sind, werden sie das Verhalten der Person besser verstehen.

Fallbeispiel 1
Eine 36-jährige Frau hörte die Stimme ihres Freundes, der sie ausschimpfte. Als sie ihn dazu befragte, verneinte er dies. In der Folge begann sie, über ihre Beziehung nachzudenken, und bekam eine Einsicht in ihre eigene Ambivalenz. Wann immer sie glücklich war, zerstörte sie ihr Glücklichsein, da sie Angst davor hatte.

Fallbeispiel 2
Eine 25-jährige Frau begann während einer sehr stressreichen Zeit in ihrem Leben, Stimmen zu hören, und musste ihre Ausbildung abbrechen. Die Beziehung zu ihrem Freund – mit dem sie vier Jahre lang gelebt hatte – wurde unerträglich. Er kritisierte alles, was sie tat. Sie fürchtete sich davor, dass sie nie mehr eine Beziehung und somit auch keine Kinder haben würde, wenn diese Beziehung enden sollte. Sie war mit einer schlimmen Perspektive konfrontiert: keine Ausbildung, keine Karriere, keine Beziehung und keine Kinder. Sie wurde mutlos und misstrauisch und hatte Probleme, sich zu konzentrieren. Sie begann zu glauben, dass sie andere Menschen über telepathischen Kontakt dazu bringen konnte (eingeschlossen ihren Freund), das zu tun, was sie wollte. Sie begann zu experimentieren und hörte bald die Stimmen ihrer Nachbarn, die über sie sprachen.
Sie wurde ins Krankenhaus eingeliefert, dann entlassen und lebte ohne ihren Freund weiter. Sie fand Arbeit, hielt weiterhin die Verbindung mit ihren sonstigen alten Freunden aufrecht, und fünf Jahre lang lief alles gut. Dann verliebte sie sich und begann zu glauben, dass sie mit diesem Mann telepathischen Kontakt aufnehmen konnte. Trotz der Tatsache, dass er ihre Gefühle nicht erwiderte, hielt sie an ihrem Glauben fest und entwickelte verschiedene Entschuldigungen für sein Verhalten; kein Berg war zu hoch, kein Wasser zu tief. Sie hörte Stimmen und wurde wieder ins Krankenhaus eingeliefert.
Jetzt, fünf Jahre später, hat sie ein einigermaßen stabiles Leben, und ihre Stimmen werden von ihr und ihrer Familie akzeptiert. Sie nimmt

immer noch eine kleine tägliche Dosis an Medikamenten. Sie sagt: »Telepathie ist die passendste Erklärung. Es ist außerdem die einzige Erklärung, mit der ich leben kann. Ich habe telepathischen Kontakt mit den Lebenden und den Toten. Manchmal höre ich die Stimme meiner Großmutter, mit dem gleichen Sinn für Humor, den sie hatte, als sie noch gelebt hat. Manchmal geben die Stimmen mir Ratschläge, sie haben aber nicht immer recht.«

Zusammenfassung

Telepathische Erfahrungen können durch die starken Parallelen mit der Erfahrung des Stimmenhörens verstanden werden:
- Kommunikation jenseits der fünf Sinne;
- geänderte Bewusstseinszustände;
- extremer Stress, der die Stimmen auslöst;
- Stimmen sind oft mit jemandem verbunden, mit dem der Hörer eine emotionale Beziehung hat;
- der Inhalt bezieht sich oft auf Probleme, die das emotionale Gleichgewicht des Hörers durcheinanderbrachten.

Wenn Stimmenhörer über ihre Erfahrungen erzählen, beinhaltet dies oft telepathische Elemente. Die Telepathie erkennt Einflüsse von außerhalb des Selbst an. Die Menschen müssen lernen, damit in ihrer eigenen Art und Weise umzugehen. Sie müssen lernen, ihre eigenen Grenzen zu setzen; sie müssen auswählen, welche Teile Angst machen und schädlich sind und welche Teile sinnvoll und nützlich sein können sowie mit ihrem Leben im Einklang sind. Ein wichtiger Schritt dabei ist die Bewusstwerdung darüber, dass nicht alles ein wirklicher telepathischer Kontakt ist. Kognitive Interventionen, wie z. B. Fokussieren und lernen, Grenzen zu setzen, können bei der Reduzierung der Angst, die durch die Stimmen hervorgerufen wird, und bei der Wiedergewinnung von Kontrolle effektiv sein.

Schlussfolgerung

In den vorangegangenen Kapiteln haben wir pathologische Erklärungen für die Stimmen diskutiert. In diesem Kapitel haben wir eine alternative

Perspektive aufgezeigt: die kulturellen und persönlichen Theorien, mit denen Stimmenhörer ihre Erfahrungen erklären.

Wir haben von vielen wichtigen historischen oder literarischen Persönlichkeiten gehört, die bestätigen, dass über die Jahrhunderte hinweg immer schon Menschen Stimmen gehört haben. Wie diese Erfahrung gesehen wurde, änderte sich mit dem jeweils vorherrschenden kulturellen Rahmen der Zeit. Im Mittelalter wurde das Stimmenhören in die Sphäre der katholischen Kirche gezogen. Da sich im Laufe der Zeit die kulturelle und gesellschaftliche Struktur änderte, gelangte das Stimmenhören in den Einflussbereich des Gesundheitssystems. Im Gegensatz zur Verbrennung oder zur Ernennung zum Heiligen durch Anordnung der Kirche wurden Stimmenhörer als kranke Menschen angesehen, die medizinischer Versorgung bedurften. Im Laufe unserer Forschung haben wir allerdings Menschen getroffen, die noch nie psychiatrische Versorgung gebraucht haben. Die Vorstellung, dass Stimmenhören nur das Symptom einer Erkrankung ist, verengt das Bild viel zu sehr und kann sogar Schaden für den Stimmenhörer anrichten.

In diesem Kapitel haben wir versucht, den großen Nutzen aufzuzeigen, den Stimmenhörer von ihrem eigenen Erklärungsrahmen beziehen. Diese Theorien sind eng verbunden mit in unserer Gesellschaft akzeptierten Konzepten: Religion, Reinkarnation, Telepathie und mystische Erfahrungen. Außerdem sind sie mit Disziplinen wie der Parapsychologie und der Transpersonalen Psychologie verwandt, die wiederum die Stiefkinder der traditionellen Psychiatrie und Psychologie sind.

Diese Rahmen bieten großes therapeutisches Potenzial, um Menschen zu helfen, mit ihren Stimmen umzugehen. Zunächst einmal schenken sie dem emotionalen Wert der Erfahrungen gebührende Aufmerksamkeit. Therapeutische Gespräche sollten daher darauf ausgerichtet sein, den Menschen zu helfen, die Störungen durch die Stimmen im täglichen Leben zu minimieren. Überzeugungen wie die der Transpersonalen Psychologie und der Reinkarnation (siehe oben) können außerdem eine besonders positive Konnotation der Erfahrung des Stimmenhörers mit sich bringen.

Schließlich können die Betroffenen auch das Gefühl haben, dass sie nicht allein sind und dass sie mit anderen reden können, die die gleiche Überzeugung teilen. Eine religiöse Struktur begrenzt die Erfahrung außerdem auf eine angemessene Zeit und einen angemessenen Ort und verhindert, dass ihr die Stimmenhörer permanent ausgesetzt sind.

Unsere Schlussfolgerung ist, dass die Akzeptanz der Erfahrung sowie des Überzeugungssystems des Hörers eine Voraussetzung für eine effektive Beratung darstellt. Ein Berater sollte erkennen, dass das Überzeugungssystem eine Schutzfunktion hat und erklärt, was sonst schwer zu verstehen ist. Jegliches Überzeugungssystem, eingeschlossen das des Beraters, funktioniert auf die gleiche Art und Weise, indem es Erfahrungen akzeptiert und in einen bestimmten Erklärungsrahmen einbindet.

Das bedeutet auch, dass wir die Sprache der Stimmenhörer, die sie nutzen, um ihre Erfahrungen auszudrücken, respektieren. KLEINMAN (1988) sagt dazu:

»Wenn Sie über die Heilung von Menschen reden und dies auf die Sprache der Biologie oder die Sprache des Verhaltens reduzieren, etwas, was psychiatrische und psychologische Forscher gewohnt sind, dann schließen Sie die Sprache der Menschen aus, die es erfahren; wir haben aber festgestellt, dass die Sprache der Erfahrung einen sehr wichtigen Aspekt bei der Heilung ausmacht.«

14 Alternative Therapien

Es ist ungewöhnlich, ein Kapitel über alternative Therapien in ein Buch mit aufzunehmen, das sich an Fachleute in der Psychiatrie wendet. In der Ausbildung wird diesen Therapien wenig Aufmerksamkeit geschenkt und viele, wenn nicht sogar die große Mehrheit der professionell Tätigen, stehen ihnen misstrauisch gegenüber. Auf der anderen Seite gibt es eine Reihe von Menschen, die fühlen, dass alternative psychiatrische Versorgung ihnen wirklich hilft. Die mangelnde Anerkennung führt leider dazu, dass Fachleute des Gesundheitswesens bezüglich dieser Methoden unwissend bleiben und keine Kooperation möglich ist. In der Folge kann dies dazu führen, dass Patienten, die Hilfe suchen, sich nicht in der Lage fühlen, beiden Sektoren gegenüber frei zu reden, wenn sie sich nach Angeboten umsehen.

Die Lösung liegt darin, dass Fachleute für den Wunsch eines Patienten offen sind, Zugang zu alternativen Therapien zu finden, und mit den jeweiligen Praktikern Kontakt aufnehmen, um die Funktionen zu differenzieren. Dann wird es auch möglich sein, Informationen einzuholen über die theoretische Grundlage der jeweiligen Therapie, ihre Arbeitsmethoden, die Art der Ausbildung, die dazu nötig ist, und die Organisation, mit der sie assoziiert ist. Professionelle sollten auch herausfinden, welche Vorerfahrung der Praktiker in der Arbeit mit Stimmenhörern hat. Auf diese Weise braucht der Patient nicht das Opfer reiner Vorurteile zu werden und so kann eine Entscheidung über eine Zusammenarbeit getroffen werden.

Nach unserer Erfahrung gibt es viele Therapeuten, die sehr gut in ihrem Feld ausgebildet sind, eine eindeutige theoretische Grundlage haben (so unbekannt sie uns auch vorkommen mag) und mit großer Integrität unter dem Schirm einer professionellen Vereinigung arbeiten. Das heißt natürlich nicht, dass all diese Therapeuten sich mit Stimmenhören auskennen und wissen, wie sie Menschen helfen können, die darunter leiden. Deshalb entschieden wir uns, in Zusammenarbeit mit dem niederländischen Stimmennetzwerk eine Reihe von Arbeitsgruppen zusammenzustellen, bestehend aus alternativen und konventionellen Therapeuten, die sich zu Diskussionen trafen. Wir entschieden uns dafür, nur solche Therapeutinnen und Therapeuten einzuladen, die von Stimmenhörern, die Hilfe durch sie erfahren hatten, empfohlen worden waren. Dies hat eine fruchtbare Zusammenarbeit in der täglichen Arbeit ermöglicht. Wir schafften es, ein Tabu in einer verantwortlichen Weise zu brechen, was gute Ergebnisse hervorbrachte.

Wir baten ein Mitglied der Arbeitsgruppen, Frans Franzen, den verbleibenden Teil dieses Kapitels zu schreiben. Er beinhaltet eine kurze Zusammenfassung jedes alternativen Ansatzes und einen detaillierteren Einblick in die Reinkarnationstherapie, eingeschlossen einen kurzen Abriss aus einer Sitzung. Dies demonstriert die Unterschiede, aber auch die Ähnlichkeiten zwischen dieser Alternative und konventionelleren Therapien.*

Überblick über alternative Ansätze
Von Frans Franzen

In unserer Gesellschaft ist der Arzt verantwortlich für den Körper, der Psychotherapeut und Psychiater für den Geist und Priester oder Pastor für die Seele. In der alternativen Gesundheitsversorgung verschwindet diese Trennung zwischen Körper und Geist: Körperliches Wohlbefinden kann durch Psychotherapie beeinflusst werden, und umgekehrt, psychische Gesundheit kann durch gesunde Essgewohnheiten, Nahrungszusätze und natürliche Heilmittel verbessert werden. Im Kreis der alternativen Therapeuten herrscht hierüber Einvernehmen. Eine bestimmte Gruppe von alternativen Therapeuten schließt sogar ein spirituelles Element mit in die Behandlung ein.

So lassen sich all die verschiedenen alternativen Behandlungsmethoden als nahe beieinanderliegend sehen. Sie unterteilen sich in vier Gruppen:

Gruppe 1: Hierzu gehören Therapien, die auf Naturwissenschaften basieren. Es sind eher dynamische Behandlungen, in denen der Patient oft mit dem Therapeuten interagiert.

---

* Der niederländische Bund der Regressions-/Reinkarnationstherapeuten stellt landesweite Untersuchungen über die Regressionstherapie für Stimmenhörer an. Er hat deshalb einen viel größeren Erfahrungsschatz als andere Organisationen.

- Körperbehandlungen: Phytotherapie (Pflanzenmedizin), orthomolekulare Medizin (Ernährung), Chiropraxis (Wirbelsäule, Skelett und Haltung) und Therapien, die sich auf lokomotorische Funktionen beziehen.
- Psychologische Behandlungen: Neurolinguistische Programmierung (NLP), Kunsttherapien, körperfokussierte Therapien (z. B. Bioenergetik und Haptonomie), Hypnotherapie.

Gruppe 2: Hier wird sowohl eine nichtmaterielle als auch eine materielle Dimension der Substanzen und Pflanzen angenommen. Das Prinzip der Verdünnung in der Homöopathie veranschaulicht dies. Obwohl kein aktives Element im Heilmittel verbleibt, besteht die Vorstellung, dass die Information über die ursprüngliche Substanz oder Pflanze z. B. an Wasser und dann an den Körper weitergegeben wird. In der Natur- und Heilkräutermedizin wird die Ansicht vertreten, dass es nicht so sehr die Substanzen selbst sind, die wirken, sondern dass ihre innere Kraftform zählt, oder anders ausgedrückt: ihre Essenz oder ihr Wesen. Die Therapien richten sich auch auf psychologische Funktionen. Die Rolle des Patienten ist ziemlich passiv, da der Therapeut die Fragen stellt und das Heilmittel wählt. Die Genesung findet zu Hause statt. In der Behandlung können die folgenden Mittel angewendet werden:
- Kräuter,
- homöopathische Heilmittel,
- Düfte,
- Bachblütenheilmittel,
- Gemsteine.

Gruppe 3: Hier geht man von der Annahme aus, dass jedem von uns ein Energiekörper zur Verfügung steht (die Aura, in der die Zentren Chakren genannt werden), der sehr viel weiter als der physische Körper reichen kann. Die Psyche wird nicht als innerhalb des Körpers anwesend betrachtet, sondern als mehr oder weniger synonym mit dieser Energie. Krankheit wird als eine Störung der Harmonie zwischen diesen Energien gesehen, die unseren Organismus und unser Wohlbefinden betreffen. Die Psyche kann direkt durch die Beeinflussung einer Energie behandelt werden. Viele Patienten spüren eine sofortige Wirkung der Behandlung, was ihnen Vertrauen in die Richtung der Behandlung und in die Möglichkeit einer Heilung gibt. Es ist interessant zu beobachten, dass Patienten im Großen und Ganzen passive Empfänger der Behandlung bleiben. Dies ist insbesondere für Menschen von Nutzen, die Angst davor haben, zu versagen, die glauben, dass sie nicht die Fähigkeit oder den Willen zum Erfolg haben, oder die unfähig sind, über ihre Gefühle zu sprechen. Die Behandlung besteht aus der Beeinflussung der Energien unter Nutzung von:

- Magnetismus,
- Akupunktur,
- Shiatsu,
- T'ai-Chi-Ch'uan (chinesisches Schattenboxen) u. a.

Gruppe 4: Diese Therapieformen nehmen all die Prinzipien der Gruppen 2 und 3 auf, gehen aber weiter, indem sie feststellen, dass Menschen spirituelle Wesen sind, die sich innerhalb einer Realität bewegen, die verschiedene Bewusstseinsschichten und nichtmaterielle Dimensionen umfasst. Das Ziel ist, die spirituelle Seite der Existenz zu integrieren, unter Nutzung »spiritueller« Behandlungsmethoden und Therapien. Krankheit wird als eine Gelegenheit zum Lernen gesehen. Die Entwicklung einer höheren Bewusstheitsebene und die Verantwortungsübernahme für das eigene Leben werden hoch angesehen. Während der Interviews, Behandlungen und Sitzungen gehen die Menschen intensiv auf ihr persönliches Leben ein. Manche Therapeuten nehmen Rat aus anderen Dimensionen an oder hören eine Stimme, die ihnen dabei hilft, eine Diagnose zu stellen. Unter den Behandlungen und Therapien gibt es paranormale und spirituelle Methoden wie:

- Rebirthing,
- Shamanismus,
- Winti,
- anthroposophische Ansätze,
- geistiges Heilen,
- Reinkarnationstherapie.

Hinsichtlich der Terminologie ist zu sagen, dass es in der Welt der alternativen Therapien eine Vielzahl neuer Namen gibt. Dafür gibt es zwei

Gründe: Erstens braucht jeder neu entwickelte Ansatz einen Namen (z. B. Bioresonanztherapie). Zweitens werden immer mehr Therapien miteinander kombiniert und Therapeuten absolvieren weitere Ausbildungen, daher werden herkömmliche Begriffe ihnen nicht mehr gerecht. Der Nachteil dabei ist, dass Außenstehende nicht mehr wissen, was diese Begriffe bedeuten.

Reinkarnationstherapie

Von Frans Franzen

Die Begriffe Regressions- und Reinkarnationstherapie werden oft verwechselt. Der Begriff Regression bezieht sich nur auf die angewandte Technik und impliziert nicht den Glauben an ein vergangenes Leben. Reinkarnationstherapie nutzt Regression, aber beginnt mit der Vorstellung, dass der Einfluss früherer Leben hinter den Problemen der Gegenwart liegt. Regressionstherapeuten glauben, dass das Material, das in Therapiesitzungen auftaucht, durch die Probleme ihrer Klienten hervorgerufen wird (in Form einer Projektion, eines Symbols oder eines Dramas) oder eine Form der Flucht ist. Reinkarnationstherapeuten glauben aber, dass dieses Material die Ursache des Problems darstellt.

Auf einer eher praktischen Ebene gibt es eine Reihe von Techniken, um zu erforschen, wie Menschen mit ihren Erfahrungen umgehen. So wird die Rolle des Bewusstseins bei der Entstehung von Problemen überprüft. Man schaut, inwieweit Menschen bei der Beobachtung und Interpretation der Dinge, die vor sich gehen, Fehler machen. Schließlich wird herausgearbeitet, wie sich Probleme vermeiden lassen. Dies sind typische kognitiv-behaviorale Ansätze.

Oft analysiert der Therapeut die Ursachen für die Probleme einer Person und erforscht dann deren Vergangenheit. Wenn eine Person Angst vor solchen Erinnerungen hat, kann es gut sein, dass sie unterdrückt sind. Es gibt verschiedene Techniken, um Menschen zu helfen, sie wieder hervorzuholen, eine davon ist die Regression. Während der Regression, genauso im Traum, kommt psychologisches Material in Form von Legenden, Symbolen und Metaphern hoch. Eine Person kann das Gefühl haben, dass diese Dinge nicht von ihr kommen. Dieses Material – transpersonal genannt – hat nicht direkt mit dem Leben der Person zu tun; es ist »jenseits des Personalen«. C.G. Jung kam zu der Schlussfolgerung, dass diese Bilder und Symbole in allen Kulturen vorkommen. Er nahm deshalb an, dass wir sowohl ein persönliches als auch ein kollektives Unbewusstes haben. In der Reinkarnationstherapie gilt die Vorstellung, dass diese transpersonalen Phänomene sich nicht nur auf das kollektive Unbewusste beziehen, sondern auch die vorhergehenden Leben der Person betreffen.

Eine Reinkarnationssitzung

Es gibt eine Reihe von Techniken, um Menschen einen Zugang zu einem ihrer vergangenen Leben zu eröffnen. Im Allgemeinen kann eine Sitzung aber beginnen, indem man versucht, die Symptome, die zu dem Problem gehören, zu intensivieren. Dabei werden körperliche wie auch psychische und emotionale Aspekte berücksichtigt. Der Therapeut kann den Klienten fragen:

- »Welche Emotionen spielen bei diesem Problem eine Rolle?«
- »Wo spüren Sie diese in Ihrem Körper?«
- »Was genau fühlen Sie dann (einen Druck, stechende Schmerzen, nervöse Unruhe, Ruhelosigkeit oder Festklammern, so, als wenn etwas versucht herauszukommen oder an Ihnen zieht)?«
- »Welche Gedanken oder Sätze kommen Ihnen in den Kopf?«
- »Wiederholen Sie sie laut.«
- »Wenn die Emotionen stärker werden, gibt es da einen Satz, der dies ausdrückt?«

Durch eine solche Fokussierung kann der Klient in einen leichten Trancezustand geraten. Der nächste Schritt ist dann, den Klienten zu bitten, sich bewusst zu machen, dass er eine Situation wieder erlebt, in der er sich schon einmal befand. Der Therapeut bittet den Klienten, die Situation genau wahrzunehmen – die Umgebung, die Menschen, etc. Sobald der Klient sich darüber klar ist, können folgende Fragen gestellt werden:

- »Welche Situation ist es?«
- »Wie kommt es, dass Sie sich in dieser Situation wiederfinden?«
- »Wie ist es ausgegangen?«

Es ist dann möglich, die psychologischen Auswirkungen festzustellen, indem herausgefunden wird: Welche Schlussfolgerung hat der Klient daraus gezogen? Welche Entscheidungen hat er getroffen? Welche Gefühle hat er unterdrückt? Womit möchte sich der Klient nicht auseinandersetzen?

Nachdem der Klient die Ursprünge des Problems verstanden und die damit verbundene unterdrückte emotionale Spannung entladen hat, sollte klar werden, wie sich das alles auf gegenwärtige Probleme bezieht. Noch wichtiger ist, dass somit alte Fehler wiedergutgemacht gemacht werden können. Sobald die Beziehung zwischen Symptom und ursprünglicher Situation klargestellt wurde, werden die Probleme des Klienten entweder gelöst werden oder es ist eine solide Grundlage gefunden, auf der eingefahrenes Verhalten und emotionale Reaktionen verändert werden können.

Techniken, um die Stimmen zeitweise zum Schweigen zu bringen

Es kann vorkommen, dass die Stimmen während der Sitzung so dominant sind, dass es unmöglich ist, zu arbeiten. Wenn die Stimme den Klienten zum Beispiel ständig als »dumm« bezeichnet, dann kann der Klient Schwierigkeiten haben, das einfach abzuschütteln, selbst wenn er aus rationaler Sicht weiß, dass dies nicht der Wahrheit entspricht. Da er sich selbst nicht als intelligentes und unabhängiges Individuum sieht, kann die therapeutische Begegnung von vornherein zum Scheitern verurteilt sein, es sei denn, man kann die Stimmen auf einem der folgenden Wege zum Schweigen bringen:

Technik 1: Der Therapeut begleitet den Klienten verbal durch die folgende Sequenz:

»Stellen Sie sich eine Person vor, die zu der Stimme passt – ihre Aura, Haltung, Stimmung, mögliche Kleidung, Haarfarbe, Geschlecht, Hautfarbe u. a. Stellen Sie sich vor, dass diese Person mit Ihnen spricht, als ob der Klang der Stimme von ihr ausgeht. Jetzt machen Sie sich bewusst, dass das, was sie sagt, ein Resultat ihrer Stimmung ist, und denken Sie darüber nach, dass sie diese Meinung haben darf – dass Sie sich aber nicht dieser Meinung anschließen müssen.

Versuchen Sie, sich die Person so vorzustellen, als ob sie einen Fremden ausschimpfen würde. Distanzieren Sie sich von ihr; machen Sie in Ihrer Vorstellung einen Schritt zurück und nehmen Sie wahr, dass der Klang der Stimme schwächer und schwächer wird, während die Distanz zunimmt. Die Person geht mehr und mehr zurück, bis sie fast unsichtbar ist und der Klang abstirbt. Machen Sie sich die Stille bewusst, während Sie Ihre Aufmerksamkeit auf sich selbst zurückziehen, weg von dort, wo Sie sich das Verschwinden der vorgestellten Person vorgestellt haben.«

Erlauben Sie dem Klienten am Ende dieser Sequenz, die Stille für einen Moment zu genießen, bevor Sie die eigentliche Therapie beginnen. (Wenn das Gefühl des Klienten für das Selbst zu kompromittiert ist, wird er nicht in der Lage sein, seine Vorstellung auf diese Weise zu nutzen).

Technik 2: Setzen Sie sich neben Ihren Klienten, am besten auf der gegenüberliegenden Seite, von wo die Stimme kommt. Beginnen Sie, indem Sie den Klienten bitten, Ihnen wortwörtlich wiederzugeben, was die Stimme sagt. Jedes Mal, wenn Ihr Klient etwas sagt, erkundigen Sie sich, ob er es gehört hat, und dann, ob er dem Gehörten zustimmt. Schließlich können Sie ihn fragen, ob er dem folgen möchte. Fragen Sie ihn, ob ihm dies alles ganz klar ist und was er darüber denkt. Machen Sie mit dem nächsten Satz weiter. Folgen Sie noch einmal demselben Ablauf, selbst wenn der Klient sagt, dass die Stimme einfach immer das Gleiche wiederholt. Machen Sie damit fünf oder zehn Minuten weiter. Gewöhnlich wird die Stimme mit der Zeit schwächer und hört schließlich auf. Erlauben Sie dem Klienten, die Stille einen Moment lang zu genießen, bevor Sie mit der Sitzung weitermachen.

Technik 3: Bitten Sie Ihren Klienten, sich seinen Kopf wie einen Raum vorzustellen und dass er selbst an der Türschwelle steht. Ermutigen Sie Ihren Klienten dazu, den Zustand des Raumes zu beschreiben (z. B. dunkel, rot, dreckig, sauber, gefüllt mit Hass, voll schrecklichem Lärm, eine Scheißunordnung, höllisch, schleimig, etc.). Fragen Sie, was gemacht werden könnte, um den Raum zu verwandeln (z. B. einen Wasserschlauch draufhalten, einen Abfluss bauen, die Fenster öffnen, Reinigungsmittel versprühen – alles ist möglich). Fragen Sie, ob er sich in der

Lage fühlt, es selbst zu machen. Wenn nicht, wer wäre in der Lage dazu (Eltern, ein Freund, Gott, ein Schutzengel, die Gesundheitsbehörde, die Feuerwehr, etc.)? Vorzuziehen ist, dass der Klient es selbst macht. Schlagen Sie vor, dass der Klient zusieht, wie es passiert, dass er sieht, wie der Dreck weggespült wird, verdampft, was auch immer. Er kann so merken, wie es angenehmer und leiser wird. Wenn der Raum fertig, still und sauber ist, schlagen Sie vor, dass der Klient hineintritt und das Gefühl des Lichtes und der Weite erlebt und es durch seinen ganzen Körper fließen lässt. Schlagen Sie vor, dass er sich bewusst macht, wie sich sein Körper anfühlt, dass er jegliche Muskelanspannung lösen und sich entspannen kann. Die Therapie kann dann beginnen.

Die Sicht des Klienten hinterfragen

Klienten glauben oft, dass ihre Probleme zu einer bestimmten Kategorie gehören, obwohl sie eigentlich zu einer anderen gehören. Mögliche Kategorien in steigender Bedeutsamkeit sind:
- Kontext (»Es geht auf ... zurück«),
- eigenes Verhalten (»Ich weiß nicht, wie man ...«),
- eigene Fähigkeit (»Ich bin nicht in der Lage, zu ...«),
- Überzeugung (Probleme miteinander verbinden, die nichts miteinander zu tun haben),
- eigene Natur (»Ich bin ...«),
- Weltsicht (Überzeugung darüber, wie die Welt funktioniert und über den eigenen Platz in der Welt).

Der folgende Auszug aus einer Sitzung illustriert, wie dies funktioniert. In Klammern zeigen wir auf, welche Kategorie angesprochen wird. Die Klientin hört zwei Stimmen: Eine gehört ihrem Vater, die nur sagt: »Komm zu mir«, die andere, die voller Hass ist, hört sich an wie ihre eigene Stimme.

Mustersitzung
Therapeut: Was denken Sie, warum Sie so deprimiert sind?
Klientin: Wegen der Stimmen (*Kontext*).
Therapeut: Was sagen die Stimmen denn?
Klientin: Sie nennen mich eine dumme Kuh.

Therapeut: Und ist das wahr? Sind Sie eine dumme Kuh?
Klientin: Ja, das bin ich (*eigene Natur*).
Therapeut: Was macht eine dumme Kuh aus?
Klientin: Jemand, der zu nichts in der Lage ist (*eigenes Verhalten*).
Therapeut: Zu was genau sind Sie nicht in der Lage? (Der Berater weiß, dass die Klientin einen guten Wirtschaftsabschluss hat und deshalb nicht dumm sein kann.)
Klientin: Ich bin keine gute Hausfrau. Ich kann nicht freundlich mit den Leuten umgehen. Ich kann nicht gut kochen und ich putze nicht genug. Ich bin John keine gute Frau.
Therapeut: Das verstehe ich nicht. Nach dem, was John sagt, putzen Sie viel zu viel, Sie sind eine einigermaßen vernünftige Köchin, und er ist immer noch mit Ihnen zusammen und sagt, dass er das auch bleiben will. Glauben Sie, dass Sie wirklich unfähig sind (*eigene Fähigkeit*), oder können Sie dies alles tun, aber nicht gut genug (*eigenes Verhalten*)? Oder glauben Sie nur, dass Sie in diesen Dingen nicht gut sind? (Schweigen)
Therapeut: Wenn Sie in der Lage wären, all diese Dinge zu tun, würden Sie sich immer noch eine dumme Kuh nennen?
Klientin: Ich glaube schon, da ich in sexueller Hinsicht auch nicht sehr gut bin.
Therapeut: Wenn Sie das Gefühl hätten, dass Sie in sexueller Hinsicht gut wären, wäre Ihr Problem dann gelöst?
Klientin: Ich glaube schon.
Therapeut: Und wenn Sie mit dem Sex keine Schwierigkeiten hätten, aber keine gute Hausfrau wären, wäre das in Ordnung?
Klientin: Nein. Ich wäre John gerne eine gute Frau und ich sollte zu all diesen Dingen in der Lage sein. (*Eigene Natur und Weltsicht. Eine gute Ehefrau sein zu wollen, stammt von der Weltsicht »Du solltest eine gute Ehefrau sein«.*)

Der Therapeut hat nunmehr drei Möglichkeiten:
- vorzuschlagen, dass die Klientin ihr Verhalten ändert, um mit ihren eigenen Bestrebungen im Einklang zu sein, eine gute Ehefrau zu sein;

- der Klientin beizubringen, zu akzeptieren, wer sie ist und wie sie sich verhält, z. B. durch Arbeit an ihrem Selbstbild;
- zu untersuchen, wie sie zu dieser Weltsicht gelangt ist, und diese Sicht zu verändern. Sollte dies erfolgreich sein, wird eine Last an Anforderungen von den Schultern der Klientin genommen und sie wäre in der Lage, sich selbst, so wie sie ist, mit ihren Grenzen, zu akzeptieren.

Nach meiner Erfahrung steigt die Komplexität des Problems, je tiefer Sie in der Kategorienskala gehen. Ganz unten steht die Weltsicht. Es gibt einen großen Unterschied zwischen dem Gefühl, dass es schiefläuft, weil Ihre Nachbarn Sie nicht mögen (Kontext), und dem Gefühl, dass es schiefläuft, weil Gott Sie bestraft oder weil Sie eine unheilbare Krankheit haben (Weltsicht). Wenn Menschen an einer bestimmten Weltsicht festhalten, dann hält es sie von dem Glauben ab, dass die Dinge anders sein könnten. Das Problem für viele psychiatrische Patienten ist, dass sie sich nicht einfach als normale Menschen mit einer Krankheit sehen, sondern als unnormale Menschen, die nicht die Fähigkeit haben, sich normal zu verhalten. Langzeittherapie kann diesen Eindruck bestätigen.

15 Selbsthilfe

Das wichtigste Argument zugunsten der Selbsthilfe ist, dass der eigene Beitrag von Menschen das wirksamste Werkzeug für Veränderung darstellt und dass wir von der Art und Weise, wie andere sich helfen, lernen können. Die Interventionen, die in der Selbsthilfe genutzt werden, sind alle auch in der Beratung anwendbar. Berater müssen einiges Wissen über existierende Selbsthilfetechniken mitbringen, um in der Lage zu sein, Stimmenhörer bei deren Anwendung zu beraten. Selbsthilfe ist ein wichtiges Mittel, um Klienten Übung hinsichtlich einer neuen Beziehung zu ihren Stimmen und zu ihren Problemen zu ermöglichen. Der Berater muss wahrscheinlich dabei helfen, Formen der Selbsthilfe zu organisieren, wenn sie nicht bereits zur Verfügung steht. Das heißt auch, andere betroffene Menschen zu ermutigen, eine Gruppe aufzubauen oder Selbsthilfetechniken zu nutzen.
In diesem Kapitel gehen wir auf die Grundlagen und verwandte Praktiken ein. Wir geben auch ein Beispiel einer Austauschgruppe, die zum Teil dank prozessualer Beratung einen großen Nutzen hatte. Schließlich betrachten wir ein wertvolles Werkzeug für Veränderung: ein Selbsthilfearbeitsbuch für Stimmenhörer.

Selbsthilfe und Kontakt mit Gleichbetroffenen

Selbsthilfe wird oft aus klinischer Perspektive auf der Grundlage von Diagnosen organisiert (zum Beispiel Patienten mit bipolarer Störung oder Schizophrenie). Dies macht eine Gruppe unweigerlich voreingenommen in Bezug auf einen wissenschaftlich-medizinischen Ansatz und die dazugehörende Sprache. Ein Arzt übernimmt hier oft eine Ratgeberrolle. Obwohl dagegen nichts einzuwenden ist, spiegelt es nur eine Möglichkeit der Zusammenarbeit und der Rollenverteilung wider – die der Teilnehmer als Patienten. Die Alternative ist Selbsthilfe, die auf der Grundlage geteilter Erfahrungen organisiert wird – so wie die des Stimmenhörens – mit Menschen, die nicht unbedingt in medizinischer Behandlung sind. Nichtpatienten suchen unabhängig von medizinischen Formulierungen nach Lösungen innerhalb ihrer Lebenswelt, die ihnen helfen, besser klarzukommen. Sie recherchieren Informationen aus allen möglichen Quellen und berücksichtigen dabei ein weites Interessengebiet, nicht nur das medizinische.

Zwischen diesen zwei Arten von Gruppen gibt es einen großen Unterschied. Der Vorteil aber, beide Ansätze zu haben, liegt darin, dass die Menschen wählen können, was sie wollen, wie sie sich sehen und die Art und Weise, wie sie ihre Probleme lösen möchten.

Wir selbst kennen uns viel besser mit der zweiten Art der Selbsthilfe aus, da Maastricht der Geburtsort der Selbsthilfe für Stimmenhörer war. Wir lernten aus unserer Forschung die Vorteile kennen, die Selbsthilfe auf persönliche Erfahrungen zu gründen. Die Selbsthilfegruppe in Maastricht wurde durch die Stimmenhörer selbst aufgebaut und durch sie weiterentwickelt. Ähnliche Gruppen sind nun in vielen anderen Ländern zu finden (siehe Anhang 4).

Die Vorteile des Sprechens über persönliche Erfahrungen (ob mit einem Freund, einem Partner oder einer Unterstützergruppe welcher Art auch immer) wurden von ESCHER (1993) nach ihren Interviews mit Stimmenhörern zusammengefasst:

- Es hilft Menschen, positiver über die Stimmen zu denken und Muster zu erkennen, wie z. B.: »Wenn ich in einer negativen Weise denke, dann beginne ich, eine negative Stimme zu hören.«
- Es vermindert die Furcht vor den Stimmen. Im Gegensatz dazu erzeugt die Vermeidung Machtlosigkeit und die Angst, dass die Stimmen wieder beginnen.
- Es kann hilfreich für Menschen sein, ihre eigene Situation in der Erfahrung anderer wiederzuerkennen. Sie sehen dann, dass sie nicht die Einzigen mit diesen Erfahrungen sind, und können dem Gefühl der Isolierung entkommen. Manchmal bieten andere Leute auch Hilfe an.
- Es kann Menschen helfen, die Stimmen zu akzeptieren.
- Es kann ihnen helfen, eine positive Seite an sich selbst zu erkennen: »Dadurch, dass ich darüber geredet habe, habe ich zu akzeptieren gelernt, dass es eine positive und eine negative Seite in mir gibt. Durch die Akzeptanz der negativen Seite kann ich der positiven Seite mehr Aufmerksamkeit schenken und mich mehr lieben.«

- Es kann Menschen helfen, die Bedeutung ihrer eigenen Stimmen zu erkennen, wenn sie hören, was die Stimmen anderer Menschen beispielsweise zum Thema Angst sagen oder wie darin Aggressionen, sexuelle Gefühle, das Gefühl der Unsicherheit oder die Schwierigkeit, eigene Entscheidungen zu treffen, zum Ausdruck kommen (»Ich habe das gleiche Problem!«).

Auf diese Art Unterstützung anzubieten bedeutet nicht, jemandem eine Sofortlösung zu liefern, sondern ihn anzuregen, sich selbst besser verstehen zu lernen. Anders ausgedrückt, es wird Energie freigesetzt, um Menschen zu erlauben, sie selbst in der Außenwelt zu sein. Dies ist eine wichtige Voraussetzung, um ein neues Gleichgewicht und gesellschaftliche Integration zu erlangen.

Es können ganz andere Ergebnisse erzielt werden, wenn Menschen mit ihrer eigenen Erfahrung anfangen, nicht mit ihrer Krankheit, und wenn persönliche Einsichten höher angesehen werden als medizinisches Wissen. Betroffene können sich aus Opfern zu Siegern verwandeln (COLEMAN/SMITH 2007). Diese Art von Selbsthilfe kann nicht verschrieben werden, sie erfordert den Mut zu einer Selbstentdeckungsreise (REEVES 1997). Psychiatriemitarbeiter können helfen, diese Art der Selbsthilfe zu organisieren, obwohl sie sie per Definition nicht bereitstellen oder dafür verantwortlich sein können. Sie können helfen, indem sie die verschiedenen Rollen der Selbsthilfe und der medizinischen Behandlung definieren. Die Gesundheitsversorgung ist im Regelfall viel besser organisiert als die Selbsthilfe, Letzterer fehlt es oft an Ressourcen und Infrastruktur. Es ist aber nicht nur dieser Mangel an Organisation, der die Selbsthilfe unterminiert, es ist auch der Mangel an Vision und Wille innerhalb des Gesundheitsversorgungssystems, den Menschen eine Wahl zu geben. Der italienische Psychiater Pino Pini drückt dies folgendermaßen aus:

»Es ist besser, Selbsthilfe auf der Grundlage dessen, was die Menschen wollen, zu organisieren, als auf der Grundlage des klinischen Bildes oder des Syndroms.«

In beiden Modellen der Selbsthilfe geht es darum, gegenseitige Unterstützung und Engagement zu zeigen. Welche Art gebraucht wird, sollte mit dem Stimmenhörer diskutiert und von Zeit zu Zeit neu beurteilt werden.

Power to our Journeys (Macht unseren Reisen)

Der australische Psychologe Michael White hat eine Diskussionsgruppe für Frauen aufgebaut, die unterschiedlich lang Nutzerinnen von traditionellen psychiatrischen Diensten gewesen waren. Sie hatten unterschiedliche Behandlungen in verschiedenen Krankenhäusern erfahren, im Regelfall mit der Diagnose Schizophrenie. Michael White arbeitete mit ihnen in der Funktion eines Prozessberaters (siehe auch den Abschnitt »Das Leben neu schreiben« in Kapitel 11). Die Frauen beschreiben den Ablauf der Treffen und Whites Rolle wie folgt:

»Einmal im Monat treffen wir uns als Gruppe und laden Michael White ein, hinzuzukommen, um unsere Gespräche festzuhalten und um Fragen zu stellen, die uns helfen, unsere Gedanken über verschiedene Probleme auszudrücken. Nach jedem dieser Treffen stellt Michael unsere Gedanken in schriftlicher Form zusammen, was dazu dient, unser sich entwickelndes Wissen und die Entwicklung unserer Lebensfähigkeiten zu dokumentieren.«

Der folgende Auszug aus dem Artikel »Power to our Journeys« (WHITE 1996) zeigt eine sehr interessante Arbeitseinstellung und deren Auswirkungen. Er wurde von den Frauen Brigitte, Sue, Mem und Veronika verfasst sowie von Michael White und schließt die Stimmen und den Geist der anderen Gruppenmitglieder mit ein:

»**Der Nachteil der Stille:** Unser Grund dafür, dass wir diesen Artikel schreiben, ist, dass wir mitteilen möchten, in welchem Ausmaß sich unser Leben durch unsere Mitarbeit in der ›Power to our Journeys‹-Gruppe geändert hat. Diese Gruppe hat eine sehr bedeutende Rolle dabei gespielt, unsere Liebe für das Leben wiederzuerwecken und eine Lebensqualität zu erreichen, wie wir sie uns niemals hätten träumen lassen. Wir wünschen uns, dass andere, die sich mit lästigen Stimmen und Visionen abmühen, Hoffnung bekommen durch das, was wir hier zu sagen haben.

Anerkennung unserer Erfahrung: Über die vielen Jahre unserer Verbindung mit den psychiatrischen Diensten haben wir wenig Gelegenheit erhalten, offen über unsere täglichen Erfahrungen mit Stimmen und Visionen zu sprechen, weder über die, die lästig für uns waren, noch über solche, die hilfreich in unserem Leben waren. Immer wieder sind wir durch psychiatrische Mitarbeiter zum Schweigen gebracht worden, die es durchgehend ablehnten, unsere Erfahrungen mit diesen Stimmen anzuerkennen ... Es ist klar, dass dieses Zum-Schweigen-Bringen tiefgehende negative Auswirkungen auf unser aller Leben hat. Als Folge davon haben wir uns alle verlassen gefühlt. In den Zeiten im Leben, in denen wir uns am meisten danach gesehnt haben, hatten wir nicht das Gefühl der Verbundenheit mit anderen Menschen. Manchmal hat uns gerade dieses Zum-Schweigen-Bringen das Gefühl gegeben, dass wir verrückt werden. Dies hat es so gut wie unmöglich für uns gemacht, die Beziehung zu unseren lästigen Stimmen und Visionen zu verändern, die unser Leben so sehr bestimmt haben, und auch nicht zu den Stimmen und Visionen, die uns eher unterstützt haben.

Die Beziehung zu unseren Stimmen verändern: Wir können hier nicht stark genug betonen, wie wichtig es für uns ist, die Gelegenheit zu haben, über die lästigen Stimmen und Visionen in einem Forum zu sprechen, das zu einer machtvollen Offenlegung ihrer Funktionen und ihrer Operationsweisen beiträgt. Diese lästigen Stimmen und Visionen können ganz schön brutal sein und uns das Leben manchmal unglaublich erschweren. Ihnen stehen viele Taktiken zur Verfügung, um uns zu tyrannisieren, uns Angst einzujagen, uns Panik zu machen und uns zur Verzweiflung zu treiben. Dadurch, dass wir die Ziele und Operationsweisen dieser Stimmen und Visionen offenlegen, wird uns das Ausmaß klar, in dem das, was sie für unser Leben wollen, nicht unseren eigenen Interessen entspricht, und wir erlangen immer größeres Wissen darüber, welche Strategien sie anwenden, um ihre Ziele zu erreichen. Diese Offenlegung entmachtet sie und eröffnet uns Wege, uns unseres Wissens und unserer Fähigkeiten viel bewusster zu werden, damit wir sie nutzen können, um den Versuch der Stimmen und Visionen zu vereiteln, unser Leben in Beschlag zu nehmen. Während unserer Treffen können wir die Offenlegung vorantreiben und unseren Schatz an Wissen und Fähigkeiten vergrößern. Wir sind alle in der Lage, die Beziehungen mit unseren lästigen Stimmen und Visionen zu verändern, damit sie weniger dominant in unseren Leben werden ...

Die negativen Stimmen und Visionen sind Saboteure: Damit Sie besser verstehen, wie wichtig es für uns war, einen Raum zu finden, in dem wir über unsere Erfahrungen mit den lästigen Stimmen und Visionen reden und diese Offenlegungen zusammentragen können, sollten Sie wissen, was für ›Saboteure‹ diese Stimmen und Visionen für unsere Arbeit, Freunde, Interessen, Hoffnungen und unseren Status sein können. Viele unserer Verwandten bekamen Angst und verzweifelten. Wir haben Freunde aufgrund von Erschöpfung und Schrecken verloren. Manche von uns waren jahrelang wohnungslos, wir gingen von Ort zu Ort ... Als wir begriffen, was für eine Last wir wurden, zogen wir uns mehr und mehr zurück ... Wir verließen unser Zuhause oder kapselten uns ab, indem wir uns auf uns selbst zurückzogen, sodass wir selbst in der Gegenwart anderer allein waren ...

Leichtigkeit des Seins: Wir trauern aber nicht mehr. Wir haben herausgefunden, dass es bei der Trauer zum großen Teil um den Verlust eines Status ging, nach dem wir keine Sehnsucht mehr haben, und dass wir sogar froh sind, frei davon zu sein. Wir finden mittlerweile die Gelegenheit, offen mit unseren Freunden und Verwandten über den Schmerz zu reden, den sie aufgrund dessen, was wir während der schweren Zeiten durchmachen mussten, erlitten haben. Obwohl es schon zutrifft, dass einige Freundschaften zerbrochen sind, sind die, die nicht endeten, erneuert und durch diese Gespräche bereichert worden ...

Es ist nicht so, dass wir keine harten Zeiten mehr erleben. Die erleben wir. Aber dadurch, dass wir unsere Beziehungen zu den lästigen Stimmen und Visionen noch einmal neu bearbeiteten und durch unsere gemeinsame Arbeit in der Gruppe ›Power to our Journeys‹ haben wir auch eine Lebenserfahrung gewonnen, wie wir sie niemals hätten vorhersehen können. Wir wissen, dass es sich wahrscheinlich seltsam anhört, aber wir haben eine Lebensqualität erreicht, einen Reichtum, indem wir mit den Stimmen leben, welche für viele schwer zu verstehen sind. Dies hat mit vielerlei zu tun, unter anderem mit einer Verschiebung in dem, was wir wertschätzen. Wir haben zum Beispiel alle eine Veränderung in Bezug auf traditionelle materielle Werte erlebt. Es ist nicht so, dass wir alle materiellen Werte aufgegeben hätten. Sie bedeuten uns nur nicht mehr so viel, wie sie uns vorher bedeutet haben. Diese Werte stehen nicht mehr ganz oben, sie nehmen einen anderen Platz in unseren Leben ein. Das bedeutet, dass viele unserer alten Assoziationen mit dem Glück nicht mehr zutreffen. Stattdessen ist es die Leichtigkeit des Seins, die wir von Moment zu Moment erleben, die uns am wichtigsten ist ...

Unsere Mitgliedschaft in der Gruppe ›Power to our Journeys‹ hat entscheidend zu dieser Leichtigkeit des Seins beigetragen. Wir stehen in Solidarität zusammen. Wir fühlen uns sicher in unserer Gemeinschaft, denn wir wissen, dass wir viele Veränderungen in unserem Leben bewältigt, Schwierigkeiten gemeistert und so an Erfahrung gewonnen haben.

Gerechtigkeit: Es ist wichtig für uns gewesen, unsere Arbeit zur Rückgewinnung unseres Leben von den lästigen Stimmen und Visionen als einen Kampf gegen die Ungerechtigkeit zu erleben. Diese Stimmen und Visionen sind unterdrückend. Da unsere Arbeit der Neudefinition unserer Beziehung zu den Stimmen und Visionen Macht- und Kontrollprobleme angeht, ist diese Beziehung auch eine politische ... Indem wir zusammen Gerechtigkeitsvorstellungen erkunden, entwickeln wir eine größere Klarheit über die Tatsache, dass wir es uns nicht gefallen lassen müssen, wenn auf eine Weise über uns gesprochen wird, die uns durch Pathologisierung und Marginalisierung reduziert. Und wir werden effektiver darin, diesen Redensweisen über unser Leben und das Leben anderer, die lästige Stimmen und Visionen erleben, etwas entgegenzusetzen.

Medikamente: Wir haben alle viele Erfahrungen mit Medikamenten, manche davon zufriedenstellend, manche nicht. Es ist uns allen klar, dass unsere Erfahrungen mit Medikamenten zufriedenstellender werden, wenn wir sie als ein Werkzeug für uns betrachten und nicht als ein Ziel in sich selbst ...

Logo: Die Gruppe ›Power to our Journeys‹ hat ein Logo. Es ist der Berg Kilimanjaro. Vor ziemlich vielen Jahren stieg Sue, ein Mitglied unserer Gruppe, auf die Spitze dieses Berges. Bei einem unserer Treffen bemerkte sie, dass das Bemühen, ihr Leben von den feindlichen Stimmen zurückzugewinnen, dem Aufstieg zur Spitze des Kilimanjaros nicht unähnlich sei. ›Es ist ein hartes Stück Arbeit‹, sagte sie, ›aber mit der richtigen Vorbereitung und Ausrüstung, einer guten Karte, einer Möglichkeit, das Wetter vorherzusehen und dem richtigen Unterstützungssystem kann es geschafft werden.‹ Wir stehen alle zu dieser Philosophie.

Dokument 1: Solidarität

1. Am Anfang sprachen wir über die Techniken, auf die die lästigen Stimmen bei ihren Versuchen zurückgreifen, die Oberhand in unserem Leben zu bekommen. Es war interessant, dass wir alle ähnliche Beobachtungen über diese Techniken machten und dass alle verstanden, wie wichtig es war, diese aufzudecken. Die Stimmen greifen auf diese Techniken zurück, wenn sie Aktivitäten nachgehen, die nicht unseren Interessen entsprechen.

2. Die Techniken, die während der Treffen aufgedeckt wurden, fielen in verschiedene Kategorien. Sie beziehen sich alle auf bestimmte Eigenschaften der Stimmen:

  ○ Es wurde festgestellt, dass die Stimmen Ungeziefer sind. Sie ernähren sich von Schuldgefühlen, Unsicherheit und Angst.

  ○ Es wurde festgestellt, dass die Stimmen Opportunisten sind. Sie nehmen Leute aus, wenn sie sich gestresst und verletzlich fühlen.

  ○ Es wurde festgestellt, dass die Stimmen sensationsgierig sind. Sie haben die Angewohnheit, die Dinge aufzublasen und dadurch unsere Angst hervorzurufen.

  ○ Es wurde festgestellt, dass die Stimmen abhängig sind. Sie müssen sich für ihr Überleben auf Selbstvernachlässigung und Selbstanschuldigungen verlassen.

3. Der Tatsache wurde allgemein zugestimmt, dass das Aufdecken der Techniken der Stimmen von großer Bedeutung ist, da dies ihre ›Achillesferse‹ zeigt. Die Allergien der Stimmen wurden zum Beispiel recht offensichtlich:

- Sie können es nicht leiden, wenn man sich selbst liebt und akzeptiert.
- Sie bekommen einen richtigen Anfall, wenn man sich um sich selbst kümmert.
- Selbstrespekt ist für sie giftig.
- Sie haben schlicht und einfach Angst vor der Möglichkeit, dass sich Leute in Solidarität gegen sie vereinigen könnten.
- Wenn man die Sensationsgier mithilfe von Fakten hinterfragt, untergräbt dies völlig ihr Fundament.
- Die Wiedergewinnung persönlicher Macht verringert ihre Möglichkeit, sich von Schuldgefühlen und Furcht zu ernähren.

4. Abgesehen von all diesen Dingen sind die Stimmen auch allergisch dagegen, wenn man Dinge klar sieht. Wir stimmten alle zu, dass die Vorstellung der ›Liebe als einer Bewegung durchs Leben‹ etwas ist, das dabei hilft, immun gegen die Techniken der Stimmen zu werden.

5. Dieses Dokument ist eine Solidaritätserklärung. Es ist eine Erklärung über die Tatsache, dass die Mitglieder der Gruppe ›Power to our Journeys‹ sich vereinigen und zusammenstehen gegen die Kräfte, die versucht haben, uns zu tyrannisieren. Dies ist ein Weg, den Stimmen zu kündigen, die, so sehr sie sich auch bemühen, am Ende mit ihren Versuchen, unser Leben für sich zu gewinnen, erfolglos sein werden. Wir werden den Geist dieser Gruppe mit uns tragen, während wir durchs Leben gehen. In Zeiten, in denen wir sehr gefordert sind und verletzbar in Auseinandersetzungen mit den Stimmen, werden wir die Erfahrung dieser Solidarität wiederaufleben lassen. Dies wird uns einiges an Sicherheit und Trost im Angesicht der Not geben.

Dokument 2: Unsere Entschlossenheit

1. **Das Unaussprechliche aussprechen**: Wir setzen uns dafür ein, das Unaussprechliche auszusprechen und den Mut und die Stärke anzuerkennen, die dies von uns erfordert. Indem wir das Unaussprechliche aussprechen, schaffen wir es, unseren Schuldgefühlen, unserer Furcht, Panik und Selbstzweifeln den Boden zu entziehen. Außerdem ist es ein Dienst an anderen, da es auch ihnen Erleichterung verschafft. Es hilft anderen, aus einengenden Klischeevorstellungen auszubrechen.

2. **Die Dinge in unserem eigenen Tempo angehen**: Wir sind entschlossen, im Leben in einem Tempo voranzugehen, das uns passt, und nicht in einem Tempo, das den Stimmen passt. Auf die Stimmen kann man sich verlassen, wenn es darum geht, uns zu Dingen zu drängen, bevor wir so weit sind. Wenn sie damit Erfolg haben, wird unser Geist gehemmt und wir verlieren den Blick dafür, wie wir im Leben sein wollen. Die Stimmen verlassen sich manchmal auf Unterstützung von außen in ihren Versuchen, uns zu bestimmten Dingen zu drängen. Manchmal wird diese Unterstützung durch Leute, wie z. B. Rehabilitationshelfer, unbeabsichtigt gegeben.

3. **Unsere Teamarbeit anerkennen**: Wir sind dazu entschlossen, die Tatsache im Blick zu behalten, dass wir Mitglieder eines Teams sind, das so groß und mächtig wie der Ozean und so intelligent wie ein Delfin ist. Ungeachtet der Anstrengungen, die manch anderer unternimmt, um seine Autorität in unserem Leben zu etablieren – wir werden mit der Stärke, Intelligenz und Schönheit unserer Teamarbeit in Verbindung bleiben, denn dies ist wirkungsvoll, wenn es darum geht, den Stimmen den Mund zu verbieten.

4. **Die kleinen Schritte zu schätzen wissen**: Wir wissen uns dazu verpflichtet, die sogenannten ›kleinen Schritte‹, die wir im Leben machen, zu ehren. Das ist die Art von Schritten, die so viele Menschen in dieser Welt übersehen. Dazu gehört Aufstehen, Duschen und uns allgemein um unser Leben zu kümmern. Wir werden es nicht erlauben, dass das alles bestimmende Trachten unserer Kultur nach Kontrolle uns die Wertschätzung dieser kleinen Sakramente des täglichen Lebens nimmt. Wir werden stattdessen stolz darauf sein und uns an unsere Einzigartigkeit erinnern.

Dokument 3: Autoren unseres eigenen Lebens

1. Wir werden immer besser darin, unsere lästigen Stimmen zu identifizieren. Je mehr wir dies tun, desto deutlicher wird uns, dass wir bestimmte Stimmen der Gesellschaft hören, die manche der heutzutage vorherrschenden Einstellungen ausdrücken.

2. Wir entwickeln die Fähigkeit, Abstand von den Stimmen zu nehmen. Das hilft uns, damit aufzuhören, uns ständig zu bewerten, und

erlaubt es, uns auf die schikanierenden Stimmen zu konzentrieren und sie zu analysieren. Wenn wir das tun, fangen wir an zu verstehen, wie sehr diese Stimmen Schwierigkeiten haben, mit unserer Entwicklung in der Gegenwart und in unsere Zukunft hinein umzugehen.

3. Es ist eine wichtige Erkenntnis, dass diese bewertenden und manchmal feindlichen Stimmen Unsicherheiten sind. Es macht uns klar, dass sie Veränderung nicht mögen und dass ihr Wunsch ist, dass wir unser Leben auf ihr Heimatgebiet beschränken.

4. Wir verstehen, warum sie versuchen, uns in Panik zu versetzen, wenn wir uns auf die Abenteuer des Lebens einlassen. Wir verstehen außerdem, warum sie unsere Fähigkeiten und unser Wissen, die wir für unsere Lebensreise mitbringen, herunterzuspielen versuchen. Wenn wir unsere Fähigkeiten anerkennen, verzweifeln die Stimmen.

5. Wir können nunmehr sehen, wie die Stimmen an Boden verlieren, und wir freuen uns auf die Zeit, da sie jegliche Hoffnung aufgeben, ihn jemals wiederzugewinnen. Sie sind sich darüber bewusst, wie sehr sich die kleinen Wellen unserer Arbeit ausbreiten. Sie sind sich darüber bewusst, in welchem Ausmaß das Leben anderer Menschen in anderen Teilen der Welt durch unser Leben berührt und bereichert wird, durch das Wissen, das wir miteinander teilen.

6. Es scheint, als hätten die Stimmen keine Antwort auf das Knüpfen dieser Netzwerke. Das bedeutet viel. Wenn wir im Rahmen dieser Arbeit uns gemeinsam auf der Reise befinden, werden wir zunehmend sicherer und gewinnen die Kontrolle über unser Leben zurück. Wir erleben die individuelle Würde, die uns zusteht.

7. Diese Art der Entwicklung ist befreiend und macht es einfacher für uns, die Autorität anderer in unserm Leben zurückzuweisen. Es macht es auch einfacher, uns mit unserem eigenen Leben zu versöhnen und darüber klar zu werden, was uns guttun würde. Auf diese Weise haben wir noch mehr über unsere eigene Identität zu sagen. Wir werden zunehmend die Autoren unseres eigenen Lebens.«

Arbeitsbuch »Stimmenhören verstehen und bewältigen«

Ron COLEMAN und Mike SMITH (2007) haben ein Selbsthilfearbeitsbuch geschrieben, »Stimmenhören verstehen und bewältigen«, das mit einem »ABC der Bewältigungsstrategien« endet. Davon haben wir einige ausgewählt:

- »Akzeptieren Sie, dass Sie Ihre Stimmen wirklich hören.
- Brechen Sie aus, hören Sie auf, Opfer Ihrer Stimmen zu sein.
- Denken Sie über Bewältigungsstrategien nach, die gut zu Ihnen passen.
- Entwickeln Sie einen Dialog mit Ihren Stimmen.
- Gehen Sie in eine Selbsthilfegruppe.
- Helfen Sie anderen, indem Sie Ihre Erfahrungen mit ihnen teilen.
- Leben Sie Ihr Leben so, wie Sie es wollen, und nicht so, wie andere Sie haben wollen.
- Machen Sie in Ihrem Leben Platz für sich selbst.
- Nehmen Sie Ihre Stimmen an, akzeptieren Sie, dass sie zu Ihnen gehören.
- Resultate sollten belohnt werden.
- Wirkliche Siege müssen erkämpft werden, die kriegt man nicht geschenkt.
- Treffen Sie die für Sie wichtigen Entscheidungen, überlassen Sie das nicht Ihren Stimmen.
- Zappen Sie Ihre negativen Stimmen weg, indem Sie Kontrolle über sie entwickeln.«

Das Arbeitsbuch ist auf der Grundlage unserer Forschung (ROMME / ESCHER 1993, 1996) sowie der persönlichen Erfahrung Ron Colemans entwickelt worden, der gelernt hat, zu seinen Stimmen zu stehen und sein Leben in die Hand zu nehmen. Er hat die Erfahrungen vieler anderer Menschen mit eingebracht, die er durch seinen Kontakt mit Selbsthilfegruppen, Stimmenhörern und Fachleuten gesammelt hat. Nach seinen eigenen Worten geht es in dem Arbeitsbuch darum, »wie man Kontrolle über eigene Erfahrungen erlangen kann, statt an sie ausgeliefert zu bleiben. Es stellt kein Allheilmittel dar, in ihm wird vielmehr eine Arbeitsform vorgestellt, mit deren Hilfe man seine Erfahrungen überprüfen kann.«

Das Arbeitsbuch stellt eine hervorragende Möglichkeit für Stimmenhörer dar, mehr Struktur in ihre Beziehung zu den Stimmen zu bringen, größere Kontrolle in dieser Beziehung zu erlangen und systematischer damit umzugehen. Mithilfe des Arbeitsbuches können Stimmenhörer ein größeres Verständnis für ihre eigenen Emotionen entwickeln und dafür, durch welche Ereignisse sie hervorgerufen werden. Sie werden mehr und mehr vertraut damit und mit der Rolle, die die Stimmen dabei spielen.

Das Arbeitsbuch beginnt mit der Formulierung bestimmter Grundregeln:
- Das Arbeitsbuch gehört dem Stimmen hörenden Menschen.
- Jeder Mensch muss seinen eigenen Umgangsstil mit Stimmen entwickeln.
- Beim Stimmenhören handelt es sich um eine reale Erfahrung.
- Vertrauen kann nicht vorausgesetzt werden, sondern muss verdient werden.
- Es ist völlig in Ordnung, wenn neue Bewältigungsstrategien Zeit brauchen, bis sie wirken. Es ist besser, etwas auszuprobieren und zum Teil Erfolg zu haben, als gar nichts zu versuchen. Solange Sie etwas ausprobieren, haben Sie darüber Kontrolle.

Das Arbeitsbuch ist so organisiert, dass es diese Grundsätze widerspiegelt, und kann von dem Stimmenhörer benutzt werden, um allein zu arbeiten oder mit einem Freund oder Therapeuten. Es ist in drei Teile unterteilt:
1. Stimmen verstehen,
2. die Erfahrungen einordnen,
3. Stimmen akzeptieren und anfangen mit ihnen zu leben.

Teil 1: Stimmen verstehen: Der Stimmenhörer wird zunächst gebeten, ausführlich zu beschreiben, wie es war, als er das erste Mal Stimmen hörte: Was geschah, welche Emotionen hatte er, wer war dabei, was passierte als Nächstes und wie reagierte er darauf? Dann wird er gebeten, darüber nachzudenken, ob er die Stimmen akzeptiert oder nicht, ob sie ihm Angst machen oder ihn ärgerlich machen. Er beschreibt ausführlich seine Gefühle im Hinblick auf die Stimmen, die Reaktionen anderer Leute (kehren sie das Problem unter den Teppich, stempeln sie ihn als verrückt ab oder handeln sie unterstützend?) sowie seine eigenen Reaktionen darauf. Ähnlich wie die Gruppe »Power to our Journeys« weisen auch Coleman und Smith darauf hin, dass es wichtig ist, sich eigener und fremder Reaktionen auf die Stimmen bewusst zu werden. Das hilft dabei, Einsichten darüber zu gewinnen, wie die Stimmen einem Grenzen setzen (genauso, wie die Gesellschaft auch Grenzen setzt) und einen daran hindern, das eigene Leben zu leben. Schließlich wird der Hörer gebeten, die eigene Biografie im Zusammenhang aufzuschreiben.

Teil 2: Die Erfahrungen einordnen: Der Stimmenhörer wird zunächst gebeten, seine eigene Erklärung für die Stimmen zu formulieren. Die weitere Nachforschung konzentriert sich dann auf drei übliche Erklärungsmodelle und Hörer können sich mit Fragen zu diesen Modellen auseinandersetzen:

Krankheitsmodell: Hier geht es für den Hörer insbesondere um die eigenen Erfahrungen mit Medikation und um die Einschätzung seiner Lebensqualität, um die Diagnose der Schizophrenie und die Möglichkeit der Wiedergewinnung des eigenen Lebens.

Psychologisches Modell: Hier wird auf die Eigenschaften und Auslöser der Stimmen ausführlich eingegangen; der Hörer wird gebeten, eine Kontrollliste über das Auftreten der Stimmen zu führen, und es wird allmählich ein Stimmenprofil erstellt.

Telepathie: Hörern, die ihre Erfahrung mit Telepathie erklären und die mit einem professionellen Helfer zusammenarbeiten, wird geraten, zunächst dessen Einstellung zu dieser Annahme zu erfragen. Voraussetzung für eine konstruktive Zusammenarbeit ist nämlich die Akzeptanz des Erklärungsmodells des Hörers durch den Helfer. »Vielleicht fangen Sie beide damit an, Bücher über parapsychologische Erklärungen zu lesen.« Genau wie bei den anderen Erklärungsmodellen geht es auch hier darum, geeignete Lösungsstrategien für die Probleme zu erarbeiten. Es wird eine Übung vorgestellt, um Hörern zu helfen, negative Gedanken abzuwehren.

Teil 3: Stimmen akzeptieren und anfangen mit ihnen zu leben: Dieser Teil führt in verschiedene Bewältigungsstrategien ein, damit der Hörer sie aus der Perspektive seines Überzeugungssystems nutzen kann. Die Funktion der Stimmen als Überlebensstrategie wird untersucht und Hörer werden danach gefragt, welche Unterstützung durch Professionelle sie gerne hätten. In weiteren Fragen geht es um ein tieferes Verständnis der Stimmen:

- »Kennen Sie die Gründe, die dazu geführt haben, dass Sie Stimmen hören?«
- »Wissen Sie, warum die Stimmen zu Ihnen sprechen?«
- »Was bedeuten die Stimmen für Sie?«

Ein Abschnitt geht dann näher auf die Beziehung des Hörers zu den Stimmen ein, mit Fragen wie:

- »Wissen Sie, wie Sie die Stimmen zu Ihrem Nutzen einsetzen können, haben sie irgendeine Form der Kontrolle über sie?«
- »Haben Sie herausgefunden, ob irgendeine Ihrer Stimmen im Zusammenhang mit bestimmten Lebensereignissen steht?«

Es folgen Abschnitte zu den Aspekten:

- Strukturierung der Zeit (z. B.: »Haben Sie feste Zeiten eingeplant, in denen Sie sich mit den Stimmen beschäftigen?«)
- Abstimmung (z. B.: »Können Sie mit den Stimmen selektiv umgehen?« »Können Sie andere Stimmen dadurch ausschließen, dass Sie sich auf eine Stimme konzentrieren?«)
- Erlauben und Verbieten (der Hörer wird gebeten, ein Protokoll seiner Verhandlungen mit den Stimmen zu schreiben).

Zusammenfassend kann man sagen, dass das Arbeitsbuch Stimmenhörern vorschlägt, einen Arbeitsplan zu entwickeln, der zu ihnen und ihren Problemen passt und der auch dazu geeignet ist, mit jemandem zusammenzuarbeiten, dem sie vertrauen. Wir können dieses Arbeitsbuch jedem empfehlen, der bemüht ist, Stimmenhörern zu helfen – und insbesondere den Stimmen hörenden Menschen selbst.

Epilog

Der überwiegende Teil der psychiatrischen Forschung über psychotische Störungen hat die diagnostischen Kategorien (Schizophrenie, bipolare Störungen u. a.) als eine unabhängige Variable aufgefasst; die wissenschaftliche Validität wurde als gegeben hingenommen. Unsere Forschung unterscheidet sich in drei Aspekten von dem großen Teil der Forschung, der in dem Feld der psychotischen Erkrankung unternommen wurde:

- Wir haben die Beschwerde – das Stimmenhören – statt als diagnostische Kategorie als die unabhängige Variable aufgefasst.
- Wir haben uns auf die Erfahrung des Stimmenhörers konzentriert, anstatt von einem theoretischen Blickwinkel aus Fragen zu stellen.
- Wir haben uns mit dem Stimmenhören bei Patienten in psychiatrischen Einrichtungen sowie bei Nichtpatienten auseinandergesetzt.

Dieser Ansatz führte auch zu anderen Resultaten, von denen die folgenden vier die relevantesten sind:

- Es gibt ziemlich viele Stimmenhörer, die nicht mit einer psychiatrischen Diagnose diagnostiziert werden können, selbst wenn man ein angemessenes diagnostisches Instrument benutzt. Die Anzahl dieser Menschen ist sogar größer als die der Stimmenhörer, die mit einer psychiatrischen Diagnose diagnostiziert werden können (TIEN 1991; EATON u. a. 1991 und andere).
- Stimmenhören kann bei vielen verschiedenen psychiatrischen Störungsbildern gefunden werden. Wenn es als Teil eines Symptomkomplexes vorkommt, der bei der Schizophrenie diagnostiziert wird, dann besteht dieser Komplex zum Teil aus Stimmenhören als Reaktion auf ein schwerwiegendes Ereignis oder auf einen Teil der Persönlichkeit, mit dem nicht umgegangen werden kann. Zum anderen besteht er aus einer Folgereaktion auf die Unfähigkeit, mit den Stimmen umzugehen. Mit anderen Worten, der ganze Komplex der Schizophreniesymptome muss nicht die Folge einer Krankheit sein.
- Stimmenhören ist eine sehr persönliche Erfahrung, die sich von Person zu Person unterscheidet, sowohl hinsichtlich dessen, was die Stim-

men sagen, als auch hinsichtlich der Lebensereignisse und Ideale, die das Stimmenhören hervorrufen.

- Wenn sie richtig analysiert wird, kann die Beziehung zwischen den Stimmen und der Lebensgeschichte aufzeigen, dass die Stimmen einen Sinn ergeben, wenn man sich die Lebensumstände anschaut, durch die sie hervorgerufen wurden.

Diese Ergebnisse sowie die von Forschern wie BENTALL (1990), BOYLE (2002), JENNEr u. a. (1993), PRAAG (1993), HOOFDAKKER (1995), ROSS/ PAM (1995), THOMAS (1997) und vielen anderen zeigen deutlich, dass es in dem durch Kraepelin entwickelten diagnostischen System, das nach wie vor benutzt wird und die Grundlage für das DSM (Diagnostisches und Statistisches Handbuch psychischer Störungen) bildet, methodische Fehler gibt. Es gibt mindestens fünf Gründe, warum das klinische diagnostische System keine Validität hat:

1. Kraepelin entwickelte sein System auf der Grundlage von beobachtetem Verhalten in klinischen Einrichtungen und berücksichtigte dabei nicht das Ausmaß, in dem ein solches Verhalten auch bei normalen, gesunden Menschen vorkommen kann. Eine Reihe von gesunden Menschen hören Stimmen. Wir sind deshalb im Einklang mit anderen Forschern zu der Schlussfolgerung gekommen, dass Stimmenhören in sich selbst nicht das Symptom einer Krankheit darstellt. Es ist vielmehr die Unfähigkeit, mit den Stimmen umzugehen, die zu dysfunktionalem Verhalten und in der Folge zu einer Erkrankung führt.

2. Kraepelin glaubte, dass alle Verhaltensmuster und Erfahrungen eines Patienten das Resultat einer spezifischen Krankheit seien. Was das Phänomen des Stimmenhörens betrifft, so können Hörer auf verschiedene Art und Weise auf das durch die Stimmen verursachte Unbehagen in ihrem Kopf reagieren. Sie können zum Beispiel Konzentrationsprobleme haben oder Verwirrung, emotionale Befremdung oder Aggression erleben. Es war insbesondere Ron Coleman, der viele Informationen dazu sammelte und uns als Fachleuten die Frage stellte, ob wir wirklich alle diese Verhaltensmuster Symptome einer bestimmten Krankheit nennen können oder ob sie nicht eher Reaktionen auf die Stimmen selbst sind.

3. Kraepelin nahm an, dass die Erfahrung und das entsprechende Verhal-

ten Resultat einer Krankheit seien, und postulierte als Ursache eine organische Gehirnstörung. Bei Patienten, die Stimmen hören, wurde festgestellt, dass in 70 Prozent der Fälle die Stimmen mit Situationen oder Ereignissen einhergehen, die dem Patienten das Gefühl der Machtlosigkeit und der Unfähigkeit geben, das Problem zu lösen. Das Gehirn zeigt in der Tat ungewöhnliche chemische und elektrische Muster, die mit der Stimme zusammen auftreten. Dies sollte allerdings als ein parallel stattfindendes Phänomen und nicht als die Ursache des Symptoms gesehen werden.

4. Kraepelin gruppierte die Symptome in Gruppen und vergab spezifische Namen für spezifische Symptomkombinationen, wie die »Dementia praecox«, die später Schizophrenie genannt wurde. Forschungen von BENTALL (1990), BOYLE (2002), PARKER u.a. (1995) und anderen haben gezeigt, dass diese konzeptionelle Konstruktion keine wissenschaftliche Validität hat. Es gibt zu viele Unterschiede zwischen Patienten, die die gleiche Diagnose haben, und zu viele Ähnlichkeiten zwischen Patienten, die verschiedene Diagnosen haben, um eine klare Unterscheidung zwischen Krankheiten möglich zu machen. Unsere Forschung zum Stimmenhören zeigt, dass das Phänomen in allen Psychosekategorien vorkommt sowie bei Neurosen und Persönlichkeitsstörungen.

5. Kraepelin benutzte nicht die Definition einer Krankheit, die in der Medizin geläufig ist: Eine Krankheit kann nur eine Krankheit genannt werden, wenn sie eine bestimmte Ursache hat, einen bestimmten Verlauf, eine bestimmte Behandlungsmethode und eine bestimmte Prognose. Auf all die Krankheiten, die Kraepelin »funktionale Psychose« nannte, treffen diese Bedingungen nicht zu. Wenn man den Erfahrungen der Patienten wirklich Aufmerksamkeit schenkt, ist es in 70 Prozent der Fälle möglich, jeweils ein Muster von Umständen zu finden, die mit dem Stimmenhören zusammentreffen. So kann man sich ein Bild darüber machen, welche Umstände den Patienten daran hindern, mit den Stimmen umzugehen.

Im Großen und Ganzen wird deutlich, dass die Einteilung in spezifische Krankheiten nicht fruchtbar ist, wenn es sich um psychiatrische Erkrankungen handelt. Wir brauchen einen Paradigmenwechsel, wenn die Psychiatrie wirklich Fortschritte in der Behandlung von Psychosen machen will. Dieser Paradigmenwechsel ist ziemlich leicht: Wir müssen die Beschwerden betonen (anstatt Diagnosen zu konstruieren) und die Beziehung dieser Beschwerden zur Lebensgeschichte sowie die Beziehung der Beschwerden untereinander erörtern. Dies ist eine normale medizinische Weise zu arbeiten, von der nur die Psychiatrie abweicht, indem sie von einer Beschwerde zu einer Diagnose springt, anstatt zu den verursachenden Faktoren zurückzugehen.

Die Forschung hat uns außerdem die Validität des sozialpsychiatrischen Ansatzes bei Psychosen gezeigt, demgemäß Erkrankungen ein Reaktionsmuster auf erlebte Schwierigkeiten im wirklichen Leben sind. Es gibt keinen Grund, warum wir diesen Ansatz nicht auch bei anderen schwerwiegenden psychiatrischen Problemen anwenden sollten, wie der bipolaren Störung, dissoziativen Störungen, schwerwiegenden Zwangsneurosen und der Borderline-Störung. Im Gegenteil, es gibt viele Beweise dafür, dass ein solcher Ansatz sehr gut in der Realität verankert ist, sowohl im Fall von psychotischen Symptomen als auch bei anderen gravierenden Beschwerden.

Wir stellen dann fest, dass Menschen sehr unterschiedlich auf das gleiche Problem, wie beispielsweise den Tod einer geliebten Person, reagieren können. Dieser stellt oft einen unerträglichen Verlust dar; er verursacht sehr starke Emotionen und lässt Gefühle der Machtlosigkeit entstehen. Dies kann dazu führen, dass Menschen das Gefühl haben, ohne die geliebte Person nicht weiterleben zu können. Eine Vielzahl emotionaler Reaktionen kann ein solches Schockereignis begleiten:

- Das Ereignis wird verleugnet. Das Gefühl der Machtlosigkeit wird durch die Überzeugung ersetzt, dass der Partner an einen anderen Ort gereist ist und dort wartet.
- Der Schmerz und die Trauer werden verleugnet, die dieses Ereignis hervorgerufen hat. Anstatt zu trauern, reagiert ein Mensch mit extremem Verhalten, indem er z. B. mit der nächstbesten Person, die dem verlorenen Partner ein wenig ähnlich sieht, sexuellen Kontakt hat.
- Ein anderer Betroffener kann überhaupt nicht mit den Emotionen umgehen; er unterdrückt möglichst alle Gefühle und entscheidet sich, wie ein Roboter zu leben.

- Ein anderer Mensch ersetzt seinen Kummer durch Wut, Aggression und Misstrauen.
- Wieder ein anderer reagiert noch einmal anders und versucht nicht anzuerkennen, dass irgendetwas passiert ist, indem er denkt, er sei jemand anderes.
- Schließlich gibt es einige Menschen, die weiterhin die Stimme der verstorbenen Person hören.

Es wird deutlich, dass fast alle Symptome der Psychose auch bei extremen Formen der Trauer angetroffen werden können. Indem wir uns auf die psychotische Erfahrung selbst konzentrierten und auf die Lebensgeschichte, die an deren Anfang stand, wurden wir darauf aufmerksam, wie ein einzelnes Lebensereignis zu einer Vielzahl an psychotischen Reaktionen führen kann. Je nach Art der Reaktion kann ein Patient als schizophren, als manisch-depressiv etc. kategorisiert werden. Wenn wir den Erfahrungen des Patienten aufmerksam zuhören, stellen wir fest, dass es für eine bestimmte Psychose nicht die eine Ursache gibt. Es ist vielmehr umgekehrt; eine bestimmte »Ursache« kann verschiedene psychotische Zustände produzieren.

Die Psychiatrie ist einer falschen Argumentationslinie aufgesessen, als sie die Reaktionen der Menschen auf bestimmte Probleme als spezifische Krankheiten konzeptualisierte. Die Psychiatrie begann, die »Krankheit« selbst zu studieren, anstelle des Spektrums an verschiedenen Reaktionen, die Menschen auf Ereignisse zeigen können, durch die sie sich entmachtet fühlen. Diese Ereignisse können ganz unterschiedlich sein: der Tod einer geliebten Person; die Unfähigkeit, die eigene sexuelle Identität zu akzeptieren; die Erkrankung des Kindes u. a.

Forschungen zu den verschiedenen psychotischen Syndromen werden daher sinnlos bleiben, wenn die Verbindung zu den individuellen Ursachen für die Psychose nicht hergestellt wird. Biologische Forschung zur Chemie des Gehirns kann in der Tat eine Rolle bei all dem spielen. Es wird jedoch eine Rolle sein müssen, die sehr verschieden von der ist, die gegenwärtig von den Forschungsinstituten und der pharmazeutischen Industrie gespielt wird. Der Fokus ihrer Untersuchungen müsste sich dahin bewegen, dass das Gehirn daraufhin untersucht wird, wie es auf

Emotionen und Prozesse reagiert, die parallel zu den emotionalen Reaktionen selbst vorkommen und die möglicherweise diese Reaktionen fixieren. Wir sind uns darüber im Klaren, dass wir nichts weniger als eine radikale Verschiebung vorschlagen; es bedeutet, die Bunkermentalität der etablierten Psychiatrieprofessionen zurückzulassen und für neue Theorien und Philosophien sowie deren Behandlungsoptionen offen zu sein. Es ist jedoch eine Verschiebung, die wir alle früher oder später vollziehen müssen, wenn wir wirklich Menschen helfen wollen, Kontrolle über ihr eigenes Leben zu erlangen.

Danksagung

Vorbereitungsstudien und Fortbildungen für diese Studie wurden durch den nationalen niederländischen Psychiatriefonds finanziert. Wir bedanken uns bei Monique Pennings, die ihre Zeit, Energie und professionellen Fähigkeiten der Organisation unseres ersten Fortbildungskurses 1996/97 widmete. Sie half uns außerdem in großem Maße dabei, dieses Buch fertigzustellen. Besonders sind wir auch all den Stimmenhörern zu Dank verpflichtet, die an der Forschung und den Ausbildungsseminaren teilnahmen, sowie den Fachleuten, die den Kurs besuchten. Ein großes Dankeschön gilt darüber hinaus Loes Smulders für ihre administrative Unterstützung.

Schließlich wollen wir unseren Dank gegenüber dem Psychiatrie-Verlag ausdrücken, der die Übersetzung dieses Projektes ins Deutsche unterstützt hat.

ANHANG 1
Auswahl der Stichproben für die Forschung

Wir nutzten zwei Instrumente für diesen Zweck: das CIDI, das Composite International Diagnostic Instrument (ROBINS u. a. 1988; WITTCHEN u. a. 1991), und die DES, die Dissociative Experiences Scale (BERNSTEIN/PUTNAM 1986). Beide sind geeignet für Populationen, in denen es ein weites Spektrum des Ausmaßes der Psychopathologie gibt.
Alle Teilnehmer mussten tatsächlich akustische Halluzinationen auf dem CIDI aufweisen. Die Menschen in der ersten Gruppe hatten die Diagnose der Schizophrenie auf dem CIDI erhalten. Die Menschen in der zweiten Gruppe erzielten einen Wert von 30 oder mehr auf der DES, was eine dissoziative Störung indiziert (sie wurden aber nur mit eingeschlossen, wenn sie sich auf dem CIDI nicht für Schizophrenie qualifizierten). Die Menschen in der dritten Gruppe wiesen keine eigentliche Psychopathologie auf dem CIDI auf, noch eine lebenslange Diagnose der Schizophrenie. Sie erzielten einen Wert von weniger als 30 auf dem DES. Die Untersuchung der dritten Gruppe ergab zehn Teilnehmer ohne irgendwelche anderen Symptome auf dem CIDI, abgesehen von Halluzinationen. Fünf zusätzliche Teilnehmer in dieser Gruppe wiesen eine Angststörung oder eine affektive Störung mehr als ein Jahr vor der Umfrage auf. Dieser Teil der Studie wird ausführlicher von HONIG u. a. (1998) beschrieben.

ANHANG 2
Forschungsergebnisse

TABELLE 1 Beziehung von akustischen Halluzinationen zur Hauptdiagnose

Störung (Anzahl der Personen in Klammern)		Halluzinationen (Anzahl der Personen in Klammern)	
Schizophrenie	(62)	53%	(33)
Dissoziative Störung	(5)	80%	(4)
Affektive Störung	(90)	28%	(25)
Psychotische Störung (NOC)	(17)	41%	(7)
Persönlichkeitsstörung	(48)	13%	(6)
Andere (hauptsächlich Ängste)	(66)	9%	(6)

Stichprobe: 288 = 100%
Stimmenhörer = 81 (28%)

TABELLE 2 Formale Eigenschaften des Stimmenhörens

Art der Äußerung	Schizophrenie	Affektive Störungen
Durch die Ohren gehört	80%	70%
Im Kopf gehört	63%	65%
Im Körper gehört	11%	4%
Außerhalb des Kopfes gehört	52%	39%
Dialog möglich	47%	36%
Kommen von einem selbst (»ich«)	24%	17%
Kommen von außerhalb (»nicht ich«)	93%	78%

TABELLE 3 Eigenschaften des Stimmenhörens

Form* (Anzahl der Personen in Klammern)	Schizophrenie (100% = 18)	Dissoziative Störung (100% = 15)	Nichtpatienten (100% = 15)
Stimmen durch die Ohren	78% (14)	67% (10)	57% (8) **
Stimmen im Kopf	50% (9)	73% (11)	60% (9)
Stimmen kommen von einem selbst (»ich«)	11% (2)	7% (1)	20% (3)
Stimmen kommen nicht von einem selbst (»nicht ich«)	100% (18)	93% (14)	193% (14)
Dialog möglich	67% (12)	33% (5)	60% (9)
Dialog nicht möglich	33% (6)	67% (10)	40% (6)
Stimmen reden in zweiter Person	94% (17)	93% (14)	100% (15)
Stimmen reden in dritter Person	39% (7)	23% (3)	27% (4)
Stimmen formulieren einen Kommentar	72% (13)	80% (12)	47% (7)

Eigenschaften konnten sich je nach Stimme unterscheiden.
**Stichprobe = 13 (2 fehlten)*

TABELLE 4 Auswirkung der Stimmen auf die Hörer

Art der Stimme (Anzahl der Personen in Klammern)	Schizophrenie (100% = 18)	Dissoziative Störung (100% = 15)	Nichtpatienten (100% = 15)
Positive Stimmen	83% (15)	67% (10)	93% 14)
Negative Stimmen	100% (18)	93% (14)	53% (8)

Art der Erfahrung	Schizophrenie	Dissoziative Störung	Nichtpatienten
Hauptsächlich positive Erfahrung	11% (2)	13% (2)	79% (11) *
Neutrale Erfahrung	22% (4)	67% (3)	21% (3) *
Hauptsächlich negative Erfahrung	67% (12)	67% (10)	Keine *

Auswirkung	Schizophrenie	Dissoziative Störung	Nichtpatienten
Angsteinflößend	78% (14)	85% (11) **	Keine *
Verwirrend	89% (16)	100% (13) **	27% (4)
Stimmen stören den Alltag	100% (18)	100% (14) *	20% (3)

Stichprobe = 14 (1 fehlt)
**Stichprobe = 13 (2 fehlen)*

TABELLE 5 Einfluss der Hörer auf die Stimmen

Hörer (Anzahl der Personen in Klammern)	Schizophrenie (100%=18)	Dissoziative Störung (100%=15)	Nichtpatienten (100%=15)
Unter Kontrolle	17% (3)	7% (1)	87% (13)
Machtlos	72% (13)	71% (10) *	13% (2)
Muss keine Befehle annehmen	89% (16)	67% (10)	100% (15)

* Stichprobe = 14 (1 fehlt)

TABELLE 6 Externe Auslöser

Hörer (Anzahl der Personen in Klammern)	Schizophrenie (100%=18)	Dissoziative Störung (100%=15)	Nichtpatienten (100%=15)
Klare Umstände *	77% (13)	100% (15)	53% (8)

* Umstände oder Ereignisse, die um die Zeit des Beginns des Stimmenhörens vorkommen, wie von den Teilnehmern berichtet: Tod einer geliebten Person (durch Suizid oder auch nicht); das erste Mal allein leben; Zerbrechen einer Beziehung; schwere Spannungen innerhalb der Familie; Ausbildung / Arbeit beginnen oder beenden; körperliche Misshandlung; sexueller Missbrauch; schwere Krankheit.

TABELLE 7 Wie Stimmenhörer den Ursprung der Stimmen interpretierten

Genannter Ursprung (Anzahl der Personen in Klammern)	Gesamt (100%=48)	Schizophrenie (100%=18)	Dissoziative Störung (100%=15)	Nichtpatienten (100%=15)
Ein Verstorbener	52% (25)	44% (8)	53% (8)	60% (9)
Äußere Wesenheiten	52% (25)	56% (10)	27% (4)	73% (11)
Eine andere Person	46% (22)	56% (10)	60% (9)	20% (3)
Ein guter Ratgeber	44% (21)	39% (7)	20% (3)	73% (11)
Ein Familienmitglied	38% (18)	39% (7)	53% (8)	20% (3)
Ein Geist aus der Vergangenheit	31% (15)	28% (5)	13% (2)	53% (8)
Eine Form der Telepathie	31% (15)	44% (8)	13% (2)	33% (5)
Die Emotionen anderer	29% (14)	44% (8)	27% (4)	13% (2)
Götter, Geister, Engel	29% (14)	39% (7)	7% (1)	40% (6)
Eine besondere Gabe	29% (14)	39% (7)	20% (3)	27% (4)
Symptom einer Krankheit	25% (12)	56% (10)	7% (1)	7% (1)
Der Schmerz anderer	23% (11)	33% (6)	7% (1)	27% (4)
Unterbewusstsein	21% (10)	22% (4)	13% (2)	27% (4)
Böser Geist / Teufel	19% (9)	44% (8)	0% (0)	7% (1)
Ein guter Gott	8% (4)	11% (2)	0% (0)	13% (2)

ANHANG 3
Fragebogen zu Überzeugungen hinsichtlich der Stimmen

(Beliefs About Voices Questionnaire = BAVQ-R)*

Es gibt viele Menschen, die Stimmen hören. Es würde uns helfen, herauszufinden, wie es Ihnen mit Ihren Stimmen geht, wenn Sie diesen Fragebogen vervollständigen. Bitte lesen Sie jede Aussage und kreuzen Sie an, was am besten beschreibt, wie Sie sich in der vergangenen Woche gefühlt haben. Wenn Sie mehr als eine Stimme hören, füllen Sie bitte den Fragebogen für die Stimme aus, die vorherrschend ist. Danke für Ihre Hilfe!

Name:

Alter:

	Stimmt nicht zu	Bin unsicher	Stimmt teilweise zu	Stimmt voll zu
1. Meine Stimme bestraft mich für etwas, das ich getan habe.				
2. Meine Stimme will mir helfen.				
3. Meine Stimme ist sehr mächtig.				
4. Meine Stimme verfolgt mich ohne Grund.				
5. Meine Stimme will mich beschützen.				
6. Meine Stimme scheint alles über mich zu wissen.				
7. Meine Stimme ist böse.				
8. Meine Stimme hilft mir, bei Verstand zu bleiben.				
9. Meine Stimme bringt mich dazu, Dinge zu tun, die ich eigentlich nicht tun will.				
10. Meine Stimme will mir schaden.				
11. Meine Stimme hilft mir, meine besonderen Kräfte oder Fähigkeiten zu entwickeln.				
12. Ich kann meine Stimme nicht kontrollieren.				
13. Meine Stimme möchte, dass ich schlechte Dinge tue.				
14. Meine Stimme hilft mir, mein Ziel im Leben zu erreichen.				

* Der BAVQ-R (Chadwick, Leeds, Birchwood 2000) ist die überarbeitete Version des ursprünglichen »Beliefs About Voices«-Fragebogen (Chadwick/Birchwood 1994). Der BAVQ-R darf ohne Erlaubnis der Autoren nicht reproduziert oder genutzt werden.

	Stimmt nicht zu	Bin unsicher	Stimmt teilweise zu	Stimmt voll zu
15. Meine Stimme wird mir schaden oder mich umbringen, wenn ich ihr nicht gehorche oder ihr Widerstand leiste.				
16. Meine Stimme versucht, mich zu korrumpieren oder zu zerstören.				
17. Ich bin dankbar für meine Stimme.				
18. Meine Stimme regiert mein Leben.				
19. Meine Stimme beruhigt mich.				
20. Meine Stimme macht mir Angst.				
21. Meine Stimme macht mich glücklich.				
22. Meine Stimme zieht mich runter.				
23. Meine Stimme macht mich wütend.				
24. Meine Stimme verhilft mir zu Gelassenheit.				
25. Meine Stimme lässt mich mich ängstlich fühlen.				
26. Meine Stimme macht mich selbstsicher.				
Normalerweise, wenn ich meine Stimme höre, dann …				
27. sage ich ihr, sie soll mich in Ruhe lassen.				
28. versuche ich, nicht an sie zu denken.				
29. versuche ich, sie zu stoppen.				
30. tue ich etwas, um sie am Reden zu hindern.				
31. sträube ich mich, ihr zu gehorchen.				
32. höre ich ihr zu, weil ich das will.				
33. befolge ich willentlich, was meine Stimme mir sagt.				
34. habe ich zuvor etwas unternommen, um mit meiner Stimme in Kontakt zu treten.				
35. suche ich den Rat meiner Stimme.				

ANHANG 4
Selbsthilfegruppen und Initiativen

International

Intervoice, The International Network for Training, Education and Research into Voices, ist ein internationales Forum, das Diskussionen über die Bedeutung der Stimmenhörerfahrung fördern möchte. Es berücksichtigt neueste Forschungen und andere Neuigkeiten. Es ist mittlerweile in mehr als 20 Ländern aktiv und hat in weiteren Ländern Kontakte. Für Informationen zu Mitgliedschaft, Diskussionsforen, Fortbildungen und mehr wenden Sie sich bitte an Caroline von Taysen oder Paul Baker über die Internetadresse: www.intervoiceonline.org. Diese Seite enthält nützliche Informationen und Forschungen rund um das Thema Stimmenhören.

Australien

»**Hearing Voices Network Australia**« (HVNA) in Zusammenarbeit mit der »**Richmond Fellowship of Western Australia**«,
Adresse: PO Box 682, Bentley 6982, Western Australia.
Tel.: 08 9258 3060, Fax: 08 9258 3090, E-Mail: admin@rfwa.org.au
Internet: www.rfwa.org.au/page.php?page=95
»**Power to our Journeys**«, eine lange existierende Selbsthilfegruppe (siehe Kapitel 15), Adresse: Dulwich Centre, 315 Carrington Street, Adelaide, Australien

Deutschland

Die Selbsthilfeorganisation **Netzwerk Stimmenhören** wurde 1997 gegründet. Büro in Berlin, Adresse: Netzwerk Stimmenhören e.V., Uthmannstraße 5, 12043 Berlin-Neukölln; Tel.: 030 78718068, Fax: 030 68972841, E-Mail: stimmenhoeren@gmx.de
Internet: www.stimmenhoeren.de
efc Institut – Fortbildungen in der erfahrungsfokussierten Beratung sowie Beratungen und Supervision zum Umgang mit Stimmenhören.
E-Mail: info@efc-institut.de, Internet: www.efc-institut.de

Dänemark

Das »stemmenhorernetwaerket i Danmark« wurde 2005 gegründet. Mit mittlerweile über 40 Selbsthilfegruppen ist es die am stärksten wachsende Stimmenhörerbewegung im internationalen Vergleich.
E-Mail: hearing-voices@hotmail.com, Internet: www.hearingvoices.dk

England

Das Stimmenhörernetzwerk mit mittlerweile über 180 registrierten Selbsthilfegruppen (Juni 2007), die größte nationale Bewegung, wurde 1993 in Manchester gegründet.
Adresse: Hearing Voices Network, 79 Lever Street, Manchester M1 1FL, Tel.: 0845 122 8641 – vertraulicher Telefonkontakt montags bis freitags von 10 bis 16 Uhr, E-Mail: info@hearing-voices.org
Internet: www.hearing-voices.org

Finnland

»Suomen Moniääniset Ry« (Stimmenhörernetzwerk).
Zentraler Verbund der Psychiatrienutzer.
Adresse: Ratakatu 9., 4. kerros, 00120 Helsinki,
E-Mail: suomen.moniaaniset.ry@kolumbus.fi
Internet: www.kolumbus.fi/suomen.moniaaniset.ry

Irland

Eine nationale Initiative besteht seit November 2006.
Es gibt bereits Gruppen in Nordirland und in Südirland.
Internet: www.voicesireland.com/home.htm

Italien

Aktivitäten werden insbesondere durch Pini Pini (Psychiater) und Donatella Miccinesi mit Konferenzen und Gruppen unterstützt.
E-Mail: marcellomac@alice.it oder pipini@dada.it

Japan

Gruppen in Okayama und Tokio.
Koordinator: Prof. Wakio Sato, Okayama, Tel.: 0126 9 37705,
E-Mail: mhfbodaiju@cnknet.jp oder hvken2000@yahoo.co.jp

Niederlande

Nationales Netzwerk »Resonance«. Tel.: 06 43159796 (Sekretariat),
E-Mail: secretariaat@stemmenhoren.nl oder
webmaster@stemmenhoren.nl
Internet: www.stemmenhoren.nl

Neuseeland

»Hearing Voices Network Aotearoa«, New Zealand,
Internet: www.hearingvoices.org.nz
Für Fortbildungen und Materialien: Tel.: 0800 543354,
Internet: www.keepwell.co.nz

Norwegen

Für Kontakt und Fortbildungen: Tel: 7112 0707,
E-Mail: geir.fredriksen@helsenr.no, Internet: www.hearingvoices.no

Österreich

Keine nationale Organisation, aber es existieren Gruppen in Wien,
Graz und Linz. Koordinatoren von »Exit-sozial«:
Chuck Schneider, Tel.: 0732 719719
Marlene Weiterschan, Tel.: 0732 737052
Ilona Schmidbauer, Tel.: 07213 6101
E-Mail: stimmen@exitsozial.at
Internet: www.8ung.at/stimmenhoeren

Palästina

Es gibt Gruppen in Bethlehem, Ramala und Hebron sowie
Fortbildungsinitiativen. E-Mail: info@hearing-voices.org

Schottland

»Hearing Voices Network Dundee«, Adresse: 216–220 Hilltown, Dundee, DD3 7AU, Schottland; Tel.: 01382 223023,
Internet: www.hearingvoicesnetwork.com
Ron Coleman und Karen Taylor arbeiten engagiert an der Verbreitung des Recoverygedankens und haben verschiedene nationale Initiativen gefördert. Internet: www.workingtorecovery.co.uk

Schweden

Es gibt mittlerweile um die 25 Gruppen in Schweden. Verschiedene Menschen sind sehr aktiv, unter anderen:
Anneli Westling, E-Mail: anneli.westling@levnu.se
Siv Wetterberg, E-Mail: siv.wetterberg@swipnet.se
Amy Rohnitz, E-Mail: rohnitz@spray.se
Maths Jesperson, E-Mail: maths.jesperson@bredband.net

Schweiz

Schweizer Nutzerverbund. Kontakt: Jakob Litschig und Verena Bärfuss, Zürich, E-Mail: windhorse.zh@for.ch oder auch über die Selbsthilfebewegung »Mouvement Les Sans-Voix«, Theresa Krummenacher,
E-Mail: lessansvoix@gmail.com

Spanien

Professor D. Manuel Gonzalez de Chavez Menendez hat »Stimmenhören verstehen« ins Spanische übersetzen lassen und es besteht weiterhin Interesse an diesem Thema.

USA

Hearing Voices Network USA, Adresse: HVN-USA, P.O. Box 259001, Madison, WI 53725 USA; Tel.: 608 446 6578,
E-Mail: hvn-usa@hotmail.com, Internet: www.hvn-usa.org

Wales

Wales hat ein nationales Netzwerk und organisiert Treffen.
Die Arbeit wird von Hywell Davies unterstützt.
Adresse: Hearing Voices Network Cymru, Upper Robeston,
Robeston West, Milford Haven, Pembrokeshire, SA73 3TL, UK

Literatur

ALSCHULER, A. (1987): The world of the inner voice. Unpublished data, in Heery, M. W.: Inner voice experiences. In: ROMME, M.; ESCHER, A. (Hg.) (1993): Accepting Voices. London.
AMERING, M.; SCHMOLKE, M. (2007): Recovery. Das Ende der Unheilbarkeit. Bonn.
ANDREASEN, N. C. (1997): Our Brave New World: De verkenning van hersenen en geest in gezondheid en bij ziekte. Amsterdam.
APPELO, M. T. (1997): De chronische valkuil. In: *Tijdschrift voor Psychiatrie* 4, S. 321–334.
ARNTZ, A. (1991): Principes en technieken van de cognitieve therapie. In: *Tijdschrift voor Directive Therapie* 11, S. 252–268.
ASSAGIOLI, R (1988): Transpersonal Development. London.
BARRET, T. R.; ETHERIDGE, J. B. (1992): Verbal Hallucinations in normals: people who hear »voices«. In: *Applied Cognitive Psychology* 6, S. 379–387.
BECK, A.T. (1952): Successfull out-patient, psychotherapie of a chronic schizophrenic with a delusion, based on borrowed guilt. In: *Psychiatry* 15, S. 305–312.
BECK, A. T.; RUSH A. J.; SHAW, B. F.; EMERY G. (1979): Cognitive therapy of depression. New York.
BENTALL, R. P. (Hg) (1990): Reconstructing schizophrenia. London, New York.
BENTALL, R. P.; JACKSON, H. F.; PILGRIM, D. (1988): Abandoning the concept of »schizophrenia«: some implications of validity arguments for psychological research into psychotic phenomena. In: *British Journal of Clinical Psychology* 27, S. 303–324.
BENTALL, R. P; HADDOCK, G.; SLADE, P. D. (1994): Cognitive behaviour therapy for persistent auditory hallucinations, from theory to therapy. In: *Behaviour Therapy* 25, S. 51–66.
BERNSTEIN, E. M.; PUTNAM, F. W. (1986): Development, reliability and validity of a dissociation scale. In: *Journal of Nervous and Mental Disease* 174, S. 727–735.

Birchwood, M. (1986): Control of auditory hallucinations through occlusion of monoaural auditory input. In: *British Journal of Psychiatry* 149, S. 104-107.
Birchwood, M. (1996): Early intervention in psychotic relapse. In: Haddock, G.; Slade, P.: Cognitive Behaviour Interventions with Psychotic Disorders. London, New York.
Bleuler, E. (1983): Lehrbuch der Psychiatrie. Berlin.
Blom, J. D. (2003): Deconstructing Schizophrenia. Amsterdam.
Bock, Th. (1997): Dialoog-Psychiatrie. In: *Deviant* 15, S. 4–7.
Bosch van den, R. J. (1990): Schizofrenie en andere functionele psychotische stoornissen. In: Vandereyken, W.; Hoogduin, C. A. L.; Emmelkamp, P. M. G. (Hg.): Handboek psychopathologie 1. Houten.
Bosch van den, R. J. (1993): Schizofrenie: Subjectieve Ervaringen en Cognitief Onderzoek. Houten.
Bosch van den, R. J.; Louwerens, J. W.; Slooff, C. J. (1994): Behandelingsstrategien bij Schizofrenie. Houten.
Bosga, D. (1997): Parapsychologie und Stimmenhören. In: Romme, M.; Escher, S.: Stimmenhören akzeptieren. Bonn (Neuausgabe: Berlin 2003), S. 108–114.
Bouvink, W. (1997): Overleven na de psychiatrie. In: *Maandblad Geestelijke Volksgezondheid* 3, S. 232–240.
Boyle, M. (2002): Schizophrenia: a Scientific Delusion? 2. Aufl., London.
Bruijn, G. de (1997): Psi, Psychologie und Psychiatrie. In: Romme, M.; Escher, S.: Stimmenhören akzeptieren. Bonn (Neuausgabe: Berlin 2003), S. 39–45.
Bucke, R. M. (1901): Cosmic Consciousness: a study in the evolution of the human mind. Philadelphia.
Chadwick, P.; Birchwood, M. (1994): The omnipotence of voices; a cognitive approach to auditory hallucinations. In: *British Journal of Psychiatry* 164, S. 190–201.
Chadwick, P.; Birchwood, M. (1996): Cognitive therapy for voices. In: Haddock, G.; Slade, P. (Hg.): Cognitive Behavioural Interventions with Psychotic Disorders. London, New York.

Ciompi, L. (1987): Auf dem Weg zu einem kohärenten multidimensionalen Krankheits- und Therapieverständnis. In: Böker, W.; Brenner, H. D. (Hg.): Bewältigung der Schizophrenie. Bern.
Coelho, P. (2002): Veronika beschließt zu sterben. Zürich.
Coleman, R. (1996): We zijn lang genoeg slachtoffer geweest. In: Deviant 7, S. 12–14.
Coleman, R. (1999): Recovery – an Alien Concept. Gloucester.
Coleman, R.; Smith, M. (2007): Stimmenhören verstehen und bewältigen. 3. Aufl., Bonn (Psychosoziale Arbeitshilfen; 14).
Corstens, D. (2004): Praten met stemmen. In: *Directieve therapie* 24, S. 54–68.
Deegan, P. (1993): Recovering our sense of value after being labeled mentally ill. In: *Journal of Psychosocial Nursing* 31, 4, S. 7–11.
Doorman, S. J. (1992): Het paranormale ter discussie. Bureau Studium Generale, Rijksuniversiteit Utrecht 9107, S. 9–26.
Eaton, W. W.; Romanoski, A.; Anthony, J.C. u. a. (1991): Screening for psychosis in the general population with a self-report interview. In: *Journal of Nervous and Mental Disease* 179, S. 689–693.
Elfferich, I. (1997): Eine metaphysische Perspektive. In: Romme, M.; Escher, S.: Stimmenhören akzeptieren. Bonn (Neuausgabe: Berlin 2003), S. 100–108.
Ensink, B. J. (1992): Confusing Realities. A study on child sexual abuse and psychiatric symptoms. Amsterdam.
Ensink, B. J. (1994): Psychiatrische klachten na een misbruikverleden. Een onderzoek onder honderd vrouwen. In: *Maandblad Geestelijke Volksgezondheid* 4, S. 387–404.
Escher, S. (1997): Über Stimmen reden. In: Romme, M.; Escher, S.: Stimmenhören akzeptieren. Bonn (Neuausgabe: Berlin 2003), S. 46–54.
Evers, R.; Velden van der, K. (1991): Cognitieve interventies bij patienten met waanachtige ideen. In: *Tijdschrift voor Directieve therapie* 11, S. 269–290.
Falloon, I. R. H.; Talbot, R. E. (1981): Persistent auditory hallucinations: coping mechanisms and implications for management. In: *Psychological Medicine* 11, S. 329–339.

Farkas, M. D.; Anthony, W. A. (1991): Psychiatric Rehabilitation Programs. Baltimore: The John.

Fowler, D.; Garety, P.; Kuipers, P.; Kuipers, E. (1995): Cognitive Behaviour Therapy for Psychosis. Chichester.

Franz, T. T. (1984): Helping parents whose children have died. In: *Family therapy collections* 8, S. 11–26.

Gaag van der, M. (1995): Omgaan met Stemmen. In: Dingemans, P. M. A. H.; Osch van den, R. J.; Kahn, R. S.; Schene, A. H.: Schizophrenie. Houten, S. 172–182.

Gelder, M.; Gath, D.; Mayou, R. (1991): Oxford Textbook of Psychiatry. Oxford.

Goodwin, K.; Jamison, K. R. (1990): Manic Depressive Illness. New York.

Grassian, G. (1983): Psychopathology of solitary confinement. In: *American Journal of Psychiatry* 140, S. 1450–1454.

Grof, S. (1989): Swimming in the same ocean. In: Capra, F. (Hg.): Uncommon Wisdom Conversations with Remarkable People. London.

Haddock, G.; Bentall, R. P.; Slade, P. D. (1996): Treatment of auditory hallucinations. In: Haddock, G.; Slade, P.: Cognitive Behavioural Interventions with Psychotic Disorders. London, New York.

Haddock, G.; Slade, P. (1996): Cognitive Behavioural Interventions with Psychotic Disorders. London, New York.

Hamilton, M. (1960): A rating scale for depression. In: *Journal of Neurology, Neurosurgery and Psychiatry* 23, S. 56–62.

Hawton, K. u. a. (Hg.) (1989): Cognitive Behaviour Therapy for Psychiatric Problems. A Practical Guide. Oxford.

Heery, M. W. (1989): Inner voice experiences. An exploratory study of thirty cases. In: *Journal of transpersonal psychology* 21, 11, S. 73–82.

Herman, J. (1992): Trauma and Recovery. London.

Hirsch, S.R. (1982): Depression revealed in schizophrenia. In: *British Journal of Psychiatry* 140, S. 421–422.

Hofman, A.; Corstens, D. (1997): Cognitieve therapie bij een psychotisch man. In: *Tijdschrift voor Directieve Therapie* 17, S. 97–109.

Honig, A.; Romme, M.; Ensink, B.; Escher, S.; Pennings, M.; Vries de, M. (1998): Auditory hallucinations. A comparison between patients and non-patients. In: *Journal of Nervous and Mental Disease* 186, S. 646–651.
Hoofdakker van den, R. H. (1995): De mens als speelgoed. Houten.
James, W. (1902): The varieties of religious experience. New York.
Janssen, M.; Geelen, K. (1996): Gedeelde smart, dubbele vreugd. Lotgenotencontact in de Psychiatrie. Trimbos Instituut: Utrecht.
Jaynes, J. (1988): Der Ursprung des Bewusstseins durch den Zusammenbruch der bikameralen Psyche. Reinbek bei Hamburg.
Jenner, A.; Monteiro, A. C. D.; Zargalo-Cardoso, J. A.; Cunha-Olievera, J. A. (1993): Schizophrenia, a Disease or Some Ways of Being Human. Sheffield.
Jenner, J. A. (1997): Strategien zur Angstbewältigung. In: Romme, M.; Escher, S.: Stimmenhören akzeptieren. Bonn (Neuausgabe: Berlin 2003), S. 220–227.
Jenner, J. A.; Feyen, L. (1991): Interventies bij patiënten met auditieve hallucinaties. In: *Tijdschrift voor psychotherapie* 17, 5, S. 297–309.
Jenner, J. A.; Gorcum van, I.; Wiersma, D. (1996): Coping training en cognitieve therapie bij schizofrenie-patiënten met chronische en invaliderende hallucinaties: protocol voor behandeling, Interne publicatie Psychiatrisch Universiteitskliniek, Groningen.
Johns, L. C.; Os van, J. (2001): The continuity of psychotic experiences in the general population. In: *Clinical Psychology Review* 21, 8, S. 1125–1141.
Johnston, B. (1995): The personal meaning of psychotic experience. Intervoice-Konferenz, Maastricht, 30. August.
Jong de, J. T. V. M. (1987): A Decent into African Psychiatry. Royal Tropical Institute, Amsterdam.
Jong de, M. (1995): Met elke psychose wordt ik slimmer. Projekt cliëntdeskundige in de GGZ, Groningen.
Jong de, M. (1997a): 60 ways to drop your client. Het Anti-participatie Boekje. Utrecht: Netwerk clientdeskundigen NP/CG.
Jong de, M. (1997b): Omgaan met een onbegrensde werkelijkheid. In: *Deviant* 113, S. 16–20.
Jung, C. G. (1962): Erinnerungen, Träume, Gedanken. Zürich.

KAPLAN, H. I.; SADDOCK, B. J. (1989): Comprehensive Textbook of Psychiatry. Baltimore.

KINGDON D. G.; TURKINGTON, D. (1996): Using a normalising rationale in the treatment of schizophrenic patients. In: HADDOCK, G.; SLADE P. (Hg.): Cognitive Behavioural Interventions with Psychotic Disorders. London, New York.

KINGDON, D. G.; TURKINGTON, D. (1994): Cognitive Behavioral Therapy of Schizophrenia. New York, London.

KLEINMAN (1988): Rethinking Psychiatry from Cultural Category to Personal Experience. New York.

KLUFT, R. P. (1987): First rank symptoms as a diagnostic cue to multiple personality disorder. In: *American Jounal of Psychiatry* 144, 3, S. 293–298.

KRISHNAMURTI (1991): The Second Reader. London, New York.

LAING, R. D. (1965): The Divided Self: an existential study in sanity and madness. Harmondsworth.

LEWINSOHN, P. M. (1968): Characteristics of patients with hallucinations. In: *Journal of Clinical Psychology* 23, S. 423.

LIBERMAN, R. P. (1988): Psychiatric Rehabilitation of Chronic Mental Patients. Washington.

LOENEN van, G. (1997): Van chronische psychiatrische patiënt naar brave burger? Over de moraal van psychiatrische rehabilitatie. In: *Maandblad Geestelijke Volksgezondheid* 7/8, S. 751–761.

MALECKI, R. (1998): Een boekje over zelfhulp bij stemmen horen, Stichting Weerklank Castricum, Niederlande.

MASLOW, A. (1968): Towards a Psychology of Being. New York.

MEYERS, F. (1904): Human Personality and its Survival of Bodily Death. New York.

NEUCHTERLEIN, K. H.; DAWSON, M. E. (1984): A heuristic vulnerability/stress model of schizophrenic episodes. In: *Schizophrenia Bulletin* 10, S. 300–312.

NEUCHTERLEIN, K. H.; DAWSON, M. E.; Gitlin, M. (1992): Developmental processes in schizophrenic disorders; longitudinal studies of vulnerability and stress. In: *Schizophrenia Bulletin* 18, S. 387–425.

O'Hagan, M. (1993): Stopovers on my Way Home from Mars. London.
Parker, J.; Georgaca, E.; Harper, D.; McLaughlin, T.; Stowell-Smith, M. (1995): Deconstructing Psychopathology, London.
Pennings, M. H. A.; Romme, M. A. J. (1997): Gespreksgroepen voor mensen die stemmen horen. Rijksuniversiteit Limburg, Maastricht.
Pennings, M. H. A.; Romme, M. A. J.; Buiks, A. J. G. M. (1996): Auditieve hallucinaties by patiënten en niet-patiënten. In: *Tijdschrift voor psychiatrie* 38, 9, S. 648–660.
Perris, C (1989): Cognitive therapy with schizophrenic patients. New York.
Pierrakos, E. (1987): Pad-werk. Werken aan jezelf of juist niet? Deventer.
Posey, T. B.; Losch, M. E. (1983): Auditory hallucinations of hearing voices in 375 normal subjects. In: *Imagination, Cognition and Personality* 3, 2, S. 99–113.
Praag van, H. M. (1993): Make-Believes in Psychiatry or The Perils of Progress. New York.
Read, J.; Os van, J.; Morrison, A. P.; Ross, C. A. (2005): Childhood trauma, psychosis and schizophrenia: a literature review with theoretical and clinical implications. In: *Acta Psychiatrica Scandinavica* 112, 5, S. 330.
Read, J.; Reynolds, J. (1996): Speaking our Minds. An Anthology of Personal Experiences and its Consequences. London.
Redfield, J. (1994): De celestijnse belofte; een spiritueel avontuur. Amsterdam.
Reeves, A. (1997): Recovery – A Holistic Approach. Gloucester.
Robins, L.N.; Wing, J.; Wittchen, H.U. u. a. (1988): The Composite International Diagnostic Interview. In: *Archives of General Psychiatry* 46, S. 1069–1077.
Romme M. A. J.; Escher, S. (1996): Empowering people who hear voices. In: Haddock, G.; Slade, P. D. (Hg.): Cognitive Behavioural Interventions with Psychotic Disorders, London.
Romme, M. A. J.; Escher, S. (1999): Stemmen horen accepteren. Baarn.
Romme, M.; Escher, A. D. M. A. C. (Hg.) (1990): Stemmen horen accepteren. Rijksuniversiteit Limburg, Maastricht.

ROMME, M.; ESCHER, A. D. M. A. C. (Hg.) (1993): Accepting Voices. London.

ROMME, M.; ESCHER, S. (1997): Stimmenhören akzeptieren. Bonn (Neuausgabe: Berlin 2003).

ROMME, M.; ESCHER, S.; DILLON, J. (2008): Recovery With Voices. London (im Druck).

ROMME, M. A. J. (1996): Understanding Voices. Gloucester.

ROMME, M. A. J.; ESCHER, A. D. M. A. C. (1989): Hearing voices. In: *Schizophrenia Bulletin* 15, 2, S. 209–216.

ROMME, M. A. J.; HONIG, A.; NOORTHOORN, O.; ESCHER, A. D. M. A. C. (1992): Coping with voices: an emancipatory approach. In: *British Journal of Psychiatry* 161, S. 99–103.

ROSS, C. A.; PAM, A. (1995): Pseudoscience in Biological Psychiatry. Blaming the Body. New York.

SCHMEIDLER, G. R. (1988): Parapsychology and Psychology. Jefferson, N. C.

SCHNEIDER, K. (1959): Clinical Psychopathology. 5. Aufl., New York.

SCHWARTZ, B.E. (1980): Psychic Nexus. New York.

SHEPHERD, G. (1988): Rehabilitatie van de Chronische Psychiatrische Patient. Utrecht.

SIDGEWICK, H. A. u. a. (1894): Report of the census of hallucinations. In: *Proceedings of the Society of Psychical Research* 26, S. 259–394.

SLADE, P. D.; BENTALL, R. P. (1988): Sensory deception. London.

SMITH, J. A.; TARRIER, N. (1992): Prodromal symptoms in manic depressive psychosis. In: *Social Psychiatry and Psychiatric Epidemiology* 27, S. 245–248.

SPINELLI, E. (1987): Child development and G. E. S. P. In: *Parapsychology Review* 18, S. 5.

SPITZER, M. (1988): Halluzinationen. Ein Beitrag zur Allgemeinen und Klinischen Psychopathologie. Berlin.

STAP van der, T.; MARRELO van, A. (1997): Stimmen, Religion und Mystizismus. In: ROMME, M.; ESCHER, S.: Stimmenhören akzeptieren, Bonn (Neuausgabe: Berlin 2003), S. 96–100.

STEWART, K. (1995): On patholigising discourse and psychiatric illness.

An interview with Michael White. In: WHITE, M. (Hg): Re-authoring Lives. Adelaide, South Australia.

STONE, H.; WINKELMAN, S. (1985): Embracing our selves. Marina del Rey, Calif.

TARRIER, N. (1992): Management and modification of residual positive psychotic symptoms. In: BIRCHWOOD, M.; TARRIER, T. (Hg.): Innovation in the Psychological Management of Schizophrenia. Chichester.

THOMAS, Ph. (1997): The Dialectics of Schizophrenia. London, New York.

TIEN, A.Y. (1991): Distributions of hallucinations in the population. In: *Social Psychiatry and Psychiatric Epidemiology* 26, S. 287–292.

VAUGHN, C. E.; LEFF, J. P. (1976): The influence of family and social factors on the course of psychiatric illness. In: *British Journal of Psychiatry* 129, S. 125–137.

VENTURA, J.; GREEN, M. F., SHANER; A. u. a. (1993): Training and quality assurance with the brief psychiatric rating scale: »The drift busters«. In: *International Journal of Methods in Psychiatric Research* 3, S. 221–224.

VENTURA, J.; LUDOFF, D.; NEUCHTERLEIN, R. P.; GREEN, M. F.; SHANER, A. (1993): Brief Psychiatric Rating Scale (BPRS) expanded version: scales, anchor points and administration manual. In: *International Journal of Methods in Psychiatric Research* 3, S. 227–244.

WEEGHEL van, J. (1995): Herstelwerkzaamheden, Arbeidsrehabilitatie van psychiatrische patiënten. Utrecht.

WHITE, M. (1996): Power to our Journeys. In: *American Family Therapy Academy Newsletter*, Summer, S. 11–16.

WILBER, K. (1995): Sex, Ecology, Spirituality. Boston, London.

WILCOX, J.; RIONASE, D.; SUEZ, L. (1991): Auditory Hallucinations, Post Traumatic Stress Disorder and Ethnicity. In: *Comprehensive Psychiatry* 32, S. 320–323.

WILLIGE van de, G.; JENNER, J. A.; WIERSMA, D. (1996): Effectiviteit van de behandeling op de stemmenpoli voor patiënten met persisterende auditieve hallucinaties. Interne publikatie Psychiatrische Universiteitskliniek Groningen.

WING J. K.; COOPER, J. E.; SARTORIUS, N. (1974): The measurement and classification of psychiatric symptoms, Cambridge, New York.

WING, J. (1983): Schizophrenia. In: WATTS, F. N.; BENNETT, D. H. (Hg.): Theory and Practice of Psychiatric Rehabilitation. Chichester.

WITTCHEN, H. U.; ROBINS, L. N.; COTTLER, L. B. u. a. (1991): Crosscultural Feasibility, Reliability and Sources of Variance of the Composite International Diagnostic Interview (CIDI). In: *British Journal of Psychiatry* 159, S. 645–653.

YOURCENAR, M. R. (1982): Met open ogen, Baarn.

YUSUPOFF, L.; TARRIER, N. (1996): Coping Strategy enhancement for peristent auditory hallucinations. In: HADDOCK, G.; SLADE, P. (1996): Cognitive Behavioural Interventions with Psychotic Disorders. London, New York.

ZIJLSTRA, W. (1988): Een poging tot theologische duiding. In: ROMME, M.; ESCHER, A.; HABETS, V. (Hg.): Omgaan met Stemmen horen. Maastricht: Rijksuniversiteit Limburg.

ZUBIN, J.; SPRING, B. (1977): Vulnerability: a new view of schizophrenia. In: *Jounal of Abnormal Psychology* 86, S. 103–126.

ZUNG, W. K. A. (1960): Self-rating depression scale. In: *Archives of General Psychiatry* 12, S. 63–70.

Autoren

Professor Marius Romme, M.D., Ph.D., war von 1974 bis 1999 Professor für Sozialpsychiatrie an der medizinischen Fakultät der Universität Maastricht, Niederlande, sowie Chefarzt für Psychiatrie am Gemeindepsychiatriezentrum in Maastricht. Seit 1999 ist er Gastprofessor an der University of Central England, Birmingham.
Dr. Sandra Escher ist wissenschaftliche Journalistin und arbeitete als Forschungsbeauftragte an der Universität von Maastricht. Sie ist »Honorary Research Fellow« an der University of Central England, Birmingham. 2005 schloss sie ihre Doktorarbeit über Stimmenhören bei Kindern ab.

Der Übersetzer

Joachim Schnackenberg arbeitet als Sozialarbeiter in der Gemeindepsychiatrie in London und Hannover. Er wurde u. a. von Ron Coleman, Marius Romme, Sandra Escher und Dirk Corstens in der vorliegenden Methode ausgebildet. Er ist außerdem Fortbilder in erfahrungsfokussierter Beratung im efc Institut, Hannover. Er steht mit seiner langjährigen Erfahrung für Beratungen und Supervision zur Verfügung.

Fortbildungen

Seit August 2007 ist es möglich, an einer dreistufigen Grundausbildung zum erfahrungsfokussierten Berater für den Umgang mit Stimmenhören teilzunehmen. Nähere Informationen findet man auf der Internetseite des efc Instituts unter: www.efc-institut.de oder auch auf der Seite des Netzwerkes Stimmenhören: www.stimmenhoeren.de. Bereits die erste Stufe vermittelt alle notwendigen Grundlagen, um konstruktiv mit den Erfahrungen des Stimmenhörens umzugehen. Eine Workshop-Grundlage ist dieses Buch, eine andere die Psychosoziale Arbeitshilfe 14 von Ron Coleman und Mike Smith »Stimmenhören verstehen und bewältigen«.
Die Homepage von »Intervoice«, dem internationalen Netzwerk zum Stimmenhören, enthält weltweit (fast) alle Informationen zum Stimmenhören und zum kritischen Psychoseverständnis; Internetadresse: www.intervoiceonline.org